W0356311

Besser | Cordes | Funcke | Gerstner | Heß
Kalmbach | Klein | Kresse | Masemann | Messer
Rachow | Schacht | Schilling | Schulze-Seeger

Abenteuer aus der Trainerhölle

Ralf Besser | Olaf Cordes
Amelie Funcke | Henning Gerstner
Sabine Heß | Gerd Kalmbach
Zamyat M. Klein | Albrecht Kresse
Sandra Masemann
Barbara Messer | Axel Rachow
Torben Schacht | Gert Schilling
Jürgen Schulze-Seeger

Abenteuer aus der Trainerhölle

Strategien und Lösungen
für 49 kritische
Seminarsituationen

BELTZ

Für unsere Teilnehmerinnen und Teilnehmer

Dieses Buch ist auch als E-Book erhältlich:
ISBN 978-3-407-29283-4

Das Werk und seine Teile sind urheberrechtlich geschützt. Jede Nutzung in anderen als den gesetzlich zugelassenen Fällen bedarf der vorherigen schriftlichen Einwilligung des Verlages. Hinweis zu § 52a UrhG: Weder das Werk noch seine Teile dürfen ohne eine solche Einwilligung eingescannt und in ein Netzwerk eingestellt werden. Dies gilt auch für Intranets von Schulen und sonstigen Bildungseinrichtungen.

© 2013 Beltz Verlag · Weinheim und Basel
www.beltz.de

Lektorat: Ingeborg Sachsenmeier
Satz und Herstellung: Lelia Rehm
Druck: Beltz Bad Langensalza GmbH, Bad Langensalza
Reihenkonzept: glas ag, Seeheim-Jugenheim
Umschlaggestaltung: Sarah Ferdin
Umschlagabbildung: © Daniel Mühlbacher, Perg
Illustrationen: © Jürgen Schulze-Seeger, Berlin
Printed in Germany

ISBN 978-3-407-36537-8

Inhaltsverzeichnis

Warnung

»Wenn Sie nach dem Lesen dieses Buches immer noch als
Trainerin oder Trainer arbeiten wollen,
müssen Sie es wirklich sehr ernst damit meinen!«

14 erfahrene Trainerausbilder und Autoren schreiben über die dunkle Seite des Trainingsgeschäfts. Die umfassende Fallsammlung zu schwierigen Seminarsituationen. Gruselgeschichten für Trainer. (Achtung: Nicht vor dem Einschlafen lesen!)

Ein Buch vom Scheitern. Von Verletzungen, Pleiten, Pech und Pannen im Seminar. Die Autoren haben zusammengetragen, was man als Trainerin und Trainer an Unbill erleben kann. Aber auch, was in Notsituationen hilft. Nützliche Denkmuster, Methoden, Tipps und Tricks, um in schwierigen Lernsituationen mit Gruppen das Beste zu geben. Das Praxishandbuch zum Nachschlagen, Vorbereiten und Verarbeiten von kniffligen Aufgabenstellungen rund um das Trainingsgeschäft.

Beispielschwerpunkte

Infos

Kommentare

Tipps

Übungen

Prolog

»Das Ganze hier ist eine einzige Verschwendung von Zeit und Geld.«
Teilnehmerstimme im Abschlussfeedback

Dunkelheit. Ich erwache an diesem Morgen und merke gleich, dass etwas nicht stimmt. Aber wo bin ich eigentlich? Noch im Liegen und im schwachen Licht einer vor dem Hotelfenster flackernden Neonwerbung versuche ich auszumachen, wo in Himmels Namen ich mich gerade befinde. Stuttgart? Genf? Pusemuckel? Die Hotelzimmereinrichtung liefert keine Anhaltspunkte. Businesshotels orientieren sich von jeher geschmacklich am absoluten Mainstream. Messing. Brauntöne. Nichtssagende Bilder. Immer die gleiche Anordnung der Möbel. Das Ergebnis: Alle Zimmer in diesen Hotels sehen absolut gleich aus. Und man braucht morgens einen langen Moment, um sich daran zu erinnern, zu welchem Hotel, zu welcher Stadt dieses Zimmer gehört. Vor allem wenn man als Trainer viel unterwegs ist. Ich sehe mich genauer um. »Frankfurt am Main!« Ein kleiner Schreibblock, auf dem der Name des Hotels und die Adresse aufgedruckt sind, liegt auf dem Nachttisch. Ob die das deswegen dahinlegen?

Ich habe pochende Kopfschmerzen und spüre kühle Schweißperlen auf meiner Stirn. Ich werde offenbar krank. Mist. Ich sammle meine müden Knochen zusammen und wälze mich aus dem Bett. Im nächsten Moment erinnere ich mich daran, wie ich hierhergekommen bin. Mein Flieger aus Berlin hatte letzte Nacht Verspätung. Ich nahm wie immer den letzten, damit ich zwischen Samstagnacht nach dem letzten Seminar und Sonntagabend so lange wie möglich bei meiner Familie sein konnte. Die letzten Stunden waren wie immer sehr gehetzt. Packen. Übungen ausdrucken. Die Seminarunterlagen habe ich – wie mir gerade einfällt – liegen lassen. Noch mal Mist. Wegen der Verspätung war ich erst um halb zwölf im Hotel eingetroffen. Was erklärt, warum ich mich so unausgeschlafen fühle. Das Restaurant war schon geschlossen, deshalb habe ich mir per Zimmerservice ein Club-Sandwich bestellt. Als es endlich aufs Zimmer gebracht wurde, war ich schon halb eingeschlafen. Es liegt nun angebissen auf dem kleinen Schreibtisch (an dem man allerdings nicht schreiben kann, weil er überhäuft ist mit Broschüren und der Anleitung zur Benutzung des Hotels). Einer meiner Koffer ist nicht in Frankfurt angekommen. Als ich mich daran erinnere, *was* in diesem Koffer war, durchzuckt mich gleichzeitig die Erkenntnis, *warum* ich hier in Frankfurt bin! Ich wünsche, ich könnte die Augen einfach wieder schließen und später in meinem eigenen Bett, neben meiner Frau, bei meiner Familie aufwachen, und ich hätte nicht …

Warum habe ich dieses Seminar eigentlich zugesagt? Warum, zur Hölle, habe ich nicht auf meine innere Stimme gehört? Oder wenigstens auf das, was andere Verstand nennen?! Warum habe ich nicht gezögert, als die Personalchefin mir sagte, das Ganze sei *auch* ein Experiment, ob unsere Unternehmen denn »kulturell« zusammenpassen würden? Und dass man sich aufseiten der Geschäftsführung einig sei, dass die teilnehmenden Führungskräfte mal »richtig rangenommen« werden sollten. Ach ja: Und bitte keine Psycho- und Kindergartenspielchen! Man sei ein seriöses Unternehmen.

Später sprach ich mit dem Geschäftsführer dieses seriösen Unternehmens, und dieser versicherte mir augenzwinkernd, er glaube in Sachen Menschenführung nicht an den Erfolg von Trainings. »Entweder man hat es oder man hat es eben nicht.« – Ersteres bezog er natürlich auf sich selbst. Man müsse halt auch mal ein paar Seminare machen, aber ich – der Trainer – würde schon sehen, was für inkompetente Menschen sich in diesem Unternehmen hochgedient hätten. Später steckte mir eine Personalreferentin: »Achten Sie ein bisschen auf den Herrn Schmidtleitner. Das ist ein unglaublich kritischer Mensch, und er hat hier intern die Hosen an. Wenn Sie nicht aufpassen, *häutet* der Sie im Seminar! Sie wären da nicht der erste Trainer.« – Ich hätte ablehnen sollen. Spätestens dann, als der Leiter der Einkaufsabteilung mich mit einem arroganten Unterton am Ende noch um zehn Prozent des Tagessatzes gedrückt hatte, obwohl das ohnehin schon ein reduzierter Kennenlernpreis war. »Wir haben uns natürlich informiert! Sie wissen schon, dass Sie absolut marktunübliche Preise für Ihren Lehrgang fordern!« Lehrgang! Ich mache keine Lehrgänge. Ich mache Trainings! Mann!

Ich stehe einige Minuten am Fenster und starre, in düstere Gedanken versunken, hinaus auf die Bürokomplexe eines nichtssagenden Gewerbegebiets. Eines von jenen, welche am ausgefransten Saum einer jeden größeren deutschen Stadt zu finden sind. Eine breite Einfallstraße durchschneidet sie. Erste Autos sind zu sehen. An welcher Stelle meines Lebens bin ich falsch abgebogen, um hier in dieser deprimierenden Büro-Ödnis zu landen? Leise seufzend wende ich mich ab und schleppe mich ins Badezimmer. Als das Deckenlicht aufflammt, sehe ich direkt in das müde und zerknitterte Gesicht eines Mannes Mitte vierzig, seit drei Monaten mit nur wenigen Unterbrechungen auf Seminartournee. Ich rasiere dessen Gesicht. Dusche. Eine Dosis Kopfschmerztabletten macht mich etwas klarer. Schnappe mir meine Tasche und gehe nach unten in den Seminarbereich des Hotels. Bestelle mir einen Kaffee.

Hier wird mir mitgeteilt: Der Raum, den meine Assistentin *eigentlich* gebucht hatte, sei belegt. Das sei mit dem Unternehmen des Auftraggebers bereits abgesprochen. Aber man habe einen anderen »sehr schönen« Raum für mich. Eine Ahnung, ein Instinkt aus 30 Jahren Trainerleben kriecht an mir herauf wie ein ekliges Getier. »Und das hier ist er …« Ich trete durch die Tür in einen viel zu kleinen Raum. Zwei kleine Fenster in Kopfhöhe eröffnen die Aussicht auf den Fuß einer Böschung zum Hotelparkplatz. Für einen Knast vielleicht ganz großzügig. Es ist kalt im Raum. Irgendetwas erlischt in mir, als mein Blick auf die zwei Säulen fällt, die mitten im Raum die Sicht versperren. Wieso waren die auf der Grundrisszeichnung des Hotels nicht zu sehen? Wir sind in diesem Training – mit mir als Trainer – 13 erwachsene Menschen. *Ausgewachsene,* erwachsene Menschen. Drei Kubikmeter Raumbedarf pro Kopf. Drei Tage lang in einem Raum mit – wenn es hochkommt – 35 Quadratmetern. Wir werden uns totschlagen! Ich frage: »Gibt es noch einen anderen, größeren Raum?« Die Antwort lautet natürlich Nein. »Alles ausgebucht«, flötet die Serviceangestellte. Ich seufze still.

Im Raum sind Tische in U-Form aufgebaut. Also beginne ich zaghaft: »Können Sie das ändern? Ich brauche einen Stuhlkreis bitte.« Die Servicemitarbeiterin, blättert im Veranstaltungsvertrag.

Sie: »Hier ist aber U-Form angegeben!«
Ich: »Ich brauche aber einen Stuhlkreis!«
Sie: »Das steht hier nicht.«
Ich: »Ja, ich brauche aber trotzdem einen Stuhlkreis.«
Sie: »Dann muss das aber auch im Veranstaltungsplan angegeben werden.«
Ich merke, wie mein Fieber zurückkehrt, und frage: »Können Sie das bitte trotzdem für mich veranlassen?«
Sie, widerwillig: »Das dauert aber einen Moment!«
Ich, müde: »Kein Problem, wir fangen erst um zehn Uhr an.«

Es ist kurz nach acht. Es folgt das Durchgehen der Pausenzeiten. Die Anweisungen zur Menüauswahl. Mein Wunsch nach gesunden Snacks statt Keksen. Wenig später, während ein nach Schweiß riechendes Trumm von Techniker die Tische abbaut, beginnt die Servicemitarbeiterin damit, die Seminargetränke aufzubauen. Die Diskussion geht weiter …

»Nein, bitte keine Cola oder zuckerhaltige Limonaden«, sage ich.
»Das steht hier aber so.« Sie blättert im Veranstaltungsvertrag.
»Wir hatten ausschließlich stilles Wasser, Tee und Kaffee bestellt.«
»Da muss ich nachfragen.«
»Tun Sie das«, sage ich müde und beginne die ersten zwei Charts zu malen.

Da meine eigenen Stifte noch in dem verlorenen Koffer sind, nehme ich welche vom Hotel. Staubtrocken. Ich bitte den Techniker, mir ein paar andere, frische zu besorgen. »Da muss ich nachfragen.« Der Techniker trottet aus dem Raum und hinterlässt eine Duftspur, die ein Polizeihund noch in hundert Jahren so problemlos verfolgen kann, wie Sie und ich den Weg entlang einer Eisenbahntrasse finden.

»Das mit dem stillen Wasser geht erst ab morgen. Müssen wir erst bestellen.« Mit der linken Hand stellt die zurückgekehrte Servicemitarbeiterin einen vollen Teller Kekse auf das Buffet. Kekse? Ich bin zu schwach, um das abzuwehren. Der Techniker kehrt zurück. In der Faust zwei verschiedene Stifte mit abgewetztem Etikett. »Die hier waren im Nebenraum.« Ich seufze und ergänze in Gedanken: »Wahrscheinlich liegen die da seit dem Dreißigjährigen Krieg.« Und male. Nein, es ist eher ein trockenes Kratzen auf knittrigem Flipchartpapier.

»Wir haben nicht genug Platz, um alle Tische und überzähligen Stühle draußen unterzubringen. Wir müssten ein paar hier an die Wände schieben.« Ich bitte den Techniker, das noch einmal zu wiederholen, ich hätte ihn nicht verstanden, als eine mir unbekannte Dame den Raum betritt. Es ist 8 Uhr 28. »Guten Morgen. Ich bin Melanie Schneider von der Personalentwicklung!« »Ah, meine erste Teilnehmerin!«, sage ich, routinemäßig zwei Grad wacher und wie irre grinsend. »Nee, nee, ich komme nur zum Zugucken!« Ich stutze. Wie jetzt, zugucken?! Wir arbeiten hier an sehr intimen Führungsthemen, persönlichen Defiziten und Stärken. Zugucken?! Jemand von der Personalabteilung? Ich höre das Knacken der Eisfläche, die über meinem Gesicht gefriert.

»Ja, meine Chefin hat mich beauftragt, eine Einschätzung der Führungskompetenz zu jedem einzelnen Teilnehmer abzugeben. Ich fände es deswegen klasse, wenn wir uns in den Pausen und am Abend ein bisschen intensiver zu den einzelnen Teilnehmern austauschen könnten und meine Notizen durchgehen«, trällert sie. Äh, Moment mal. Ich mache ein Training, kein Assessment! Irgend so etwas in dieser Art erörtere ich dann laut. Frau Schneider: »Das tut mir leid, dass man Ihnen das nicht gesagt hat. Aber das ist bei unseren Seminaren so üblich.« Ich nehme mir vor, gleich mit der Personalabteilung zu telefonieren, um das noch abzuwenden.

»Ich werde auf keinen Fall …« Drei Herren betreten den Raum. Es ist jetzt schon ziemlich eng hier drin. Die Gesichter der drei sind ernst bis abweisend. Keiner begrüßt mich. Mit Blick auf den Stuhlkreis murmelt einer: »Na toll, für Tische hat es wohl nicht gereicht.« Und der Zweite ergänzt spöttisch: »Selbsthilfegruppe!«

Ich versuche weiterhin tapfer zu lächeln und will das Eis brechen mit: »Schön, dass Sie da sind. Sie sind wirklich sehr pünktlich. So haben Sie noch ein bisschen Zeit für einen Kaffee und ein kleines Frühstück!« Es ist 8:42 Uhr. »Wieso? Wir fangen doch um neun an!« Zwei weitere Herren betreten den Seminarraum. »In der Einladung steht neun.« Damned!

Ich habe gerade mein zweites von sechs Charts fertig. Mit trockenem Stift. Mehr geätzt denn gemalt. Nach und nach kommen weitere Teilnehmer in den Raum. Alle ernst. Kaum Gespräche. Am Ende zähle ich 14 plus die Dame aus der Personalentwicklung. Hm, wir hatten doch zwölf Teilnehmer vereinbart. »Ja, der Herr Steinberger kann beim nächsten Termin nun doch nicht. Deswegen nimmt er jetzt an diesem teil!« Aha. Und wer ist der andere? »Ach so, das ist Herr Kramer. Der kann aber nur heute und nimmt dann beim nächsten Training ab dem zweiten Tag teil.« Während ich erwidern will, dass so etwas nicht so gut ist, tritt eine andere Frau seitlich an uns heran: »Ich müsste heute ein bisschen früher gehen. Wie lange machen wir denn heute?« …

Willkommen in der Trainerhölle!

Einführung

Und wenn du lange in einen Abgrund blickst,
blickt der Abgrund auch in dich hinein.
Friedrich Nietzsche (1844–1900)

Willkommen in dieser Sammlung an großen und kleinen Seminarkatastrophen. Ein abenteuerlicher Bericht von Pannen, Missgeschicken und Groteskem. Ich hoffe sehr, Sie halten dieses Buch nicht etwa in Händen, um angesichts der hier geschilderten Missgeschicke einer heimlichen Schadenfreude Nahrung zu geben. Nein. Sie halten es hoffentlich in Händen, weil Sie es als Trainerin oder Trainer ernst meinen mit Ihrem Beruf und hin und wieder selbst in kniffligen Seminarsituationen stecken. Mal ehrlich: Irgendwie gehört das ja auch zu unserem Metier. Und es ist nicht immer leicht, mit diesen Situationen umzugehen. Dennoch wollen wir hier nicht jammern. Unser Beruf ist durch und durch ein wundervoller! Wir begleiten Menschen in deren Wachstum. Was gibt es Schöneres? Weshalb aber dann dieser betrübliche Blick auf die dunkle Seite des Geschäfts?

Die dunkle Seite des Trainerberufs

Nach dem Erscheinen des Buches »Schwarzer Gürtel für Trainer« im Herbst 2009 erhielt ich viele E-Mails, in denen mir Trainerkolleginnen und -kollegen schilderten, wie sehr einige der im Buch skizzierten schwierigen Seminarsituationen und Teilnehmerattacken ihren selbst durchlittenen Erfahrungen entsprachen. Manche von ihnen schrieben zudem von weiteren verheerenden Fällen. Teilweise weitaus verheerender als alles, was ich selbst je erlebt habe (und bitte, bitte hoffentlich nie erleben werde!) Ja, Fällen, die meinen schlimmsten Albträumen nahekamen. Ich aber kam nicht umhin, mich über diese Zuschriften und die darin geschilderten Katastrophenfälle zu freuen. Keineswegs aus Häme oder Sozialsadismus. Die Freude betraf eher den Umstand, dass unter Trainerinnen und Trainern – zumindest in meinem Umfeld – endlich mehr über diesen Teil unserer Berufung gesprochen wird. Über das Scheitern, über die Verletzungen und peinlichen Situationen. Schlimme Feedbacks. Alibiaufträge. Seminarbruchbuden und Teilnehmermonster. All die Zwänge und Widerstände, die der Alltag des Trainerberufs *auch* mit sich bringen kann. Sie gehören zu unserem Geschäft und wollen nicht weggeschlossen werden wie unliebsame Kinder. Sie müssen ans Tageslicht, bevor sie sich in der Dunkelheit einer verschlossenen Kammer zu einem Albtraum entwickeln. In der darauffolgenden Zeit wurde ich mehr denn je zu Workshops und Vorträgen zu diesem Thema eingeladen, und ich drohte mich nach und nach zum Darth Vader der Branche zu entwickeln. Irgendetwas mit der »dunklen Seite« jedenfalls. Dieser Eindruck kulminierte in der mitleidsvollen Frage eine Workshopteilnehmerin: »Jürgen, beschäftigst du dich denn auch manchmal mit den schönen Dingen in unserem Beruf!?«

Oh ja, es gibt diese schönen Dinge! Und sie überwiegen weitaus! Großartige, freundliche und inspirierende Teilnehmer und deren Lebensgeschichten. Heitere, lehrreiche und spannende Seminare an lichten Orten mit sensationellem Essen und einladendem Ambiente. Seminare, die große Veränderungen bewirken. Solche, die Mut machen, Wissen und Können schöpfen. Und solche die neue Wege planieren. Ich sage das auch im Namen der hier schreibenden Autoren: Wir lieben diesen Beruf! Und wir lieben unsere Teilnehmer. Auch diejenigen, die uns mit kniffligen Verhaltensmustern aufwarten.

Wir lieben diesen Beruf!

Ich sage das lieber gleich zu Beginn, um erst gar keine falschen Eindrücke aufkommen zu lassen. So, als säßen hier ein paar verhärmte und vom Trainingsgeschäft bitter enttäuschte Misanthropen und erbrächen ihre Jammergeschichten zwischen zwei Buchdeckel. Im Gegenteil! In den Workshops zum »Schwarzen Gürtel für Trainer« ist das für einige Teilnehmer die erste Enttäuschung des Tages: Wir sind hier kein Jammerzirkel! Die zweite Enttäuschung besteht dann in der Ankündigung, dass es – anders, als der fernöstlichen Kampfkünsten entliehene Titel dies suggerieren mag – *nicht* darum geht, wie man Teilnehmer nach Strich und Faden vermöbelt.

Wir Autoren haben weder Fantasien dieser Art, noch streben wir nach Kampf. Der Kampf ist das letzte Mittel der Schwachen.

Der Kampf ist das letzte Mittel der Schwachen!

Wir wollen unsere Teilnehmer verstehen, mit ihnen lernen und arbeiten. Dazu gehört ein überdurchschnittlicher Respekt vor deren Lebensläufen, Eigenarten und Talenten. Ohne diese wertschätzende Grundhaltung sollten Sie und wir den Trainerberuf lieber an den Nagel hängen. Indem man Teilnehmer und Auftraggeber, Hoteliers und Kollegen verteufelt, tut man sich am Ende nur selbst weh. Man ist nämlich als Trainer stets inmitten dieser. Und alles kommt zurück im Leben. Alles! Freunde kommen und gehen – Feinde sammeln sich an. So ist es auch mit unseren Gedanken. Wir haben als Trainerinnen und Trainer diesen Platz inmitten dieser Dinge, die schiefgehen können, gewählt. Und dieser Platz kommt in Wahrheit einer Vorstellung von Himmel viel näher als der einer wie auch immer gearteten Hölle. Für mich selbst war nämlich der Himmel in meiner Vorstellung immer eine geschmackvolle Mischung aus Bibliothek, Spielplatz und Akademie – so wie der magische Ort Hogwarts in Joanne K. Rowlings Harry-Potter-Romanen. Unsere Seminare kommen dem mitunter recht nahe.

Ich gestehe jedoch auch, dass neben all der Schönheit dieses Berufes die beiden Themen »knifflige Seminarsituationen« und »schwierige Verhaltensmuster bei Teilnehmern«, weiterhin zu meinen Leibgerichten gehören. Und sie gehören meiner Überzeugung nach als feste Bestandteile in jede Trainerausbildung. Zumindest in diejenigen, die etwas auf sich halten. Man kann sich nämlich im Umgang mit schwierigen Situationen und in ihrer Beherrschung üben! So, wie man in Segelausbildungen das Kentern übt. Beim Bergsteigen das Fallen ins Seil. Im Fahrtraining das Abbremsen auf vereister Fahrbahn. Ich gestehe Ihnen auch, dass derartige Übungen mitunter nicht gerade angenehm sind. Etwa dann, wenn Ihnen Ihr Tauchlehrer zehn Meter unter der Wasseroberfläche zu Übungszwecken die Luftzufuhr zudreht und Sie sich in kurzen Panikschüben daran zu erinnern versuchen, was jetzt verdammt noch mal zu tun war! Auch das Lesen dieses Buches und das Üben der angebotenen Lektionen können eine solche Stimmung auslösen. Das ist möglicherweise der Preis dafür, besser vorbereitet zu sein. Der Preis der Souveränität.

Sich selbst erfüllende Prophezeiungen

Alle Befürchtungen jedoch, dass ein zu intensives Beschäftigen mit der dunklen Seite des Seminargeschäftes zu einer sich selbst erfüllenden Prophezeiung gedeihen würde, erfüllten sich – bisher – nicht. Weder hat die Zahl der schwierigen Situationen seither zugenommen, noch wurden meine Mitstreiter und ich nun nächtens schweißgebadet aus dunklen Albträumen gerissen. Zumindest auch nicht häufiger als früher. Durch die wachsende Sammlung an Fällen zu schwierigen Seminarsituationen entwickelten wir jedoch eine gewisse Sensibilität für Vorboten solcher Situationen. Ich habe deshalb im Vergleich zu früher mehr Aufträge abgelehnt, Seminare mit Katastrophenpotenzial noch sorgfältiger vorbereitet und rechtzeitiger interveniert, wenn Störungen im Seminar aufkamen. Es ist, als erkenne man – wie ein erfahrener Kapitän – früher, wann ein Unwetter aufzieht, und handelt danach. Mit Weitsicht. Zudem wuchs die Sammlung an nützlichen Methoden. Andere Trainer schilderten mir ähnliche Erfahrungen, und so entstand schließlich die – zugegebenermaßen naheliegende – Idee, eine Fallsammlung herauszugeben und über die Jahre zu erweitern. Ein Fundus an Trainererfahrung für all jene, die diesen Beruf so lieben wie wir.

Sensibilität für Vorboten

Die Autoren

Ich wollte dieses Buch von Anfang an mit erfahrenen Trainerausbildern zusammen schreiben. Kollegen, deren Arbeit ich bewundere. Ich konzentrierte mich dabei zudem auf Autoren, deren Bücher ich selbst gerne gelesen habe. Vor allem aber Autoren, die Werte miteinander teilen, welche ich für die Souveränität in schwierigen Situationen für hilfreich erachte. Angefangen bei einer weitestgehenden Dogmenfreiheit (kein »Man muss!«, »Man darf nicht!«, »Man soll!«), einem gewissen Maß an Bescheidenheit, den eigenen »Ruhm« betreffend, und einer bedingungslosen Wertschätzung den eigenen Teilnehmern gegenüber, dazu einem Grad an gesunder Selbstironie und einem gehörigen Spieltrieb. Umso dankbarer bin ich für die Arbeit derer, die nun dieses Buch zustande gebracht haben.

Wir alle haben der Versuchung widerstanden, dieses Buch mit einer üblichen Selbstdarstellung zu beginnen. Alles, was Sie wissen sollten, wissen Sie nun bereits. Wir sind Trainerinnen und Trainer. So wie Sie. Im Laufe dieses Buches haben wir kurze Steckbriefe eingestreut, die einen eher persönlichen Teil von uns beleuchten. Und dies allein, um den hier verwendeten Sprechblasen vor Ihrem inneren Auge eine Figur zu verleihen. Der Aufbau des Buches ist so gehalten, dass jeweils eine oder einer von uns einen erlebten Fall schildert und die Übrigen sich hernach daraufstürzen, indem sie Tipps, Kommentare, Ergänzungen und Widersprüche einbringen. Denn wir sind natürlich nicht immerzu der gleichen Meinung, welche Intervention denn nun die bessere sei. Wir hoffen, dass diese Disputationen sowohl unterhaltsam als auch lehrreich sein möge. Und: Wir gestehen, wie immer darin selbst eine Menge gelernt zu haben.

Wir wollten unseren Teil einer Wahrheit offenbaren und über unsere Verletzungen sprechen. Nicht, um uns im Selbstmitleid zu suhlen oder uns gegenseitig trügerischen Trost zu spenden. Sondern um andere Menschen, die diesen wundervollen Beruf ebenso angehen, darauf vorzubereiten, was alles auch geschehen kann. Und wir wollten davon schreiben, dass man das überleben kann. Wir gestehen, dass die Momente beim Schreiben, in denen Jahre zurückliegende und bis dato – mehr oder weniger – erfolgreich verdrängte Erinnerungen ausgelotet wurden, teilweise etwas Selbstquälerisches hatten. Auf jeden Fall waren sie nicht immer freudvoll. Einige von uns hatten generell Mühe damit, sich an konkrete schlimme Situationen zu erinnern, in denen Dinge schiefgegangen sind. Im Verlauf unserer Zu-

Wie man das überlebt

sammenarbeit stellten diese dann fest, dass es doch einige davon gibt. Und dass es vielleicht auch zur Professionalität in unserem Beruf gehört, diese einfach irgendwann zu vergessen.

Die Wahrheit

Die in diesem Buch geschilderten Fälle sind echte Fälle. In Wahrheit erlebt und durchlitten. An manchen Stellen sind Ort, Namen und Rahmenbedingungen geändert, um unsere zugesicherte Diskretion den Teilnehmern und Auftraggebern gegenüber zu wahren. Das Trainingsgeheimnis ist uns heilig! (Und es möge ein mit heftigem Juckreiz verbundener Fluch auf all jene Trainer herniederfahren, die eine zugesicherte Diskretion grundlos brechen.) Die zur Wahrung der Diskretion vorgenommenen Änderungen verfälschen jedoch nichts im Wesen der geschilderten Erfahrungen. Auch haben wir nichts hinzuerfunden, um etwa die Umstände zu dramatisieren oder uns selbst in ein heroischeres Licht zu rücken. Dazu sind die hier aufgeführten Fälle im Übrigen eher ungeeignet. Im Gegenteil: Ich empfinde es als großen Vertrauensbeweis, wie offen meine Kolleginnen und Kollegen hier von ihren wahrlich nicht angenehmen Erlebnissen schreiben und dabei ein Augenzwinkern bewahren. Vielleicht ist es auch ein Seufzen. Diese Geschichten sind wahr. Zumindest in unserer eigenen Konstruktion der Wahrheit. Und wir stehen jeweils mit unserem Namen dafür, dass dem so ist.

Gleichzeitig sind die ausgewählten Fälle stereotyp für Erfahrungen dieser Art und in der anmaßenden Absicht hier gesammelt, Sie auf das Schlimmste vorzubereiten. Die angefügten Lektionen können dazu beitragen, Sie künftig souveräner agieren zu lassen, wenn ein solches Ereignis in Ihrer eigenen Tätigkeit als Trainer oder Trainerin eintritt. Sie wissen dann, was zu tun ist. So, wie man das dann nach einer soliden Ausbildung als Taucher weiß, wenn einem dann doch mal die Atemluft ausgeht. Weil dann das damit verbundene Gefühl bekannt ist und der Taucher zudem weiß, dass es ein Mittel dagegen gibt. Oder zwei. Oder besser drei. Diese Mittel wollen wir Ihnen in Bezug auf schwierige Seminarsituationen an die Hand geben. Oder vielmehr: Sie daran erinnern, dass es sie gibt. Wir gehen nicht machtlos in solche schweren Gewitter, manchmal wahre Höllensituationen. Wir sammeln im Laufe unserer Entwicklung als professionelle Trainer zunehmend mehr Präventionen und Interventionen, um diesen Situationen zu begegnen. Unsere Bewertungen und Denkmuster in Bezug auf diese Situationen ändern sich. Wir werden wahrscheinlich niemals ganz davor gefeit sein, dass diese schwierigen Situationen entstehen. Im Gegenteil: Wer sich einsetzt, setzt sich aus! Diese Dinge passieren. Auch nach 30, 40 oder 50 Trainerjahren. Und: Den wahren Seemann erkennt man im Sturm! Die wahre Heldin erst, wenn sie sich der Unterwelt stellt.

Den wahren Seemann erkennt man im Sturm!

Am Ende dieses Buches finden Sie nützliche Literaturhinweise und eine umfangreiche Sammlung der Postulate, Präventionen, Interventionen und Regenerationen die – ausführlicher als hier – in den Büchern der Autoren beschrieben werden. Diese Zusammenstellung kann Ihnen in einer konkreten und schwierigen Situation Ihrer Praxis helfen, indem Sie über einen in diesem Buch geschilderten verwandten Fall die richtigen Tipps bekommen.

Wie immer versuchen wir gar nicht erst, dem Ganzen einen Anstrich von Wissenschaftlichkeit oder Systematik zu geben. Dieses Buch ist eine Fallsammlung – im Englischen würde man »Fieldbook« dazu sagen. Eine Sammlung von Geschichten. So wie im Buch »Hühnersuppe für die Seele« von Jack Canfield und anderen Autoren kann Ihnen eine Geschichte näherliegen oder mehr geben als eine andere. Lesen Sie deshalb einfach, was gerade passt. Auch macht es möglicherweise wenig Sinn, das Ganze in einem Stück zu lesen. (Wenn doch: Halten Sie Taschentücher bereit!)

Und nun wünschen wir Ihnen einige vergnügliche Stunden beim Lesen. Und denken Sie immer daran: Einfache Seminare kann jeder!

Jürgen Schulze-Seeger
Berlin, im Frühjahr 2013

Wir haben hier eine »Situation«

Was macht Seminare eigentlich schwierig?

Was macht eine Seminarsituation eigentlich zu einer »schwierigen« Situation? Und: Wieso ist das, was für den einen schwierig erscheint, für den anderen kinderleicht? Dieses Buch ist eine Fallsammlung. Wir halten uns hier deshalb nicht lange an Theoretischem oder allzu Hintergründigem auf. Wir erzählen Geschichten und stellen ein paar Lektionen hinzu. Zum besseren Verständnis jedoch ein, zwei Dinge vorab.

Als »schwierig« wollen wir in diesem Buch alle Situationen bezeichnen, die dazu geeignet sind, die gesetzten Seminarziele zu verfehlen. Was aber, wenn sich im Laufe des Seminars herausstellt, dass sich die zuvor gesetzten Lernziele als unsinnig erweisen? Die Gefährdung der Seminarziele kann deshalb wohl nicht als einziges Indiz für eine schwierige Situation herangezogen werden.

Schwierige Situationen führen das Seminar in eine nicht gewünschte Richtung. Schwierige Situationen halten vom Lernen ab, statt es zu fördern. Auch diese beiden Aussagen stimmen nicht ganz. Ob ein Seminar in eine nicht gewünschte Richtung ging, weiß man als Trainer auch immer erst hinterher, und schwierige Situationen können – sogar überwiegend – dazu beitragen, dass außergewöhnliche Lernleistungen entstehen.

Letztlich könnten wir es uns einfach machen und sagen: Schwierig sind alle Situationen, die für uns als Trainer mit negativen Emotionen verbunden sind. Letzteres hat eigentlich nur indirekt damit zu tun, ob Seminarziele erreicht werden oder nicht. Es gibt nämlich auch all jene Seminare, die ihren Zweck voll erfüllen – vielleicht sogar übererfüllen –, und wir Trainer fühlen uns trotzdem schlecht.

Deshalb schlagen wir vor, all jene Situationen als schwierig zu erachten, die bei Trainern, Auftraggebern und/oder Teilnehmern langfristig negative Emotionen und Folgen mit sich bringen. Das kann vor dem Seminar, währenddessen oder hinterher der Fall sein. Oder in einer beliebigen Kombination. Ein paar Beispiele:

Vorher

Manchmal denken Sie im Voraus an ein Seminar, das, sagen wir mal, in drei Wochen stattfindet. Bei dem Gedanken an dieses Seminar zucken Sie leicht zusammen. Ein kleiner elektrischer Schlag jagt durch Ihre Nervenbahnen. Ihr Kopf sackt kurz zwischen die Schultern, und im Magen macht sich ein flaues Gefühl breit. Ich finde, dass das ein guter Indikator für ein schwieriges Seminar ist. Die Gründe für diese somatischen Reaktionen können vollkommen unterschiedlich sein. Wir fühlen uns vielleicht schlecht vorbereitet. Wissen, dass ein ganz bestimmter Mitarbeiter des Unternehmens daran teilnimmt, der uns schon einmal im Seminar »gehäutet« hat. Vielleicht reagiert unser Körper auch nur, weil wir wissen, in welchem grausamen Seminarhotel das Ganze stattfindet. Hören Sie auf diesen »somatischen Marker«. Denn jetzt können Sie noch etwas gegen die drohende schwierige Situation tun.

Währenddessen

Auch während des Seminars sagt Ihnen Ihr Körper oftmals laut und deutlich, dass Sie in einer schwierigen Situation stecken. Sei es eine anschwellende Schläfenader (wie in Olafs Fall) oder ein verhärteter Kiefermuskel. Hitze im Gesicht. Schweißausbruch. Formen von Taubheit und Depersonalisierung. Faustballen. Fluchtinstinkte. Unser Körper sagt uns ziemlich deutlich, dass das, was wir gerade erleben, nicht »normal« ist! Ob die Situation dann tatsächlich so schwierig zu lösen ist, wie es scheint, hängt von Ihrer Wahrnehmung, Ihrer Bewertung der Situation und davon ab, wie viele passende Interventionen Sie im Köcher haben.

Danach

Auch nach einem schwierigen Seminar sendet Ihnen Ihr Körper jede Menge Botschaften, die Ihnen anzeigen: »Das war ein schwieriges Seminar.« Sie fühlen sich niedergeschlagen. Filme laufen ab und wieder sinkt der Kopf zwischen die Schultern. Jedes Mal, wenn Sie im Nachgang an bestimmte Situationen im Seminar denken, versetzt es Ihnen einen kleinen (oder großen) Stich. Spätestens dann, wenn Sie die miserablen Feedbacks lesen und zu einem kritischen Gespräch mit Ihrem Auftraggeber eingeladen werden, können Sie nicht mehr leugnen, dass das ein schwieriges Seminar war.

Und von denen ist in diesem Buch die Rede.

Toxic People

- Über Situationen mit »anspruchsvollen« Teilnehmern
- Der Boss im Seminar
- Nein, meine Suppe ess ich nicht …
- Der Bildzeitungsleser
- Teamleiteralarm
- Ich liebe den Duft von Paradontose am Morgen!
- Ich heiße Helmut – und Schluss
- Die charmante Vielrednerin
- Dr. Jekyll and Mr Hyde
- Ich kann auch rausgehen!
- Endlich ein schwieriger Teilnehmer!
- Die Feuerprobe

↗ 01

Über Situationen mit »anspruchsvollen« Teilnehmern

Ja, es gibt Teilnehmer, die uns in unserem Können als Lernbegleiter mehr fordern als andere. Eine Welt in der es ausschließlich interessierte, freundliche und aufmerksame Teilnehmer gibt, ist eine Illusion. Menschen tragen Widerstände, Defizite und Verletzungen mit sich herum. Manche davon machen das gemeinsame Lernen mit ihnen zu einer kniffligen Angelegenheit. Wir wollen hier nicht mit diesen Menschen abrechnen. Um Gottes willen, nein. Wir haben diesen Menschen ungeheuer viel zu verdanken und fanden in jedem von ihnen etwas, das unseren bedingungslosen Respekt verdient. Uns ist klar, dass einige der gewählten Beispiele diffamierend wirken können. Stereotype sind ungerecht (und in vielen Fällen hinderlich). Dennoch sind sie notwendig, um uns zu verständigen. Es *gibt* schwierige Teilnehmer! Und wir brauchen Namen für sie.

In Gert Schillings erstem Fall »Der Boss im Seminar« steigen wir gleich ein mit einem Typus, den es recht häufig zu geben scheint. Es ist der Herrscher. Ein Entscheidungsmacht und Dominanz gewohnter Hierarch, der aus mehreren Gründen für uns Trainer zum Problem werden kann: Er greift in unsere didaktischen Abläufe ein, unterdrückt – meist, ohne es zu wollen – Beiträge der übrigen Teilnehmer und ist mitunter beratungsresistent, wenn es darum geht, eigene Verhaltensweisen kritisch zu hinterfragen. Erfolgsgewohnt und mit einem starken Selbstvertrauen gesegnet, ist die Veränderungsbereitschaft in vielen Fällen eher gering.

Eine weitere Schwierigkeit besteht in der Divergenz zwischen unserer Steuerungsrolle als Trainer und den Eingriffen des Hierarchen sowie den oftmals daraus resultierenden Statusspielen vor der Gruppe. Aber sehen Sie selbst.

Der Boss im Seminar

Gert Schilling

»Meine Leute brauchen kein positives Feedback!«

Was tun, wenn Auftraggeber oder hierarchisch höher gestellte Teilnehmer in unsere Didaktik eingreifen? Wenn sie damit beginnen, andere Teilnehmer und den Ablauf zu dominieren? Und wenn deren Vorschläge zu unserer Vorgehensweise gegen jede unserer Überzeugungen spricht?

»Ich schau dann auch gerne mal im Seminar vorbei.« Herr Franke sagt den Satz so, als erwarte er keinen Widerspruch. Und im Prinzip habe ich nichts dagegen, wenn der Chef an einem gemeinsamen Seminar mit seinen Mitarbeitern teilnimmt. Klar, es gibt Situationen, in denen das weniger sinnvoll ist. Wir vereinbaren kurz, dass er als »ganz normaler« Teilnehmer mitmacht. »Na logisch«, bekomme ich als kantige Antwort.

Um was soll es in dem Seminar gehen? Die Mitarbeiter von Herrn Franke sind als Berater unterwegs. Es ist geplant, in deren Beratungsgespräche künftig mehr Techniken der Moderation einzubauen. Wie Ideen gesammelt und Lösungsmöglichkeiten erarbeitet und durch eine neutrale Moderation begleitet werden können. Genau das soll in meinem Seminar vermittelt werden. Ein klassisches Moderationstraining. Gerne! Das mache ich mit links. Karten schreiben, Punkte kleben, die Rolle reflektieren. Quasi eine meiner leichtesten Übungen! Auch inhaltlich wurde es genau so im Vorgespräch gewünscht. Alles bestens also.

Am Morgen des Seminars geht es in ein schmuckloses Industriegebiet Berlins. Der Seminarraum: so lala. Aber da habe ich schon schlechtere gesehen. Auch wenn ich mich schon so manches Mal gefragt habe, wie viele Säulen sich denn eigentlich in einem Raum unterbringen lassen und weshalb die da sind. Na egal. Pinnwand aufbauen, Flipcharts vorbereiten – fertig. Ich erwarte 14 männliche Teilnehmer. Um neun Uhr soll es losgehen. Um 8:50 Uhr sind erst sieben der Herren von mir begrüßt worden. Auch Herr Franke ist schon da.

»So, dann fangen wir mal an!«, höre ich plötzlich – nein, nicht mich selbst, sondern Herrn Franke sagen. Ich schlage stattdessen vor: »Wollen wir nicht noch einen Moment auf die Kollegen warten?«

»Nein, nein, die kommen erst später«, sagt Herr Franke. »Das sind die älteren Kollegen, die schon Erfahrung haben. Denen habe ich gesagt, sie sollen erst ab Mittag dazukommen. Die können sich den Theorieteil am Anfang sparen und dann den Vorführungen am Nachmittag beiwohnen.«

Theorieteil am Anfang?!? Und welche *Vorführungen* am Nachmittag?!? Weiß Herr Franke etwas, was ich nicht weiß? Ich erwidere zaghaft: »Wir starten mit einem Wechsel aus kurzen Inputs und teilnehmeraktivierenden Übungen.«

»Ja, das werden wir dann sehen, jetzt geht es erst einmal los.« Und lauter: »Los geht's Leute – hinsetzen!«

Na gut, ich beginne. Begrüßung, Seminarfahrplan, Ziele … Noch läuft alles friedlich. »Ich habe gehört, dass Sie aus unterschiedlichen Regionen Deutschlands kommen und sich nur teilweise kennen. Deshalb machen wir eine kurze Vorstellungsrunde, die schon gleich etwas mit dem Thema Moderation zu tun hat. Dazu …« – Weiter kam ich nicht.

»Nee, das brauchen wir nicht. Fangen Sie nur mal gleich mit dem Theorieteil an«, keilt Herr Franke dazwischen.

Vorstellungsrunden

Wie Sie aus eigener Erfahrung wissen, erfüllen Vorstellungsrunden – gerade in moderierten Workshops – *sehr* viele wichtige Funktionen. Sie sind gewissermaßen schwer ersetzbar. Vorausgesetzt, man gestaltet sie kreativ, abwechslungsreich und mit »weichem« Themenbezug. Dazu kurz und knackig angeleitet.

- Die Teilnehmer werden aktiv. Und es wird klar – so geht es auch im Seminar weiter.
- Die Vorstellungsrunde kann mit dem Einstieg ins Thema verbunden werden.
- Der Trainer erfährt etwas über die Erwartungen und Vorerfahrungen der Teilnehmenden, ohne eine klassische Erwartungsabfrage einzusetzen.
- Die Teilnehmenden kommen untereinander in Kontakt. So kann eine erste Vertrauensbasis für späteres Feedback und Unterstützung entstehen.
- Die Teilnehmenden nehmen den Raum mit ihrer Stimme ein. Der Effekt ist: Habe ich schon einmal etwas in diesem Raum und dieser Gruppe gesagt, fällt es mir in späteren Diskussionen leichter, das Wort zu ergreifen und mich zu beteiligen.

Kurzum: jede Menge guter Gründe. Und darauf soll ich jetzt verzichten? Mit dem Argument, dass ich die Teilnehmenden gerne kennenlernen möchte und wir die Vorstellungsrunde sehr kurz halten werden, kann ich Überzeugungsarbeit leisten. Und bekomme das Okay von Herrn Franke.

Jürgen: »Hey, Gert, ich frage mich auch manchmal, warum schon das bloße Wort ›Vorstellungsrunde‹ so viel Widerstand auslöst. Ich weiß, dass du deinen Teilnehmern in Trainerausbildungen immer empfiehlst ›Vorstellungsrunde‹ wegen der negativen Konnotation einfach wegzulassen und nur den Themenbezug zu nennen. Also im geschilderten Fall könntest du sagen: ›In vielen Moderationen stehen Sie vor der Aufgabe, möglichst schnell ein paar wesentliche Anhaltspunkte zu Ihren Workshopteilnehmern zu bekommen. Stehen Sie bitte kurz auf. Wir probieren dazu ein paar Sachen aus.‹ Und dann kannst du einfach deine Version der Vorstellungsrunde durchziehen. Übrigens erlebe ich das Gleiche bei dem Wort ›Rollenspiele‹. Aus irgendeinem Grund gehen bei solchen Wörtern bei vielen Menschen die Abwehrsysteme auf Stufe orange.«

Gert: »Das stimmt. Bei dem Wort ›Rollenspiel‹ ist es empfehlenswert, die Teilnehmer Schritt für Schritt zum Mitmachen anzustiften. So sind sie eigentlich schon mittendrin, bevor sie das erste Mal registrieren, dass sich offenbar ein Rollenspiel anbahnt. Ich merke jedenfalls, dass die Worte ›Okay, lassen Sie uns das einmal ausprobieren‹ viel weniger Widerstände verursachen.«

Torben: »Das erlebe ich auch so. Ich habe aus demselben Grund das Wort ›Auflockerungsspiel‹ aus meinem Sprachschatz gestrichen.«

Nun, nach dem gnädigen Okay Herrn Frankes zu meiner Vorstellungsrunde geht es in die nächste Runde. Für mich hieß dieser Kampf nun »Die Verteidigung der Didaktik«. Hier ein Ausschnitt aus Herrn Frankes Repertoire:

- »Meine Leute brauchen nur negatives Feedback. Nur dann wird etwas gelernt!«
- »Diese Übung machen wir schneller, …, anders! Die brauchen wir nicht!«
- »Ich kann das schon, lassen Sie mal die anderen vor.«
- »Herr Schmidt, jetzt machen Sie doch auch mal was.«
- »Herr Schilling, sagen Sie ruhig den Kollegen, was sie falsch machen!«
- »Zeigen Sie doch mal, wie es richtig geht.«

- »Pause brauchen wir nicht.«
- »Und übrigens: Es geht bei der Moderation darum, die Beteiligten zu dem Ergebnis zu bringen, welches man selbst gerne haben will.«
- »Ich gehe kurz raus zum Telefonierenn und danach machen wir …«

Puh. Anstrengend. Wie kann ich damit umgehen, dass mir jemand die Didaktik aus der Hand nimmt? Wie, wenn dieser jemand mein Auftraggeber ist und Chef der anwesenden Mitarbeiter? Und wenn er einfach gewohnt ist, dass die Dinge so laufen, wir er sie anweist? Ein paar Ideen sollen helfen.

Barbara:
»Ich sage nur: Atmen, atmen, atmen …«

Variante 1: Didaktische Argumentation Ich könnte natürlich bei jedem dieser Übergriffe erörtern, aus welchen didaktischen Überlegungen heraus diese oder jene Übung für die Lernleistung sinnvoll ist: »Wir machen diese Übung aus folgendem lerntheoretischen Grund. Die Theorie ist von …«

Das kann bei jedem Seminarschritt zu einer mühsamen, themenfremden Diskussion führen. Vielleicht kennt jemand eine andere Lerntheorie oder hat die Erfahrung gemacht oder, oder.

Plötzlich gerät man in eine Rechtfertigungsschleife. Und aufgepasst, oft entsteht das Gefühl: »Wer sich rechtfertigt, klagt sich an.« Das heißt, er hat eigentlich unrecht und *fertigt* sich sein Recht nur.

Variante 2: Ausnutzen der Positionsmacht »Ich leite das Seminar. Wir machen das jetzt so. Punkt.« Welche Positionsmacht ist größer? Welcher Status sticht? Auftraggeber oder Trainer? Und wenn die Schlacht gewonnen ist, was dann? Je mehr ich versuche, mich durchzusetzen, desto mehr Widerstand kommt mir entgegen. Hier eine Übung, die Sie an passender Stelle auch mit Ihren Teilnehmern machen können.

Übung: Druck erzeugt Gegendruck

Legen Sie beide Handinnenflächen vor der Brust aneinander. Drücken Sie mit der linken Hand gegen die rechte.
Bei den meisten Menschen bleiben die Hände nun genau in der Position wie zuvor. Das heißt, weiterhin vor der Körpermittelachse. Das geht jedoch nur, wenn Sie mit der rechten Hand auch Druck aufbauen. Den Gegendruck zur linken Hand. Wenn Sie der Übung genau folgen, müsste die rechte Hand zurückweichen und beide Hände bewegen sich nach rechts.

Variante 3: Nachgeben Der Kunde ist König. Wenn der Auftraggeber keine Vorstellungsrunde möchte, dann machen wir eben keine. Wenn nur kritisches Feedback erwünscht ist, dann gibt es halt in diesem Fall nur kritisches Feedback.

Ich finde, das ist eine ganz schlechte Idee. Ich bin der Experte für die Didaktik. Alle Elemente des Seminars – sei es eine Auflockerungsübung, eine Gruppenarbeit oder Einzelpräsentation – machen an der jeweiligen Stelle Sinn und verfolgen ein Lernziel. Das bedeutet nicht, sklavisch an seinen Konzepten festzuhalten und Teilnehmerwünsche zu ignorieren. Ganz im Gegenteil. Je sattelfester ich in meinem didaktischen Konzept bin, umso mehr kann ich auf inhaltliche Fragen, Wünsche und Schwerpunkte der Teilnehmenden reagieren.

Henning: »Ich sehe das auch so. Zumal du durch das Nachgeben eine Menge Akzeptanz bei den übrigen Teilnehmern verlierst. Die checken irgendwann auch, dass du dem Boss nach der Pfeife tanzt. Außerdem ist dein Ruf in Gefahr, weil du dann in die Didaktik eines Anfängers verfällst. Zumal man sich, nachdem man sich bei zu vielen Überzeugungen hat verbiegen lassen, fühlt, als habe man sich prostituiert. Jeder von uns macht hin und wieder Zugeständnisse, die aus unserer Sicht das Ergebnis schmälern. Aber irgendwann ist Schluss. Mein Mitgefühl, Bruder!«

Barbara: »Ich kenne ähnliche Situationen, speziell aus Kurzworkshops und Vorträgen. Ich stelle mir dann einfach vor, dass es supernette Menschen sind. Toller Glaubenssatz, oder?«

Torben: »Auf jeden Fall hilft der Glaubenssatz dabei, weiterhin positiv zu agieren.«

Wie bin ich aus dieser Nummer wieder herausgekommen? Auf jeden Fall ziemlich geschafft. Und es war – zugegebenermaßen – kein Highlight. Ich habe versucht, so viel wie eben möglich von meinem Konzept zu retten, ganz besonders das, was ich davon für unbedingt erforderlich halte. Das Seminar wurde eine Notoperation mit einer Mischung aus didaktischer Argumentation, kontinuierlicher Überzeugungsarbeit und spontaner Anpassung der Übungen.

Sinnvolle Präventionen für solche Fälle

Bereits im Vorfeld können Sie präventiv arbeiten und auf solche Fälle vorbereitet sein. Wichtig ist dabei Folgendes:

Sorgfältige Absprachen zur Konzeption Wer hat welche Rolle? Wer ist wann dabei? Klärung der Vorerfahrungen und Wünsche der Teilnehmenden. Darstellung des eigenen Konzepts, der Lern- und Seminarphilosophie.

Vorbereitung einer Methodenvielfalt Wenn eine Vielzahl an Methoden zur Verfügung steht, kann auf unterschiedliche Situationen entspannt reagiert werden. Zum Beispiel können Sie verschiedene Vorstellungsmöglichkeiten parat zu haben, die länger, kürzer oder auch anspruchsvoller sind. Je nachdem, ob die Teilnehmenden sich noch nicht, schon besser oder nur zum Teil kennen, können diese dann variabel eingesetzt werden.

Interventionen

Nicht aus der Ruhe bringen lassen Und wie Barbara schon sagte: Atmen, atmen, atmen …

Auf den Änderungswunsch eingehen und trotzdem beim eigenen didaktischen Konzept bleiben Wie kann das gehen? Zum Beispiel, indem Sie die angekündigte Übung streichen und dafür eine andere durchführen, die genauso sinnvoll ist.

Vorstellungsrunde brauchen wir nicht!

Sie möchten beispielsweise eine Vorstellungsrunde machen, und es kommt das Argument: »Vorstellungsrunde brauchen wir nicht – wir kennen uns alle schon. Beginnen Sie doch lieber gleich mit dem Theorieteil.« Dann sagen Sie einfach: »Alles klar, dann starten wir mit einer Einstiegsübung, die gleich mit unserem Thema zu tun hat. Dabei werde ich etwas von Ihnen erfahren, denn mir ist es wichtig, Sie kennenzulernen – und Sie werden gleichzeitig etwas voneinander erfahren, das neu ist, das sie noch nicht kannten. Seien sie neugierig. Dazu die Bitte, dass sie …«

Wichtig ist, dass Sie umgehend loslegen und keinen Raum für eine neue Diskussion geben. Dazu passt auch die nächste Intervention.

Auf meinem Schiff bin ich der Kapitän! Ich bin der Meinung, Sie sollten in jedem Fall Ihre Positionsmacht als Trainer in wertschätzender und motivierender Form nutzen. »Jetzt geht es los!«, »Stehen Sie bitte alle einmal auf …«. Geben Sie klare Anweisungen, dann machen die Teilnehmenden mit. Sind Sie sicher in dem, was Sie wollen, kommt das auch motivierend rüber. Geben Sie das Ruder nicht aus der Hand, und lassen Sie sich nicht in Diskussionen um Ihren Kurs verwickeln.

Olaf: Wundervoll. Ich bevorzuge die letzte Variante. Ich habe sehr gute Erfahrungen damit gemacht, genau das den Teilnehmern oder auch Coachingklienten zu sagen. In dem Moment, in dem Teilnehmer anfangen, ihre Regeln zu etablieren, ist es sinnvoll, zuzuhören und der gewollten Einflussnahme Raum zu geben. Das erhöht die Akzeptanz und verschafft einen guten Überblick über die Situation. Ich habe zudem gute Erfahrungen damit gemacht, dem jeweiligen Teilnehmer seinen Einfluss grundsätzlich weiterhin zu gewähren. Wir Trainer sollten uns nicht auf einen Kampf auf Einflussebene einlassen. Wohl aber sollten wir die Machtverhältnisse klären. Das klingt hart. Allerdings gibt eine wertschätzende und seriös platzierte Klärung den wichtigen Rahmen für alle Beteiligten. Seit dem Film ›The King's Speech‹ trage ich das Zitat von Lionel Logue in mir: ›My castle, my rules!‹ Und er sagt es bescheiden und bestimmt zugleich.«

Sabine: »Einen ähnlichen Fall, in dem auch die gesamte Vorgehensweise ad absurdum geführt wurde, erlebte eine Teilnehmerin von mir in ihrem eigenen Seminar. Am Ende eines Eintagesseminars kippte der Chef alle vorher aufgebauten Überzeugungen bei den Teilnehmern mit einem einzigen verbalen Ausatmen wie ein Kartenhaus um: ›Alles schön und gut, eines sollte allerdings klar sein: Wir werden das nicht so machen!‹ Es ging um Veränderungen bei Beratungsgesprächen im Bankenbereich, in die neue, gesetzlich vorgeschriebene Vorgehensweisen eingefügt werden sollten. Die Trainerin hatte also alles dafür getan, diese neue Gesprächsführung vorstellbar und durchführbar zu machen. Was war passiert? War der Vorgesetzte im Tagesverlauf nicht gut genug eingebunden? Oder machte er gezielt die Trainerin zum Spielball einer Auseinandersetzung, die er innerlich mit seinem Unternehmen oder dem Gesetzgeber führte? Oder hat die Trainerin ihre Rolle in der Vermittlung des ›Wie macht ihr es?‹ nicht deutlich genug gelebt und sich stattdessen als Vertreterin des ›Ihr müsst das machen!‹ positioniert? In jedem Fall war das, was ihr nun als Weg übrig blieb, frustrierend. Nämlich nur noch elegant einen Abschluss gestalten zu können und die Arbeit eines Tages gefährdet zu sehen. ›Nun, diese Entscheidung treffen Sie in Ihrem Bereich. Ich danke Ihnen dafür, dass Sie sich heute den Argumenten gegenüber geöffnet haben, die für das neue Vorgehen sprechen, und freue mich, dass Sie diese Sichtweisen jetzt sacken lassen und dann endgültig entscheiden werden, was Sie tun. Wenn noch Fragen zum Wie aufkommen, rufen Sie mich gern an. Ihnen allen wünsche ich einen schönen Abend …«

Olaf: »Ich glaube, Sabine, das ist noch einmal eine besondere Situation. Am Ende eines Seminars hast du nicht mehr allzu viel Formbarkeit des Seminarverlaufs. Die besondere Herausforderung in der Situation von Gert war, dass der weitere Verlauf des Seminars noch formbar war. Ich halte die Intervention deiner Teilnehmerin allerdings trotzdem für sehr gelungen. Und sehr geschickt. Weil es allen Beteiligten die Wahl lässt und auf die Entscheidungsmöglichkeit jedes Einzelnen hinweist.«

Henning: »… und trotzdem die Haltung Trainerin durchscheinen lässt: ›Ich halte die neue Vorgehensweise für gut und empfehlenswert!‹ Sonst würde sie sich am Ende unglaubwürdig machen, wenn sie einen Tag lang etwas trainiert, an das sie am Ende nicht glaubt.«

Gert Schilling 2013 in Zahlen

100	Prozent Zufriedenheit als freiberuflicher Trainer
5	Jahre als Abteilungsleiter in der Industrie gearbeitet
150	Kilometer bei einem Wettkampf mit 10.000 Höhenmeter an einem Stück gelaufen
0	Autos und Fernseher im Haushalt
1	Pinnwand unter dem Bett
2	Schilling|Verlag und Trainer|Kongress|Berlin
1	Seminar, bei dem er versehentlich ein komplett anderes Thema dabei hatte, als angekündigt war
3	Paar Laufschuhe
15	Kilogramm Obst, die er am liebsten pro Tag verdrücken würde
35	didaktische Zauberkunststücke im Repertoire
5	verlorene Mützen pro Jahr

Nein, meine Suppe ess ich nicht …

Axel Rachow

Die deutliche Verweigerung als klare Herausforderung

Dieses Ereignis gehört zeitlich gesehen noch ins letzte Jahrtausend, also an den Anfang meiner Trainertätigkeit – ist mir aber heute noch präsent und begleitet mich als eine lehrreiche Geschichte. Sie beschreibt, wie sehr eine Gruppe und jeder Einzelne darin zum Gelingen der Lernleistung einzelner Teilnehmer beiträgt – wenn man sie nur lässt.

Da sitzt ER nun, der Teilnehmer:

- geschickt von seinem Unternehmen
- gebildet durch zahlreiche Seminare und das Leben
- überqualifiziert für einen (meinen) Basiskurs
- geadelt durch seine gehobene Stellung im Unternehmen
- erfolgreich, weil sein Bereich gute Zahlen aufweist

All das (und vieles mehr) hat *ihn* zu dem gemacht, was *er* ist, und dennoch kam das Unternehmen auf die Idee, auch *ihn* auf die Trainingsmaßnahme zu schicken. Alle Führungskräfte des Unternehmens müssen dahin, aber wieso *er* dahinmuss, ist *ihm* eigentlich unverständlich. Und das muss natürlich gesagt werden!

Den Seminarbeginn gestaltete ich klassisch: Begrüßung, stelle mich selbst kurz vor und schildere den Ablauf, vier Ecken – das Warming-up im Stehen. Und dann kam die Erwartungsabfrage.

Das Statement

Das war seine Gelegenheit für das erste – für *das* – große Statement: »Ich habe keine Erwartungen. Ich kenne das schon alles. Von Training und Trainern halte ich nichts. Ich habe keine Probleme in Gesprächssituationen und kann mir das auch gar nicht vorstellen.«

Ein mehrfaches Nachfragen mit wertschätzender Haltung meinerseits nach

- Gesprächssituationen, die vielleicht durchaus annehmbar liefen, aber keine hundertprozentige Zufriedenheit erreichten,
- möglichen zukünftigen Konflikten,
- Kunden, mit denen eventuell nicht die möglichen Abschlüsse erreicht wurden,

verlief im Sande. Keiner meiner Bälle wurde aufgenommen. Es blieben nur seine im Spiel, und die wiederum wollte ich nicht aufnehmen. Jedenfalls nicht an dieser Stelle.

Patt!

Einer letzten Frage, »Wann wäre dieses Training aus Ihrer Sicht erfolgreich?«, konnte er sich dann doch nicht entziehen und antwortete: »Wenn ich hier irgendetwas Neues kennenlerne!« – Gut. Damit lässt sich arbeiten. – Mein Dank war damit bei ihm, und mehr individuelle Aufmerksamkeit mochte ich diesem Teilnehmer in der Anfangssituation nicht einräumen.

Die erste Pause gab mir Gelegenheit, noch einmal in die Vorabfragebögen der Teilnehmer zu schauen. In seinem Bogen rundete sich das Bild ab. Schon dort fanden sich die entsprechenden Bemerkungen.

Die anschließende Theorie-Input-Phase verlief unkompliziert. Es war schon alles gesagt, und irgendwie schien ich nicht der Richtige für eine wertvolle Auseinandersetzung und Konfrontation zu sein. Das war gut, denn ich konnte gut arbeiten. Gleichzeitig fragte ich mich ständig im Hinterkopf, wie ich ihm das Neue mitgeben könnte (was in vielen Fällen Kleinigkeiten, Details sein können) beziehungsweise wo die passende Gelegenheit für den entsprechenden Spiegel wäre.

Und wie so oft in Gruppensituationen muss die Lösung gar nicht durch die direkte Intervention kommen, sondern als Trainerin oder Trainer kann man auch ein wenig darauf vertrauen, dass die Menschen im Raum als Individuen und als Gruppe schnell ein Gefühl dafür entwickeln, was geht oder nicht geht, gut oder schlecht ist, notwendig oder überflüssig.

Denn obwohl ich den geschilderten Dialog nur mit dem Teilnehmer geführt hatte, waren die anderen durchaus involviert. Sie hatten sich vielleicht geärgert, ihn bewundert, mich bedauert (oder umgekehrt), waren genervt oder zufrieden, angetan oder entsetzt über ein solches Verhalten.

Der Konflikt war also von vornherein nicht mein Konflikt, sondern ist zum Konflikt der Gruppe geworden. Auch wenn es sich nicht so dargestellt hat und sichtbar geworden ist, spielten in diesen Konflikt die Werte und Normen des Umgangs miteinander, Beziehungen zwischen Kollegen und Eigeninteressen der Lernenden hinein.

Zwei Tage dauerte das Seminar, in meiner internen Agenda war besagter Teilnehmer für den Schluss des ersten Seminartages mit »Einzelbehandlung« gelistet, doch so weit kam es erst gar nicht. Denn schon im ersten Rollenspiel ergriff die Gruppe (unbewusst) die Gelegenheit zur Intervention.

Rollenspiel bedeutet in diesem Setting:

- freiwilliger selbstgewählter Fall
- kurze Vorbereitung und Briefing der Gruppe
- Simulation mit zwei Protagonisten vor der Gruppe
- Feedback erster Kategorie: Zwei Drittel der Teilnehmer haben verteilte Beobachtungsschwerpunkte (zum Beispiel Argumentation).
- Feedback zweiter Kategorie: Das weitere Drittel der Teilnehmer gibt der Beobachtergruppe der ersten Kategorie ein Feedback zu deren Feedback.

Dieses Setting hat den Vorteil: Alle sind ständig involviert und gefordert. Und der Trainer kommt erst zum Schluss. Falls noch etwas übrig bleibt.

Der Zufall setzte *ihn* in die erste Reihe der Beobachter (Feedback erster Kategorie), denn da gab es ja etwas zu sagen, und er konnte gleich aus der distanzierten Position die passenden Rückmeldungen geben. Und das tat er!

Der Zufall setzte aber auch eine junge Kollegin hinter ihn, die mir schon zuvor durch ein sehr offenes und gleichzeitig beherzt-herzliches Auftreten aufgefallen war. Und zufällig war sie dann an der Reihe, ein Feedback zu seinem Feedback zu geben. Und das tat sie – nach allen Regeln der Feedbackkunst: wertschätzend, Sache und persönliches Gefühl trennend, beschreibend, Handlungsoptionen aufzeigend und so weiter.

- Sie war brillant.
- Er ruhig.
- Ich entlastet.

Eine gute Konstellation für das weitere Arbeiten.

Sandra: »Axel, was für eine kluge systemische Intervention: Die Beobachtung der Beobachtung. Der große Kybernetiker Heinz von Foerster formulierte es so: ›Die Beschreibung des Universums bedarf einer Beschreibung des Beschreibers.‹ Albert Einstein sagte: ›Wir können Probleme nicht mit dem gleichen Grad an Bewusstein lösen, mit denen wir sie geschaffen haben.‹ Du hast *ihm* die Möglichkeit einer höheren Erkenntnis gegeben. Und das, ohne ihn bloßzustellen, sondern durch eine einfache Erfahrung. Großartig! Die zweite Beobachterebene werde ich künftig in meine Trainings einbauen. Danke schön!«

Und (da es das erste Feedback war) für mich war es eine gute Gelegenheit, alle positiven Aspekte herauszustellen und gleich hier noch einmal den Bogen zur Theorie zurückzuspannen.

Ich habe mich gefreut, er vielleicht auch, denn das, was einmal gesagt werden musste, kam aus der Gruppe und nicht von mir. Aus meiner Sicht hatte dieser unkonstruierte Moment ein paar nachdenklich stimmende Erkenntnisse:

- Neben all den abgesprochenen Dingen (Organisation, Regeln, Vereinbarungen) gibt es auch immer ein solidarisches Agreement – einen »Gruppengeist«.
- Die Gruppe (oder ein Teil davon) hat dafür Verantwortung übernommen, dass da etwas in Ordnung kommt, was irgendwie nicht in Ordnung scheint.

- Wenn ich etwas als unstimmig erlebe, kann ich davon ausgehen, dass es einem Teil der anderen Menschen genauso geht. Ein guter Indikator.
- Wenn ich in meiner Rolle als Trainer Dinge regeln will (zum Beispiel den Kampf gegen ein manifestes »Nein«), wird mich das viel Kraft kosten. Und was bringt es mir wirklich? Wo bedient dieser Kampf mein Ego oder das, was der Teilnehmer wirklich braucht?

Von diesem Moment an lief die Veranstaltung rund. Er setzte sich von da an in die zweite Reihe (Feedback zweiter Kategorie) und musste schnell feststellen, dass es im ersten Moment einfacher erscheint, nur dieses kurze Feedback zum Feedback zu geben. Beim zweiten Hinsehen ist es jedoch vielfach schwieriger, weil man als Beobachtungsfenster nicht 10 bis 15 Minuten Rollenspiel hat, sondern 90 Sekunden Redebeitrag der ersten Reihe. Wieder eine Lernerfahrung. – Und dann war Ruhe.

Und er äußerte seine Hochachtung in der Abschlussrunde: Er hätte nie gedacht, dass er so stark gefordert und so viel Neues über sich erfahren würde. Bingo!

Jetzt würde ich mir am liebsten das ganze Lob für die geglückte Situation auf die eigenen Fahnen schreiben, bekomme es aber nicht ganz hin, denn fairerweise muss ich sagen, dass hier einiges zusammengespielt hat:

- Die Empfindsamkeit des Gruppengeistes. Das gute Gefühl dafür, was sein darf und kann. Und was vielleicht geschehen muss.
- Der Zufall, der schon oft die Teilnehmer im rechten Moment auf die richtigen Stühle gesetzt hat.
- Das beherzte, technisch saubere Feedback einer Teilnehmerin.
- Die Methodik, die durchdacht, wertschätzend und anspruchsvoll auf Situation und Teilnehmer angepasst war. Die Teilnehmer haben ein Recht auf ein gutes Seminardesign!
- Die Erfahrung, die mir schon oft geflüstert hat: »Lass es erst einmal.«
- Die Zeit, die dann kommt, wenn es passend ist. (Nennt man auch: Kairos, den günstigen Moment einer Entscheidung.)

Das *Learning* aus dieser Sache: Bildungsarbeit will immer systemisch begriffen werden. Im Nachhinein ist das leichter, denn wenn ich mir wirklich die Mühe mache und etwas so ausführlich aufschreibe, werden die vernetzten Wirkungen deutlich. In der Situation selbst, merke ich, dass ich (der

Komplexität der Veranstaltung geschuldet) eher eindimensional bleibe – vielleicht auch als eine Art Schutzmechanismus. Als Empfehlung für andere Trainerinnen und Trainer möchte ich auf jeden Fall weitergeben:

- **In der Krise keine Entscheidung fällen:** Der kritische Moment muss bei einem zweitägigen Seminar nicht der Moment der Lösung sein.
- **Ereignisse wirken lassen:** Bevor gehandelt wird, brauchen alle Beteiligten eine Chance, das Ereignis für sich zu verstehen.
- **Positionen nicht zementieren:** Wenn jemand eine Meinung hat, muss er von uns auch Raum und Gelegenheit bekommen, diese verlassen zu können. Je stärker ich ihn ins Zementieren dränge, desto mehr Werkzeuge und Energie braucht es (für wen auch immer), die es hinterher alle wieder abzubauen gilt.

Gert: »Super Lösung Axel, das der Gruppe zu überlassen. Ich habe ebenfalls die Erfahrung gemacht, dass es keinen oder meist wenig Erfolg hat, mit Teilnehmenden in solchen Fällen lange zu diskutieren. Man gerät schnell in eine Rechtfertigungsschleife. Es ist immer toll, wenn die Teilnehmenden sich gegenseitig Lernerfolge bescheren.«

Jürgen: »Ja, und für uns Trainer heißt das: einfach mal einen Atemzug länger warten und schauen, was passiert, bevor wir unsere Kämpfchen beginnen. Die Gruppe ist sowieso immer mächtiger als jeder Einzelne. Möge die Gruppe stets mit euch sein!«

Olaf: »Jürgeeeeeen! Die Gruppe ist immer mit uns!«

Barbara: »Ich schließe mich dieser Erkenntnis an. Allein das innerlich gesprochene Trainermantra ›Das wird schon‹ bewegt und nährt den Gruppengeist. Daran zerren geht sowieso nicht.«

Ralf: »Von zwei Situationen kann ich ebenfalls berichten. Manche Teilnehmer fordern uns Trainer wirklich heraus, oder positiv formuliert: wählen einen Umweg, um die Rollen zu klären. Die Situationen: Ich war in einem Workshop eines Unternehmens, um die Ergebnisse einer Mitarbeiterumfrage mit den Betroffenen zu diskutieren. Es sollten konkrete Maßnahmen abgeleitet werden. Die Ergebnisse waren als großes Bodenbild in der Mitte des Stuhlkreises sehr anschaulich inszeniert. Eine der Zielgruppen waren Bauarbeiter, die in ihren Schutzwesten zum Workshop erschienen waren. Von vornherein war klar, dass es praktisch und direkt zugehen wird. So setzte sich ein Mitarbeiter gleich zu Beginn des Workshops außerhalb des Stuhlkreises, für alle sichtbar, mit verschränkten Armen hin. Die Botschaft wirkte wie: ›Ich weiß nicht, was das hier soll!‹ oder ›Ich möchte hier nicht sein!‹ oder ›Mal sehen, wer hier wichtig ist!‹. Der Fantasie sind nur wenige Grenzen gesetzt, welche genaue Absicht hinter dieser in der Außenwirkung provokativen Art und Weise steckte. Was lief in mir ab? Ich fragte mich, ob ich zu ihm hingehen und in aller Öffentlichkeit nach seinen Gründen fragen (und ihn damit vielleicht bloßstellen) oder ihn (zunächst) einfach ignorieren sollte?

In solchen Situationen wende ich häufig intuitiv ›rituelle Sätze‹ an. Das hörte sich in etwas so an: ›Kommen Sie bitte in den Kreis.‹ – ›Nein!‹ – Pause –›Kommen Sie bitte in den Kreis.‹ –›Nein! ‹ – Pause – ›Ich möchte, dass Sie in den Kreis kommen!‹ – ›Nein!‹ – Pause – ›Bitte kommen Sie in den Kreis!‹ – ›Nein!‹ – Pause – ›Ich möchte mit Ihnen zusammen beginnen.‹ – Pause – ›Nein!‹ – ›Kommen Sie bitte in den Kreis!‹ – Pause – ›Na gut.‹ – und der Stuhlkreis war komplett. Und die Rollen waren geklärt.

Rituelle Sätze sind eine ›Erfindung‹ von mir, die sich irgendwann eingestellt hat. Die Botschaft in Varianten immer wieder wiederholen, konkret und ohne Vorwürfe. Rituelle Sätze funktionieren nur, wenn die Botschaft dem Empfänger Handlungsoptionen öffnet und nur ausgesprochen wird, was ist.

Die andere Situation in diesem Workshop war ein Teilnehmer, der ständig laut und unspezifisch seinen Frust zum Ausdruck brachte. Kaum aufzuhalten, platzte er ständig dazwischen. In seiner Welt sicherlich vollkommen zu Recht, in der Außenwirkung sehr störend. Ich entschied intuitiv, dieses ›Spiel‹ laufen zu lassen und auf eine Situation zu warten, wann es reif wäre, zu intervenieren. Und die bot sich alsbald durch seine wiederum

laut und ungefragt vorgetragene Aussage: ›Mir ist das sowieso alles egal!‹ Dieses Angebot griff ich sofort auf und hatte zudem das Glück, dass neben ihm im Stuhlkreis ein Platz frei war. So setzte ich mich zu ihm und sagte in etwa mit etwas lauterer Stimme Folgendes: ›Das glaube ich Ihnen nicht, was Sie da gerade gesagt haben. So laut und vehement, wie Sie ständig dazwischenreden und Ihren Frust ablassen, kann es Ihnen gar nicht egal sein. Und das finde ich gut und richtig so, dass sie es sagen. Was ich gar nicht gut finde, ist allerdings, dass Sie sich ständig wiederholen. Also: Sprechen Sie Ihren Frust konkret und deutlich aus, aber bitte nur einmal. Alles klar?‹ – ›Alles klar!‹
Und die Rollen waren auch hier für den Rest des Workshops geklärt. Manchmal hilft es, auf den richtigen Augenblick zu warten, in dem es reif ist, zu intervenieren. Die Zwischenzeit gilt es bewusst ›auszuhalten‹.«

Die beschriebene Situation zeigt, wie sehr wir mit der Kraft der Gruppe rechnen können. Leider greifen wir manchmal nicht darauf zurück. Sowohl Einzelne in der Gruppe, als auch die Gruppe selbst können uns dabei helfen, einzelne Lernwiderstände zu beheben. Vertrauen Sie Ihrer Gruppe.

Axel Rachow 2013 in Zahlen

1974	Axel beginnt an der Nadel zu hängen
1975	Trouble – mit irgendetwas fängt jeder an
1976	Changesonebowie – so wird man unsterblich
1979	One Step Beyond – eine Kulturrevolution
1979	Ab jetzt heißt die Droge »Polycarbonat«.
1984	Stop Making Sense – großes Kino und fa, fa, fa, fa, fa, fa, fa, fa
1988	Rattle and Hum – Beginn einer Leidenschaft
1989	Love Shack – mutig
1992	Up – rauf und runter und rauf und runter
1992	Pavarotti & friends – Es lebe die Variation!
2000	MTV unplugged – inzwischen schon gedoppelt
2011	33 Kings Purpur – Ja!

Der Bildzeitungsleser

Gerd Kalmbach

Oder: Wie man die Zeit im Seminar sinnvoll nutzen kann

Wenn es wirklich besonders hart kommt, hat man es mit direkten Provokationen einzelner Teilnehmer zu tun. Problematisch ist dabei jedoch nicht primär der einzelne Provokateur, sondern eher die Dynamik, die dadurch in der Gruppe entsteht. Wer da als Trainer einen Fehler macht, verursacht womöglich den Schulterschluss der Teilnehmer – gegen den Trainer! Das kann zu einem unrühmlichen Ende des Seminars führen: Schulterklappen ab – unehrenhaft entlassen.

Als Jungtrainer war ich für einen der größten, bei vielen Trainern aber eher unbekannten Bildungsträger in Deutschland tätig. Dieser bietet vor allem Fachseminare an, die in der Regel von Ingenieuren gehalten werden. Zusätzlich werden psychologisch oder pädagogisch vorgebildete Gastdozenten eingekauft, um einzelne Teile dieser oft einwöchigen Trainings zu übernehmen. Als solch ein Gastdozent kam ich meistens am Dienstagnachmittag direkt nach dem (in der Regel schweren) Mittagessen der Teilnehmer an und übernahm bis zum Mittag des Folgetages als Dozent die Gruppe.

In genau solch einer zeitlichen Konstellation trug sich die folgende Situation zu, bei der ich einerseits Blut und Wasser geschwitzt, aber andererseits auch viel gelernt habe.

Die Gruppenstärke betrug 27 Mann (es waren tatsächlich alles Männer), die in einem großen U an Tischen in einem sehr großen Seminarraum saßen. Dadurch, dass ich mich nur ungern hinter einem (hier) fest verschraubten »Lehrerpult« verstecke, entstand für mich die Notwendigkeit, diese Seminare immer vor dem Tisch stehend zu absolvieren. An und für sich für mich kein großes Problem, aber es hatte den entscheidenden Nachteil, dass gerade in sehr großen Gruppen die an den äußeren Enden sitzenden Teilnehmer sozusagen in meinen toten Winkeln saßen … Ich habe das mal versucht zu illustrieren – der Kandidat links außen (markiert mit dem Pfeil, grrrrr) sollte mich noch beschäftigen …

Sandra: »Oh ja, Gerd, so ein festgeschraubter Tisch ist eine wirkliche Herausforderung. Genau das würde ich am Anfang den Teilnehmern gegenüber auch ansprechen. Wenn die Tische sich partout nicht verändern lassen, dann gilt für mich als höchste Priorität: alle Teilnehmer im Blick haben und notfalls die Position hinter dem Tisch wählen, auch wenn es für mich eine große Einschränkung bedeutet. Ein toter Winkel ist quasi die Einladung, etwas anderes zu machen, als dem Seminar zu folgen. Zugleich kann es aus Teilnehmersicht eine – wenn auch nur unbewusst empfundene – Geringschätzung unter dem Motto ›Ich werde nicht gesehen, wahrgenommen, bin nicht wichtig‹ sein. Die Frage für mich ist: Hättet ihr zusammen noch eine Lösung finden können, die Sitzordnung zu verändern? Zum Beispiel, indem ihr die Trainerbühne auf die andere Seite verlegt? Und noch ein ganz praktischer Tipp für den eigenen Trainerkoffer: Inbusschlüssel und Schraubenzieher dabeihaben!«

Dieser Teilnehmer, ein bärtiger Mann im Alter von etwa 40 Jahren, wirkte – ebenso wie die meisten übrigen Teilnehmer – vollkommen teilnahmslos und gelangweilt. Man hatte zuvor offenbar einen ganzen Tag lang wenig erfrischend auf sie eingeredet. Sie waren auf passiv geschaltet.

Das erlebte ich häufiger, dass ich solche Seminargruppen erst mal »erwecken« musste, aber dieses Mal schien es besonders schlimm zu sein. Die Teilnehmenden waren nicht nur vom herzhaften Mittagessen, sondern eben auch von völlig uninspirierten und unmotiviert vorgetragenen Präsentationen regelrecht »versaut«.

Mein Einstieg verlief dementsprechend:

- ermunterndes Kopfnicken als Reaktion auf meine Selbstvorstellung – Fehlanzeige.
- Lächeln auf der Basis meiner kurzen Themenübersicht – no chance.
- Antworten auf aktivierende Fragen? Eher schleppend, wenn überhaupt …

Ich dachte, ich sei in einem Leichenhaus gelandet – und das bei 27 gestandenen Männern. Aber: Der Schein sollte trügen – sie waren zu Reaktionen fähig … – Denn plötzlich nahm ich in meinem Augenwinkel ganz links irgendetwas wahr, was sich – vielleicht wegen meiner damals noch geringen Trainererfahrung – als ungewohnt darstellte … ich zögerte ein wenig, konnte aber meine Neugier nicht unterdrücken und schaute nach links außen …

Das Kind im Brunnen

Da saß er und blätterte eben gerade eine Seite seiner breit auf dem Tisch liegenden Bildzeitung um, als er gewahr wurde, dass ihn mein zunächst erstaunter Blick traf. Er schaute kurz auf, grinste mich an und sah wieder nach unten, um sich dem nächsten spannenden Artikel zuzuwenden …

Ziemlich verunsichert blickte ich wieder nach vorn und fuhr einfach in meinem Redeschwall über wertschätzende Kommunikation fort. Aber das Kind war im Brunnen.

Sabine: »Seit Jahren wünsche ich mir für solche Situationen eine Dauerübertragung meines Vorgehens zu einem Kollegen. Wenn ich mich dann unwohl fühle, keine Idee habe, wie ich aus einem gefühlten Dilemma wieder rauskomme, drücke ich einen Alarmknopf. Der beobachtende Kollege schaut auf seinen Bildschirm, was passiert ist, und souffliert mir mit der gelassenen Außensicht, was ich als Nächstes tun solle. Lasst uns eine solche Technik entwickeln und zum Standard machen, okay?

Das eigentlich Schwierige an dieser Situation waren jetzt nämlich all die anderen 26 Teilnehmer, nicht nur der eine Ignorant meiner doch ach so leidenschaftlich vorgetragenen Themen. Diese grinsten mich jetzt voller Spannung (oder war es doch Häme?) an. Sie hatten natürlich gesehen, dass ich ihn gesehen hatte. Ignorieren konnte ich ihn nun nicht mehr – ich war gezwungen, in irgendeiner Form zu reagieren. Wenn nicht, hätte ich 27 lesende Teilnehmer gehabt.

Im Geist sah ich mich schon mit hängenden Ohren davonlaufen und hinter mir die Teilnehmer skandieren: »Du kannst nach Hause gehen, du kannst nach Hause gehen …«

Aber nein, so schnell wollte ich nicht aufgeben. Also, alte Pädagogenregel: Niemanden vor anderen Menschen beschämen! Ich dachte mir, ich versuche es diplomatisch – mit dem bösen Blick sozusagen … (auch aus eigener Unsicherheit und Feigheit heraus – in der Hoffnung, es würde wirken). Ich drehte mich also zu ihm um, sah in mit strafendem Blick (ernster Mund, Stirn in Falten, Kopf leicht zur Seite geneigt und natürlich die Hände an den Hüften) an und hielt kurz inne.

Haha, und dachte, das ist es. Aber er schaute mich wieder nur an, grinste und las weiter … Das ist der Super-GAU dachte ich bei mir – die größte anzunehmende Unverfrorenheit …

Also sprach ich ihn dann doch an, nachdem ich wieder fieses Grinsen aus der Gesamtgruppe und eine stetig zunehmende Unruhe wahrgenommen hatte. Wie wir es gelernt haben als Trainer: Ich-Botschaften, über eigene Gefühle reden, Wunsch äußern … – Ich schlug ihm also vor, da mich sein Lesen der Zeitung störe, dies doch draußen zu tun, um dann anschließend gerne wieder reinkommen zu können …

Henning: »Ich hätte ihn vielleicht nicht gleich rausgeschickt oder ihm das vorgeschlagen. ›Wären Sie so nett und packen die Zeitung beiseite, das stört mich ehrlich gesagt etwas.‹ Das Rausschicken manifestiert den Machtstatus und kann möglicherweise zu noch mehr Widerstand führen. Aber wie auch immer: Es hat ja funktioniert! Und das zählt!«

Diese mit einem freundlichen Lächeln vorgetragene Direktansprache brachte mir anerkennendes Nicken der anderen Teilnehmer, ein erstauntes Gesicht des Mannes links außen, kurzes Nachdenken und dann tatsächlich ein Einpacken der Zeitung.

Jürgen: »Wahrscheinlich war das Lächeln viel wichtiger als die Formulierung selbst.«

An diesem Punkt war ich angekommen. Ich bin mir im Nachhinein gar nicht so sicher, ob meine Intervention so außergewöhnlich oder er einfach nur erstaunt war, dass überhaupt eine Reaktion auf sein Tun kam.

Sei's drum: Seither spreche ich jede Unsicherheit an, die bei mir aufkommt – und das mit zunehmender Freude und immer großem Erfolg. Denn meistens ist es gar nicht die Intention der Teilnehmenden, uns Trainer unsicher zu machen. Sie sind sich der Wirkung ihres Tuns einfach nicht immer bewusst. Also: alles Lernfelder!

Amelie: »Eigene Unsicherheiten ansprechen – das kann ich nur bestätigen. Auch ich habe damit die besten Erfahrungen gemacht.«

Jürgen: »Ja, ich auch. Aus meiner Sicht gibt es allerdings ein paar Ausnahmen. Das dahinterstehende Postulat nenne ich: Don't eat yellow Snow! Ihr wisst schon, was damit gemeint ist. Wenn ich das Gefühl habe: Wenn ich das jetzt anspreche, mache ich ein Riesenfass auf und hab weder die Zeit noch die Kraft, das komplett zu bearbeiten – zum Beispiel gegen Ende eines Seminars. Das ist aber echt die Ausnahme.«

Gert: An einen zeitungslesenden Teilnehmer kann ich mich auch erinnern. Das war in den Anfängen meiner Trainerzeit. Ich hatte einen Stuhlkreis aufgebaut, und er kam rein und sagte: ›Was wird denn das für ein Psychoscheiß heute?‹, holte sich einen Tisch, setzte sich in die linke Raumecke und begann Zeitung zu lesen. Dort blieb er den ganzen Vormittag über und warf ab und zu – wie die zwei vom Balkon in der Muppet-Show – seine Kommentare in die Runde. In der Mittagspause sprach ich ihn an: ›Es ist völlig in Ordnung, dass Sie das Seminar nach Ihren Bedürfnissen nutzen. Ich habe allerdings die Bitte, dies in der Runde zu tun, wenn Sie der Gruppe oder mir etwas sagen möchten. Ich stelle Ihnen einen Stuhl bereit, und Sie entscheiden selbst.‹ Natürlich hat er es am Nachmittag nicht lange hinter seiner Zeitung ausgehalten und war am Ende ein konstruktiver Diskussionsteilnehmer. Ich glaube, die Methode war: freie Wahlmöglichkeit lassen (mit Bedingung) und zeigen, dass sein Verhalten mich nicht angreift.«

Barbara: »Mir ist das mit dem Lesen im Training oder Unterricht ebenso bekannt. Im Prinzip ist das mit der Zeitung noch richtig gut, weil es doch offensichtlich ist. Das Lesen von SMS & Co ist doch jetzt beinahe normal. Die Frage ist, was hat das mit mir zu tun? Warum ärgert mich das eigentlich? Was wäre, wenn ich das mal machen würde? Was liegt für mich darunter? Ein altes Thema – Anerkennung und Respekt.«

Olaf: »Ich setze noch einen drauf, Barbara. In folgender Situation war eines für mich ausschlaggebend: Ich mochte diesen Teilnehmer sehr, weil er in fröhlicher Entschlossenheit tat, was seiner Meinung nach getan werden musste: nämlich Zeitung lesen. Ich empfahl ihm, eine weitere Zeitung zu holen, um einen Vergleich der Meinungen zu haben. Man könne ja nie wissen, ob das, was in seiner stünde, der Weisheit letzter Schluss sei. Die anderen Teilnehmer fingen sofort an zu kichern. Der betroffene Teilnehmer auch. Ich musste selbst lachen, was die Situation etwas absurd machte. Die Zeitung verschwand in seiner Tasche und wurde während des Seminars zum Running Gag. Ohne den guten Draht zu diesem Teilnehmer hätte mein Kommentar allerdings auch nach hinten losgehen können.«

Ralf: »Das mit dem Demonstrativ-nicht-dabei-Sein geht übrigens durchaus noch ›schlimmer‹. Als ich selbst in meinen jungen Berufsjahren auf einer Ausbildung war, in der sich ein Trainer aus meiner Sicht fachlich und prozesshaft sehr inkompetent verhalten hatte und selbst auf meine konstruktiven Vorschläge nicht reagierte – oder reagieren konnte –, drehte ich meinen Stuhl irgendwann einfach um und wählte die Wand hinter mir zum lohnenden Ausblick. Durchgängig, in jeder Stunde, in der er versuchte, uns etwas zu vermitteln. Selbst darauf reagierte er nicht, ließ mich einfach gewähren. Mit meiner Meinung stand ich damals nicht allein da. Geholfen hat es auch nicht, aber ich musste meinem Frust einfach Ausdruck verleihen.«

Jürgen: »So einer warst du früher! – Ich denke, heute würdest du vielleicht einfach freundlich was sagen …«

Amelie: »Das Zeitunglesen scheint ja beliebt zu sein: Mich erinnert das an folgende Situation: Ich hatte in einer vom Arbeitsamt unterstützten Maßnahme eine Gruppe in einer ›Vollzeitweiterbildung‹. Das heißt, man kam ein Jahr lang jeden Tag als ›Klasse‹ zum ›Unterricht‹ zusammen. Mein Part waren vier Tage Rhetorik und Kommunikation. Schon vor Beginn des ersten Seminartages warnte mich ein Teilnehmer vor: Ich solle mich nicht wundern, ein Kollege sei dabei, der den ganzen Tag nur die Zeitung lesen würde. So mancher Dozent habe sich an ihm schon ordentlich die Zähne ausgebissen …
Okay. Es kam tatsächlich wie angekündigt. Der Teilnehmer nahm mit seiner Zeitung ganz hinten, etwas außerhalb der Runde, Platz. Die Gruppe war offensichtlich bereits daran gewöhnt. So beschloss ich, mir nicht auch noch die Zähne auszubeißen, sondern die Sache einfach zu ignorieren.
Das Seminar lief super. Die Teilnehmer waren froh, dass endlich mal kein ›Frontalunterricht‹, sondern ›Action‹ war, sie legten sich ins Zeug, waren voll dabei, es gab praktische Übungen, es gab Applaus, es wurde viel gelacht. Das blieb auch dem Zeitungsleser nicht verborgen. Nur – hat man sich erst einmal auf demonstratives Zeitunglesen festgelegt, ist es natürlich schwer da – gesichtswahrend – wieder herauszukommen.
Am dritten Tag stand ein Rollenspiel auf dem Programm – und ich hatte Karten mit Aufgaben vorbereitet. Zunächst verteilte ich Rollenkarten. Dann hatte ich noch spezielle Beobachtungsaufträge zu vergeben. Ich erwischte den Zeitungsleser in einem Moment, in dem er gerade nicht auf das Papier, sondern geradeaus starrte und irgendetwas zu träumen schien. Spontan hielt ich ihm eine der Karten hin – und er nahm sie! Knisternde Stille im Seminarraum. Einen winzigen Moment später merkte er, was er gerade getan hatte, und sein Gesicht veränderte sich in eine Mischung aus verdutzt, entgeistert, ein bisschen ärgerlich. Die Stille kippte um in schallendes Gelächter der ganzen Gruppe. Nun konnte der Zeitungsleser auch nicht anders – er musste schmunzeln. Er hielt mir die Karte hin – aber ich sagte lachend, dass ich sie nun nicht mehr zurücknähme. Daraufhin sagte er: ›Eins zu null für Sie. Sie haben gewonnen.‹ Tosender Applaus der Kollegen. Und ab dann war er dabei. Ich war fortan die Heldin der ganzen Gruppe. Sagenhaftes Gefühl.

Jürgen: »Klasse, Amelie. Ein weiteres Beispiel in Sachen Mitmachverführung: einfach irgendwas in die Hand drücken. Das merke ich mir!«

Henning: »Ich glaube ja, wenn wir es so wie du, Amelie, schaffen, solche schwierigen Verhaltensmuster wie das ostentative Zeitunglesen nicht als Provokation oder Abwertung unserer Person zu erleben, bewahren wir alle Freiheiten, die es braucht, um wirkungsvoll zu intervenieren.«

Störungen haben Vorrang. Dieses Axiom aus dem TZI-Methodenset Ruth Cohns gilt auf jeden Fall auch für Situationen wie in Gerds Fall. Wir können derartige Verhaltensweisen nicht einfach ignorieren. Sie sind Teil unserer Arbeit. Gehen Sie freundlich an. Amelies Beispiel zeigt, das auch die härteste Verweigerungshaltung zu knacken ist, wenn man ein paar (ungewöhnliche) Dinge probiert.

Gerd Kalmbach 2013 in Zahlen

2001	seitdem als glücklicher Trainer unterwegs
50	Quadratmeter Büro – mit guter Aussicht über Offenburg
6	Jahre in Freiburg zum Studium der Erwachsenenbildung
40	Tauchgänge, seit mich vor eineinhalb Jahren der Virus gepackt hat
3	enge Trainerfreunde, bei denen ich mich ausheulen kann, wenn etwas schiefgelaufen ist
7	mein frühester Seminarstart mit Schichtarbeitern
6	Länder, in denen ich bereits trainieren durfte
11	Jahre Ehrenamt im Berufsverband für Trainer
28	größte Teilnehmeranzahl in einem Seminar
2.508	Kilometer nach Bursa/Türkei – der entfernteste Seminarort
5	Alter, in dem ich das erste Mal auf Skiern »stand«
3	Tage pro Woche, an denen ich mich langwierig zum Joggen überreden muss
6	Tage am Stück – die längste Seminarwoche
35.000	Kilometer/Jahr auf der Fahrt von und zu Kunden
3	Mindestanzahl Zigarren, die ständig im Humidor sind

Teamleiteralarm

Amelie Funcke

Wie man als Trainer aus einem Impuls heraus das einzig Rettende wählt

Manchmal geschehen unverhofft Dinge, die – mit einigem Abstand betrachtet – ein sehr klares Licht auf die Situation und Dynamik eines Teams werfen. Schnellmerker könnten das natürlich sofort verwerten ...

Vorweg sei gestanden: Ich kann mich nicht mehr an alle Einzelheiten erinnern. Obwohl es einer der seltenen Fälle ist, wo eine Teilnehmer-Horror-Fantasie aus der Train-the-Trainer-Ausbildung (»Meine Teilnehmer finden diese Spielchen albern«) tatsächlich im richtigen Leben (annähernd) Wirklichkeit wurde. Ich habe solche Fantasien eigentlich überhaupt nicht – mir fehlen da schlicht die Erfahrungen. Bis auf diese eine: Ich hatte ein Teamentwicklungstraining bei einer regionalen Sparkasse. Diese befand sich gerade in einem Veränderungsprozess und benötigte Unterstützung. Ein Geschäftsstellenteam von etwa 15 Personen. Als Einstieg in eine neue Arbeitseinheit wählte ich das Kooperationsspiel »Uhrenlauf«.

Uhrenlauf

Bei dieser Übung geht es darum, möglichst schnell mit der gesamten Gruppe eine Fläche zu durchqueren.
Alle stehen im Kreis, ein Ring von 30 bis 50 Zentimetern Durchmesser liegt in der Mitte. Das Team hat folgende Aufgabe: Alle müssen auf Zeit den Kreis durchqueren und dabei einmal in den Ring treten oder fassen, ohne diesen oder ein anderes Gruppenmitglied dabei zu berühren. Nach dem ersten Durchgang wird die Zeit gestoppt. Für jede beobachtete Berührung werden zwei Strafsekunden hinzugerechnet. Anschließend überlegt und probiert das Team Strategien, mit denen das Zeitergebnis verbessert werden kann.

Nach meiner Erinnerung verlief die Übung normal. Normal heißt: Es werden verschiedene Durchführungsstrategien überlegt, wieder verworfen, diskutiert, schließlich einigt man sich auf eine, die ausprobiert wird – im ganzen Prozess engagieren sich einige mehr, andere weniger. Ich stoppe die Zeit, verkünde das Ergebnis, das immer besser ist als beim ersten Durchgang, und frage die Gruppe, ob sie nun zufrieden ist. Einige rufen dann sofort »Ja!« und wenden sich erleichtert ihren Plätzen zu, andere haben mehr Ehrgeiz, und meist einigt man sich auf einen weiteren Versuch.

Nach Abschluss der Übung bat ich diese Gruppe um eine »Blitzlichtauswertung« zur Frage »Worauf kam es in dieser Übung an?«. Reihum sollte jede Person ein Schlüsselwort oder einen Satz dazu sagen. Ziel war, auf diese Weise verschiedene Aspekte von Kooperation und Zusammenarbeit zusammenzutragen, auf die ich dann im Laufe des Seminars zurückkommen konnte.

Die Zeit bleibt stehen

Gerade wollte ich eine Person bitten, zu beginnen – da ergriff der Teamleiter als Erster das Wort. Er sagte, etwas unwirsch im Ton: »Keine Ahnung – ich kann mit diesen Spielchen nichts anfangen!« Wumm. Stille. Na super!

Einen Moment lang blieb die Zeit stehen. Wahrscheinlich habe ich nicht einmal besonders entgeistert ausgesehen, denn ich habe die Gabe, innerlich in den Boden zu versinken – äußerlich aber doch relativ cool zu wirken –, eine Art Totstellreflex wahrscheinlich.

Was tun? In meinem Kopf geschah gerade gar nichts, aber mein Körper tat etwas: Er griff zum Stift und schrieb den Satz ans Flipchart: »… kann mit diesen Spielchen …«, im Kern genauso, wie ich ihn im Ohr hatte. Ich habe mir das nicht überlegt. Es geschah. Das Schreiben des langen Satzes gab mir Zeit, wieder klar im Kopf zu werden. Ich drehte mich dann wieder zur Gruppe, wiederholte die Frage und bekam zielführende Antworten, die ich nun ebenfalls wörtlich notierte. Niemand hängte sich an die Aussage des Teamleiters an.

Die Reaktion entstand spontan, wie aus dem Nichts. Zufällig stand ich gerade neben dem Flipchart. Ich musste wohl irgendetwas tun, also das Naheliegendenste: ans Flipchart schreiben. Aber im Nachhinein finde ich es gut: Denn so konnte ich die Aussage des Teamleiters versachlichen, integrieren und mitnehmen – ohne den Prozess zu unterbrechen oder gar die Übung zu rechtfertigen.

Sandra: »Genial einfach, Amelie! Du hast aus dem Bauch heraus den Puffer für eine schwierige Feedbacksituation genutzt. Den Angriff umgelenkt und dich aus der Schusslinie genommen. Und du hast Zeit gewonnen, um durchzuatmen. Zugleich für alle die vom Sprecher erst einmal unabhängige Aussage notiert und damit auch geachtet. Dann war wieder Platz für deinen Fokus. Das erinnert mich an die Dreipunktregel in der nonverbalen Kommunikation nach Michael Grinder. Die lautet in etwa so: Schlechte Nachrichten auf Flipchart notieren und mit Blick und Ausrichtung des Körpers zum Chart verkünden. Damit belasten Sie nicht die Beziehung zwischen Trainer und Teilnehmer. Merke: Das Flipchart ist unser Freund – gerade in schwierigen Situationen. Ich halte mich manchmal daran fest, wenn es ganz schlimm ist.«

Henning: »Danke Sandra, ›Das Flipchart ist unser Freund!‹ – das verwende ich in meiner nächsten Trainerausbildung. Das gefällt mir sehr!«

Barbara: »Es braucht noch nicht einmal ein Flipchart zu sein. Wenngleich es ein Geschenk ist. Einen Schritt zur Seite treten und die ganze Energie an sich vorbeiziehen lassen. Innerlich denken ›… kann mit diesen Spielchen nichts anfangen …‹, beherzt lächeln und wieder lächelnd den Platz einnehmen. Damit ist das interne Flipchart beschrieben. Danke, liebe Amelie, für dieses wunderschöne Beispiel.«

Rückblickend betrachtet, war der Vorfall für die Teamsituation interessant, bezeichnend und passend. Denn wie sich noch herausstellte, war das Team in der Annahme des Veränderungsprozesses innerlich weiter als sein Teamleiter. Wahrscheinlich hat sich so mancher seinen Teil dabei gedacht. Hier war ein Team, das den Teamleiter mitzog …

Amelie Funcke 2013 in Zahlen

0	Parkplätze in zumutbarer Nähe des Hauses, wenn es nach einer Veranstaltung ans Ausladen des Autos geht (gefühlt)
1	Kind
2	Anzahl der Künstlernamen in ihrer Zeit als Clownin
3,0	Durchschnitt im Abiturzeugnis
4	Geschwister
5	Musikinstrumente, die sie in ihrem Leben angefangen hat zu spielen
6	größere Umzüge
0815	Lieblingszahl
12	Jahre, nach denen sich bisher in ihrem Leben immer etwas Einschneidendes verändert hat
50	Türen, die sie 2012 lackiert hat (weil beidseitig und meist dreimal)
12	Türen, die für 2013 noch anstehen
26	Grad, Sonne und Wind: ihr Wohlfühlklima
1.000.000.000	alte Sterne: das Thema, das sie im Moment besonders fasziniert

Ich liebe den Duft von Paradontose am Morgen!

Olaf Cordes

Ein Teilnehmer hat heftigen Mundgeruch

Ansprechen oder nicht ansprechen? Sollte man als Trainer sehr persönliche Dinge, die eigentlich nur indirekt mit dem Seminar zu tun haben, immer artikulieren? Manchmal gibt es Dinge, bei denen das nicht ganz klar erscheint.

Eine Seminarsituation, die eine Grenze zur Unerträglichkeit erreicht oder sogar überschreitet – eine, die die eigene körperliche und geistige Funktion außer Kraft setzt und Sequenzen eines Seminars zum Kraftakt werden lässt. Eine solche erlebte ich in einem sehr exklusiven Workshop mit vier Teilnehmern und zwei Trainern.

Meine Kollegin, Susanne Oldenburg, und ich warten am ersten Tag gut vorbereitet auf die Teilnehmer. Händeschütteln, Small Talk, erster Beziehungsaufbau. Lachen, Vorfreude, eine Tasse Tee und die ersten kleinen Gespräche zu den Themen des Tages. Ich lief von einer Teilnehmerin zum nächsten kleinen Grüppchen. Ein guter Seminaranfang. Plötzlich wurde ich durch einen beißenden, üblen Geruch irritiert. Dieses olfaktorische Ereignis hatte Premiere in meinem Leben. Ich komme vom Land. Ich meine, ich kenne einige, für manche Menschen eher unbekannte, Landgerüche in aller Intensität. Dieser Geruch entzog sich allerdings meiner Kenntnis.

Ein Teilnehmer stand vor mir, begrüßte mich freudestrahlend und sagte, dass er sehr gespannt sei, was denn in dem Workshop passieren würde. Es sei ja sehr schön, dass »das hier endlich stattfindet«.

Fozzie Bear

Dieser Teilnehmer war so positiv gestimmt, dass er nach jedem Satz kurz und heftig lachte. Mit funkelnden Augen, einem Lachgesicht wie Fozzie Bear aus der Muppet-Show und stoßweisen, eruptiven Zwerchfellanspannungen, die mit jedem Mal stärker wurden, schoss ein undefinierbares Odeur in meine Nase. So etwas hatte ich noch nicht gerochen.

Das ist Körperverletzung. Aber gut – die Dinge passieren. Ich bin Profi. Sah beziehungsweise roch ich anfangs noch darüber hinweg, war dies für mich mit fortschreitendem Workshopverlauf so gut wie nicht mehr möglich. Jeder Satz des Teilnehmers war untermauert von einem beißenden, penetranten, nach tiefster und schwärzester Fäulnis riechenden Gestank. Wenn ich in der Nähe dieses Mannes war, musste ich mich sehr zurücknehmen. Flachatmung. Bloß nicht tief einatmen. Diesen Geruch werde ich nie wieder los. Soll ich ihm sagen, was ich rieche? Wieso störte es seine Kollegen nicht, die unmittelbar neben ihm saßen oder in den Kleingruppenarbeiten eng mit ihm zusammenarbeiteten? Stinken die auch so? Vielleicht tue ich ihm unrecht, und der Mann hat eine unglaublich seltene Krankheit? Mein Kopfkino war sehr aktiv.

Was tun? In der U-Bahn Linie 1 in Berlin würde man vermutlich hören: »Mann, Alter, du stinkst! Koof dir mal 'ne Packung Kaugummi!« Nicht wirklich professionell für einen Trainer, auch dann nicht, wenn sich dieser von dem Fäulnisgeruch halb besinnungslos und nicht mehr voll zurechnungsfähig fühlt. Aber immerhin wäre es ehrlich. Letztlich appellierte ich an meine Trainerprofessionalität und besann mich auf die Inhalte unseres Workshops.

Mit besagtem Seminarteilnehmer führte ich die Gespräche nur in ausreichender Distanz. Dezent meine Hand oder auch einen Zipfel meines Jacketärmels vor der Nase reibend versuchte ich, dem Unerwünschten aus dem Weg zu gehen. Ich beobachtete mich sogar selbst dabei, wie ich zwischendurch den persönlichen Kontakt zu diesem Teilnehmer mied. Ich weiß, das klingt alles nicht gerade rühmlich für einen Kommunikationstrainer, und heute würde ich das vielleicht eher einfach unter vier Augen ansprechen. Damals dachte ich: Das geht vorbei. Und: Das gehört hier nicht zu meiner Aufgabe.

Da meine Kollegin die ganze Zeit über nichts dazu sagte, zweifelte ich schon an meiner Wahrnehmung. Das Kopfkino ging weiter. Auch die Kollegen dieses Teilnehmers machten überhaupt keine Anstalten, sich von ihm zu distanzieren.

Letztendlich fragte ich sie: »Sag mal, fällt dir auch auf, dass es in der Nähe von ...« – »Oh Gott, ja, und ich dachte ich bin die Einzige, die das riecht!« Gottlob. Es war noch alles in Ordnung mit meinem alten Riechkolben.

Wir mutmaßten in einer Pause über die medizinischen Ursachen der unzuträglichen, Ekel erregenden Exhalation. Ob es wohl Zahnfäule sei, ein völlig übersäuerter Magen, hatte er einfach nur seine Zahnbürste vergessen, rauchte er zu viel oder: Parodontitis? Jawohl, das war es. Am wichtigsten bei alldem war, dass wir einer Meinung waren und dieselbe Wahrnehmung hatten. Das beruhigte mich.

Ich entschied mich, den Teilnehmer nicht auf seine olfaktorischen Ausdünstungen anzusprechen. Eine klassische Vermeidungsstrategie. In diesem Fall war es meiner Meinung nach das Klügste.

Sandra: »Ich sehe das anders, Olaf. Aber vorweg, ich hatte einmal einen Skilehrer, der hat tierisch nach Schweiß gestunken. Das war für uns andere schrecklich, denn wir wohnten alle zusammen in einer Hütte mit ihm. Sobald er den Raum betrat, verließen einige diesen. Ich auch, weil es nicht auszuhalten war. Ich habe mich damals nicht getraut, es anzusprechen. Ich glaube, heute würde ich es tun. Warum? Erstens glaube ich, dass der Teilnehmer in deinem Seminar davon wusste, und wenn nicht, wird es höchste Zeit, dass er es erfährt. Zweitens spürt der Teilnehmer vermutlich die Distanz von dir, selbst wenn er nicht weiß, warum das so ist. Und drittens denke ich, dass wir in unserer Rolle als Trainer mit Feingefühl solche heiklen Themen ansprechen können. In einem Zweiergespräch. Allerdings: Ich selbst bin auch nicht an jedem Trainingstag in der Verfassung, das zu leisten. Habe ich einen schlechten Tag, behalte ich es auch lieber für mich und ziehe die Vermeidung vor.«

Die nicht vermutete Steigerung des Unerträglichen zeigte sich am Ende des Workshops: Nach dem Abschlussfeedback der Teilnehmer und dem Schlussplädoyer des teilnehmenden Abteilungsleiters bildeten sich letzte Diskussionsgrüppchen, die ersten Teilnehmer verabschiedeten sich und verschwanden. Mr Stinky machte seine Runde und sprach noch mit jedem Kollegen. Kurz. Immer auf der Hut vor dem Abscheu, räumte ich jeweils in dem Teil des Workshopraums auf, wo mein Lieblingsteilnehmer gerade nicht stand. Doch das Unvermeidbare ereignete sich dann doch. Er stand vor mir, freute sich in altbewährter Art und dankte mir und meiner Kollegin für die interessante und aufschlussreiche Zeit. Doch damit nicht genug fragte er: »Fliegst du nachher auch nach Berlin zurück, Olaf?« »Ja, schon ...« »Na, dann können wir ja gleich zusammen in einem Taxi zum Bahnhof fahren, um zum Flughafen zu kommen!« Sprach's und freute sich, erregt aushechelnd. »Mnnjaaa, klaaaar, ich muss allerdings noch aufräumen und zusammen mit meiner Kollegin ein Abschlussgespräch mit dem Abteilungsleiter führen. Ich weiß ehrlich gesagt nicht, wie lange das Gespräch dauern wird ...« Meine Kollegin drehte sich schmunzelnd um. In einem Taxi gemeinsam mit ihm. Nö. Das geht nicht. Das wäre mein Ende.

Er fuhr allein. Ich auch. Wir haben uns am Flughafen nicht getroffen.

Lektion: Es ist manchmal vielleicht völlig okay, kein Feedback zu geben und den Fokus auf den Workshopinhalten zu lassen. Kopfkino verschlimmert häufig die reale Situation. Stop it!

Amelie: »Ich weiß nicht, ob ich in dieser Situation den Mut gehabt hätte, die Sache anzusprechen. Ich weiß aber, dass ich selbst es wissen wollte. Ich wäre dankbar, würde man mich in einem solchen Fall beiseitenehmen und mir einen Tipp geben. Und zwar möglichst früh, damit ich nicht das Gefühl kriege, dass alle schon über mich reden. Und schonend, vielleicht so: ›Gerade eben, als wir eng beieinanderstanden und sprachen, ist mir aufgefallen, dass ...‹ (Himmel, Hölle ist das schwer ...).«

Jürgen: »Ich sehe das wie Amelie. Ich würde das definitiv ansprechen. Unter vier Augen. Und zwar allein schon deshalb, weil es mich selbst stört und man mir sowieso anmerkt, dass irgendetwas nicht stimmt. Bevor meine Teilnehmer dann aber falsche Annahmen ableiten, was mich als Trainer stört (oder ob ich halt so ein verkniffener Typ bin), rede ich lieber kurz mit dem Teilnehmer: ›Ich hoffe, ich trete dir nicht zu nahe, aber du hast ein bisschen dollen Mundgeruch. Magst du ein Fishermen's?‹ Ich finde das irgendwie aufrechter, und der Teilnehmer hat nun eine Chance, darauf zu achten. Ansonsten kann das nämlich das ganze Seminar belasten. Den übrigen Teilnehmern geht es bestimmt auch wie mir. Und da Gefühle nun einmal länger nachhallen als Inhalte, ist es mir lieber, wenn sich das Gefühl, kaum atmen zu können, in Bezug auf meine Seminare nicht allzu tief eingräbt. Nimm es nicht als Belehrung Olaf, ich weiß nämlich, dass du ganz oft kein Blatt vor den Mund nimmst, während ich selbst vor Angst schlotternd verstumme wie ein Fisch.«

Barbara: »Hey, ich sehe das auch so. Freundlich, unkompliziert ansprechen. Leicht mache ich es mir, wenn ich die Botschaft in ein kleines Kompliment einlege: ›Das hat mir gutgetan, wie du immer wieder den direkten Kontakt zu mir gesucht hast.‹ Und dann den Satz von Jürgen. Ich habe 15 Jahre aktiv in der Pflege gearbeitet, da kommt man selbst und auch die Kollegen schnell mal ins Schwitzen. Da reichte ein klitzekleiner Hinweis und die Sache war erledigt.«

Olaf Cordes 2013 in Zahlen

0	Armbanduhren im Besitz
1+1	einen Sohn und eine Tochter
4	Minuten täglich im Schnitt mit Suchen verbringen (vorzugsweise Schlüssel)
5	Stunden Mittagspause während eines Seminars im Sommer am See
8	ist die perfekte Zahl
11	mal in den vergangenen 25 Jahren umgezogen
16	Jahre als Trainer unterwegs
20	Jahre lang kein Geld für einen Friseur ausgegeben
22	Semester studiert (offiziell)
28	mal irgendein Kabel in irgendeinem Hotel vergessen
39	Jahre. So lange habe ich mein Klavier. Und so lange spiele ich es.
50	DM für den ersten bezahlten Auftritt bekommen
749	Zuhörer beim bestbesuchten Auftritt
4711	Diesen Geruch kann ich nicht ausstehen.
319.476	Kilometer. So viel hat mein erstes Auto geschafft, ein Golf 1 Diesel in Weinrot.

Ich heiße Helmut – und Schluss

Zamyat M. Klein

Ein schlimmer Anfang

Gleich bei der ersten Methode eine Verweigerung? Da freut sich die Trainerin, wenn schlimmste Albträume wahr werden. Doch mit ein wenig Gelassenheit und Einfach-Gewähren-Lassen können sich solche Teilnehmerhaltungen ins glatte Gegenteil verwandeln.

Ich war schon viele Jahre berufstätig, da hatte ich noch immer Albträume über Schulerlebnisse und das Abitur, das ich im Traum nicht bestand. Erst allmählich realisierte dann meine Albtraumabteilung, dass ich nun Trainerin war – und bescherte mir dann entsprechend neue Geschichten. Vier Typen wiederholen sich immer wieder.

- Erstens: Ich komme viel zu spät zum Seminar. Die Teilnehmer sind inzwischen schon weg oder total sauer.
- Zweitens: Ich habe das komplette Material auf der Fahrt verloren oder vergessen. – Diesen Albtraum verdanke ich Peter Paulich, der einmal in einer Teamsupervision meinte: »Stellt euch einmal vor, ihr habt keinerlei Material mit bei einem Seminar.« – Für mich als Suggestopädin mit Plakaten, Kleidungsstücken oder Verkleidungen, Gegenständen, Requisiten, Spielzeug und so weiter unvorstellbar!
- Drittens: Ich irre mit der Teilnehmergruppe durch Häuser und Gebäude und kann den Seminarraum nicht finden.
- Viertens: Ich bin zwar rechtzeitig da, die Teilnehmer auch, aber sie weigern sich von Anfang an, auch nur irgendetwas von dem zu tun, was ich vorschlage. Absoluter Boykott. Oder sie quatschen einfach weiter, hören nicht zu, während ich verzweifelt versuche, mir Gehör zu verschaffen und zu sagen, dass das Seminar begonnen hat.

Die vierte Variante durfte ich dann im tatsächlichen Trainerdasein auch einmal real erleben. Es war noch zu den Zeiten, als ich fünftägige Seminare für Ausbilder, Lehrer und Sozialpädagogen in der Berufsvorbereitung durchführte.

Bei 15 Teilnehmern begannen wir erst einmal mit Kennenlernspielen und in diesem Fall mit dem einzigen Spiel, bei dem ich mir wirklich 15 Namen merken konnte: Name und Bewegung.

Übung: Name und Bewegung

Einer beginnt, nennt seinen Namen und einen Gegenstand, den er mit auf die Reise nimmt und der mit dem gleichen Anfangsbuchstaben beginnt wie der eigene Name (= Eselsbrücke), und macht dazu eine auffällige Bewegung (= weitere Eselsbrücke). Alle wiederholen dann in einem bestimmten Rhythmus Namen und Bewegung der anderen.

Nun waren also die Teilnehmer an der Reihe.

So einen Quatsch mache ich nicht

Einer der Ausbilder verschränkte die Arme vor der Brust und verkündete: »So einen Quatsch mache ich nicht.« Ich: »Sagst du uns denn, wie du heißt?« Er antwortete: »Helmut.« – Und wir setzten das Spiel fort.

Am letzten Tag des Seminars, als die Gruppen ihre ausgearbeiteten Unterrichtssequenzen und Materialien vorstellten, war Helmut nicht wiederzuerkennen. Seine Gruppe hatte ein Brettspiel für den Mathematikunterricht entworfen zum Thema »Dreiecke«. Sie hatten es sogar real alles schon hergestellt und alles war dreieckig: Das Spielbrett musste zuerst einmal aus verschiedenen Dreiecken wie ein Puzzle zusammengelegt werden (was nicht einfach war!). Alle Spielfelder, Figuren, Karten, sogar die Würfel waren dreieckig. Und auch alle Aktionskarten, die man ziehen konnten, hatten irgendetwas mit dem Thema Dreieck zu tun.

Und so kam es, dass ausgerechnet Helmut am letzten Tag mit roten Ohren (vor Begeisterung) auf allen vieren über den Boden krabbelte und sang: »Mein Hut, der hat drei Ecken!«

Offensichtlich hatte eine komplette Wandlung stattgefunden. Woran lag es? Sicher daran, dass er im Seminar am eigenen Leib erlebt hat, dass spielerisches Lernen – gerade auch für seine Zielgruppe – eine enorme Hilfe sein kann und kein Quatsch ist. Er hatte verstanden, dass Menschen auch sehr unterschiedlich lernen. Manche brauchen Aktion und Bewegung.

Sicher hat auch der Austausch mit den anderen Kollegen dazu beigetragen. Aber vor allem war es wohl wichtig, dass ich zu der Zeit schon viel entspannter und toleranter in solchen Situationen reagieren konnte als bei meinen ersten Seminaren.

Sie kennen das sicher auch, dass man erst einmal leicht fanatisch ist, wenn man selbst etwas neu kennengelernt und entdeckt hat. *Das* ist es jetzt – und so müssen es alle machen.

Aber beim Thema »Spiele« habe ich schnell gelernt, dass das ja paradox ist. Ich kann niemanden zum Spielen zwingen. Es soll Spaß machen, sonst ist es kein Spiel mehr, sondern der gleiche Zwang, unter dem ich in der Schule gelitten habe. Also ist es ein Angebot – und wenn jemand nicht mitmachen will, ist das kein Drama. Das nimmt mir und den Teilnehmern den Stress.

Und offensichtlich hat es in diesem Fall dazu beigetragen, dass Helmut sich auch entspannt auf das Weitere einlassen konnte – und so auch dazulernen und eine Anfangshaltung ändern konnte.

Zamyat M. Klein 2013 in Zahlen

1	Online-Akademie gegründet
4	Jahre bei Twitter
8	mal etwas gebrochen, verstaucht, eingegipst ... (Kinästhetenschicksal?)
9	Sinfonien von Beethoven, die mich über die Weltschmerz-Jugendzeit retteten
10	mal in der Sahara mit Beduinen und Kamelen
33	Jahre Trainerin
37	Jahre Yoga
46	Tagebücher seit meiner Kindheit vollgeschrieben
75	Lachfalten im Gesicht
795	Requisiten im Keller, die alle in Seminaren eingesetzt werden können
818	Blogbeiträge im eigenen Weblog geschrieben (bisher)
1.537	(oder so) Flipcharts im Architektenschrank

Die charmante Vielrednerin

Barbara Messer

Vom Umgang mit verbaler Dominanz

Eigentlich ist es großartig, wenn sich einzelne Teilnehmer rege am Austausch beteiligen. Wenn allerdings deren Redebeiträge zu lang werden oder die anderen Teilnehmer einfach nicht mehr zu Wort kommen, gilt es zu intervenieren. Nur wie?

Eine Geschichte, die ich als Ausbildungstrainerin für Suggestopädie erlebt habe. Die Geschichte hat mich persönlich sehr berührt, weil sie mich auf so vielen Ebenen bewegt und beschäftigt hat.

Ich erlaube mir ein paar Worte vorweg, die Ihnen einen Einblick in eine solche Ausbildung geben. Die Ausbildung zur Suggestopädin ist eine sehr persönliche Geschichte. Wir sind viele Tage und Stunden mit allen Sinnen beteiligt. Es wird intensiv an der eigenen Haltung gearbeitet, tiefe Glaubenssätze zum Lernen und zur eigenen Lernbiografie können geändert werden. Der Wirkfaktor Gruppe bringt die Teilnehmer zusammen, eine tiefe Kohäsion entsteht und stärkt die Teilnehmer für ihre persönlichen Entwicklungsschritte. Ausgewählte Einheiten mit dem Ziel, entspannt zu lernen, geben dem Unterbewusstsein Raum, sich zu zeigen. Schnell sind wir als ganzer Mensch beteiligt und involviert. Kurz gesagt: »Man kommt sich nahe, teilt vieles und weiß vieles voneinander.«

Als Ausbildungstrainerin habe ich die Aufgabe, den Teilnehmern auch ein Modell für eine wertvolle, wache, reflektierte (so gut, wie das eben gehen kann) kompetente Trainerrolle zu sein. Und im Gegenzug dazu bin ich damit beschäftigt, mögliche einschränkende Glaubenssätze oder Suggestionen der Teilnehmer wahrzunehmen, aufzuspüren, und im nächsten Schritt, Interventionen zu kreieren und/oder auszuwählen, die ihnen einen guten Impuls für richtiges Wachstum und Veränderung geben.

Diese Interventionen liegen in der Gestaltung des Trainings, in meiner Sprache und den Worten, die ich wähle, den vielfältigen und bewusst ausgewählten Angeboten.

Dazu braucht es in meinen Augen die Gabe, sich selbst als Trainerin immer wieder zu reflektieren. Fragen dabei sind: Was sende ich gerade, ohne es zu merken? Welche tatsächliche Botschaft ist für die Teilnehmer in mir, meinem Verhalten und meiner Sprache wahrzunehmen? Wo gibt es Projektionen, Übertragungen, Spiegelungen? Wo sind meine blinden Flecken? Gibt es Signale, auch zur Inhaltsebene des Seminars, die ich sende, die möglicherweise unklar sind, verwirren oder eine Doppelbotschaft beinhalten?

Unsere Aufgabe als Ausbildungstrainer ist es also, den eigenen Suggestionen auf die Spur zu kommen, den förderlichen, den hinderlichen.

Welche Botschaften senden wir? Denn mit diesen wiederum gehen die Teilnehmer in Resonanz. Uns ist es wichtig, diese eigenen Haltungen zu reflektieren, da wir immer wieder die Erfahrung machen, dass sich förderliche Haltungen zum Lernen (zum Thema und Inhalt, zur Welt, zu den Menschen) in Form einer höheren Lernbereitschaft und -freude sowie Effizienz zeigen. In der Suggestopädie nennen wir diesen Prozess Dessuggestionsarbeit. Die Veränderung von Suggestionen und Glaubenssätzen, um eine positive Lernatmosphäre zu schaffen, um effizientes Lernen zu ermöglichen.

In dieser Ausbildung schenkte mir das Traineruniversum eine weitere Lerneinheit für mich! Eine Teilnehmerin spiegelte mir, ohne dass sie es bewusst machte, meine Leidenschaft, gerne meine persönlichen Erkenntnisse (Erfahrungen, Thesen und Hypothesen, Eingebungen und all so etwas, was einem ganz plötzlich in den Geist kommt …) im Seminar auszubreiten. Sehr weit auszubreiten. Ich neige dazu, manches Mal – gleich einer verkappten Pastorin oder Philosophin – einen gedanklichen Exkurs einzugehen und ungehemmt meine gedanklichen Ergüsse als wertvoll und unbedingt nennenswert in den Raum zu stellen. – Das also ist erst einmal wichtig, im Vorfeld zu wissen.

Schatz in Menschengestalt

Nun gab es in der Ausbildung diese Teilnehmerin, die das ebenfalls gerne machte. Das Besondere an ihr war, in meinen Augen, dass sie auch wirklich schon sehr viel erlebt hatte und deshalb wirklich Wertvolles beitragen konnte. Der Schatz an Wissen, den sie hatte, weil sie sich in ihrem Leben auf manches Wagnis eingelassen und therapeutisch viel gearbeitet hatte, vermischte sich mit einer großen Portion Klarheit und Lebenskenntnis – eine menschlicher Schatz! Würde sie nur nicht gleichzeitig mit mir oder sogar vor mir das Wort erheben. »So geht das nicht!«, dachte ich.

Ich ließ mir Zeit, um wirklich mitzubekommen, was genau passierte. Bloß keine vorschnellen Entschlüsse und Handlungen. Dieses Projekt verlief phasenweise.

- Erste Phase: Ich stellte es fest.
- Zweite Phase: Ich musste schauen, wie ich meine Wortbeiträge unterbekam.
- Dritte Phase: Erschrecken! Mit Erschrecken beobachtete ich, dass andere Teilnehmer gar nicht zu Wort kamen. Da die Teilnehmerin ihr Statement gleich an den Anfang einer optionalen Austauschrunde stellte, blieben die anderen Teilnehmer mehr und mehr ruhig. Kaum einer wagte es, danach noch einen Beitrag beizusteuern. Sie kamen – vermutete ich – gegen diese weisen Erkenntnisse, Vorschläge und diese Kraft nicht an.
- Vierte Phase: Ich nutzte die Zeit ihrer Redebeiträge, um im Kopf die nächsten Schritte vorzubereiten oder das Material oder Ähnliches herzurichten.
- Fünfte Phase: Erkenntnis: Ich begann zu ahnen, das meine bisherigen Mittel (Augenzwinkern, Lächeln, Reframen, andere Teilnehmer bewusst ansprechen, charmant unterbrechen …) nicht ausreichten.
- Sechste Phase: Aufrüsten! Nun wagte ich es – die ultimative Methode, die ich schon länger geplant hatte –, wartete nicht mehr länger auf ihren Einsatz. Mit meiner damaligen Kollegin sprach ich mich kurz über den Zeitpunkt ab, dann kam das Experiment.

Das sah dann wie folgt aus: Die Teilnehmer bekamen Aufgaben zur persönlichen Weiterentwicklung. Das habe ich selbst in meiner NLP-Trainerausbildung erfahren und fand es stets hilfreich. Hier ging es ja ebenfalls um persönliches Wachstum. Die Aufgaben wurden für jeden Teilnehmer individuell kreiert, in einen schönen Briefumschlag gesteckt, nett im Seminarraum angerichtet und dann neugierig freudig gelesen.

Wollen Sie wissen, welche Aufgabe diese Teilnehmerin bekam? – Ja! Das wollen Sie! Dies war sie: »Liebe XY, wenn es im Training Phasen des Gruppendialogs gibt, des Austausches mit allen, dann lass bitte mindestens vier Menschen vor dir sprechen. Dann kommst du!«

Die Wirkung war grandios. Die Gespräche wurden ruhiger, die anderen Teilnehmer beteiligten sich weitaus mehr, neue Aspekte, Anliegen und Themen bekamen Raum. Und die besagte Teilnehmerin sprach mich später an.

Amelie:
»Tolle Aufgabe. Das merke ich mir!«

Sie war dankbar für diese Aufgabe, es war für sie sehr in Ordnung und stimmig. Na, das war doch ein voller Erfolg.

Nun weiß ich, dass es manches Mal einfach Zeit braucht, eine gute Lösung zu finden.

Sabine: »Ich erinnere mich noch ziemlich gut an eine Teilnehmerin einer längerfristigen Ausbildung, die ihre Beiträge mit sehr vielen Worten formulierte. Sie brachte interessante Themen auf, stellte hilfreiche Fragen und äußerte spannende Ideen – leider fiel mir das Zuhören schwer, da ich bei den vielen Wörtern den Faden und die Geduld immer wieder verlor. Dies schien auch allen anderen Teilnehmern so zu gehen – also beschloss ich, ihr ein Feedback unter vier Augen zu geben. Das fiel mir nicht leicht, denn es ging um ein grundlegendes Verhalten dieses Menschen, das er sicher schon seit Jahrzehnten praktizierte. Das Gespräch war toll. ›Ich bedaure, dass ich dir manchmal nicht bis zum Ende zuhöre, weil deine Aussagen mir manchmal zu lang und wortreich sind. Hat dir das schon mal jemand gesagt?‹ ›Nein, bisher nicht‹, gab sie zurück. Wir reflektierten gemeinsam, was sie zu den wortreichen Beiträgen antrieb, und vereinbarten, dass das »Auf-den-Punkt-Kommen« ihre persönliche Lernaufgabe sei. Das ist also deiner Intervention ganz ähnlich. Es hat mich riesig gefreut, beim nächsten gemeinsamen Seminarblock von ihr zu hören: ›Mein Mann hat ebenfalls festgestellt, dass mir diese Ausbildung total guttue. Ich würde mich jetzt irgendwie viel kürzer fassen als früher.‹ Wir haben heute noch Kontakt zueinander und ich kann ihr gut zuhören.«

Jürgen: »Ich finde deine Frage: ›Hat dir das schon mal jemand gesagt?‹ super, weil dadurch am Ende deines Feedbacks der Fokus kurz von der drohenden Rechtfertigungswelle weggerissen wird. Ohne diese Frage weiß die Teilnehmerin nämlich gar nichts anderes dazu zu sagen und wird sich sehr wahrscheinlich in eine Verteidigungshaltung begeben.«

Olaf: »Vielen Dank, Barbara. Du hast uns Trainern mit den sechs Stufen eine Wahrnehmungschulung an die Hand gegeben, die Gold wert ist. Bewusstmachung ist alles, die Veränderungen und Lösungen zeigen sich dann.«

Barbara Messer 2013 in Zahlen

0	seit Anbeginn Naturkind: Sandkiste, Wandern, Radeln, Paddeln Gummistiefel (auch schon im Seminar getragen)
1	mal verheiratet, 1 einmal verpartnert – (Ein bisschen bi schadet nie!)
5	Marathons: Berlin, Hannover, Rennsteig, New York. Ab 2013 Nutzung der Strategien aus dem Marathon für Business als Marathonfrau
8	Monate mit dem Rad durch Neuseeland – ein Traum wurde wahr (17 Speichenbrüche, 1 Platten, 2 Zelte, 5 Delfine)
9	Jahre (bisher) ehrenamtliche Arbeit in der DGSL (Deutsche Gesellschaft für suggestopädisches Lehren und Lernen), 6 Jahre Vorstandsarbeit, 3 Jahre Kongressorganisation
15	lange wunderbare Jahre alte Menschen begleitet – angeblich demenzkrank – und damit köstliche Outlaws und viele, viele Sterbebegleitungen, die mir das Menschsein näherbrachten
14	Jahre Trainingsalltag
65.953,53	Kilometer Autobahn
4.450.023	Bahnmeilen
63.963	Flipchartblöcke
28.063,66	Blätter Handout-Seiten
3.692	peinliche Momente im Training
27	Kreistänze
54.9663.996.886.543.424	tolle Teilnehmer, wie sie im Buche stehen, mit glitzernden Augen
14	Theaterfrau seit dem vierzehnten Lebensjahr: politisches Straßentheater, Frauentheater, Masken- und Clownsspiel …
465	Gedichte geschrieben, die bisher nur unter vier Augen veröffentlicht und vorgelesen worden sind. Auch diese werden mehr – vorzugsweise Liebesgedichte.
14	Jahre Autorin – alleine, zu zweit – im Team – kein Ende in Sicht

Dr. Jekyll and Mr Hyde

Gerd Kalmbach

Scheinbar unerklärliche Verhaltensmuster haben immer eine Ursache

Eine für uns Trainer besonders anregende Situation kann entstehen, wenn Teilnehmende in eine Veranstaltung kommen, die innerlich mit ganz anderen Themen beschäftigt sind und für die das Seminar mindestens eine Störung, wenn nicht sogar eine Strafe darstellt. Die Ausbrüche, die dann entstehen, haben rein gar nichts mit dem Trainer, den Inhalten oder dem Training insgesamt zu tun. Aber woher soll man das wissen, wenn man gerade in der Schusslinie steht ...?

Für einen meiner Kunden führe ich seit sieben Jahren in regelmäßigen Abständen thematisch ziemlich ähnlich verlaufende Trainings durch. Das ist insofern großartig, als dass sich die Vorbereitungszeiten reduzieren, der Aufwand des Briefings mit dem Kunden abnimmt und auch die Seminarunterlagen nur in Nuancen verändert werden müssen. Gleichzeitig schafft diese Tatsache für mich eine gewisse Sicherheit. Ich weiß ungefähr, was auf mich zukommt, womit ich in den zwei Tagen zu rechnen habe und welche Arten der Diskussion stattfinden werden.

Eine trügerische Sicherheit, wie sich bei einem der letzten Seminare herausstellte. Denn dass ein Dr. Jekyll zwischendurch immer wieder zu Mr Hyde wurde, stand noch nicht auf meinem ach so klaren Ablaufplan ...

Wie immer verlief der Start zunächst mit Beschnuppern. Ich hatte die Erfahrung gemacht, dass sich diese Zielgruppe den Trainer erst mal seeeehr gründlich anguckt – auch um zu schauen, ob er wohl so eine Art Spitzel der Schlipsträger sein könnte. Aber normalerweise gelingt es mir ganz gut, diesen Verdacht schnell auszuräumen und mich als ungefährlichen, netten Kerl zu platzieren. Das war auch diesmal so, und ich konnte nach dem interaktiven Start mit bewusst gering dosierten »Spielchen« thematisch loslegen.

Dr. Jekyll war wundervoll. Er hatte schon eine gewisse Ahnung von den durchaus basalen Themenbereichen der »Kommunikation und Moderation« – schließlich hatte er auch schon Erfahrung als Gruppensprecher.

Das war nämlich mein Auftrag: Nach dem Training sollten die Teilnehmer ihre Mannschaft »repräsentieren« als Schnittstelle zu den Führungskräften, sollten Sitzungen vorbereiten und moderieren und für Produktivität, Arbeitssicherheit, Urlaubs- und Schichtplanung und noch anderes mehr verantwortlich sein.

Mein Freund Dr. Jekyll war bei den Diskussionen dabei, brachte konstruktive Beiträge und war in Gruppenarbeiten ungeheuer aktiv, auch beim Unterstützen der anderen und im Einbringen wichtiger Themen …

So far, so good! Das Training lief ruhig und souverän vor sich hin. Im Laufe des Nachmittags des ersten Tages wollte ich die Gunst der Stunde nutzen, mir das für mich und meine Persönlichkeitsstruktur unabdingbare »Ja, wir mögen dich« von den Teilnehmern abzuholen. Damit das nicht so platt rüberkommt mit der Frage »Sind alle zufrieden?«, habe ich mir – begründet und inspiriert durch mein langes Studium der Erwachsenenbildung – zurechtgelegt, die Teilnehmenden im Sinne einer »Vergegenständlichung von Lernerfolgen« genau nach diesen zu fragen. Dabei ist Folgendes passiert:

Reine Zeitverschwendung

Mr Hyde fing mit der Runde an, sah mich ohne ein erkennbares weiches Element in seinen Gesichtszügen an und sagte mit fester Stimme sinngemäß: »Nein, also bis jetzt war in diesem Seminar nichts drin, was ich gelernt habe und was mir für meine Aufgabe als Gruppensprecher irgendwie nützt. Das war bis hierher reine Zeitverschwendung!«

Zack, Faust in die Magengrube! Uuuumpf.

Irgendwie äußerten sich die anderen Teilnehmer auch noch, zwar weitaus weniger kritisch, aber angestachelt durch diese Eröffnung erheblich weniger positiv, als ich es erwartet hätte. Doch darauf konnte ich mich in diesem Moment gar nicht mehr konzentrieren. Ich fragte mich dauernd selbst: »Was zum Geier war das? Er hatte mitgearbeitet, seine Beiträge eingebracht, war aktiv anwesend und haut dann so ein Feedback raus?« Ich war erst einmal sprachlos.

Wie erwähnt, ist es mir als Trainer sehr wichtig, dass meine Teilnehmer zufrieden sind, auch dass sie gut unterhalten werden, und freilich habe ich die pädagogisch angehauchte Intention, dass sie etwas lernen können, was sie für sich und ihre Arbeit mit aus dem Seminar herausnehmen können. Und dafür strample ich mich als Trainer ab – ich meine sogar, behaupten zu können, dass das für alle gilt, die in diesem Job tätig sind ... Und dann kommt dieser undankbare Kerl ums Eck und sagt einfach so was! Na, den will, nein muss ich doch noch einfangen. – Das Schicksal nahm seinen Lauf ...

Also: Voller Tatendrang und mit dem festen Willen, diesen Mr Hyde zurückzuverwandeln, habe ich – ja, wir Trainer lernen so etwas – die Gelegenheit der Nachmittags-Kaffeepause für ein »Wertschätzend-konstruktiv-auf-den-Teilnehmer-eingehendes-mit-Ich-Botschaften-gepflastertes-Feedback« genutzt. Er lächelte nur und benahm sich anschließend während des weiteren Seminars wieder wie mein Dr. Jekyll – bis zum Abendfeedback. The same procedure.

Ich muss nicht erwähnen, dass sich diese Situation nicht mehr geändert hat. Das ging die vollen zwei Tage so: Mr Hyde erklärte dauernd ruhig und sachlich, dass die ganzen Themen völlig sinnlos seien. Dennoch hatte er immer wieder konstruktiv mitgearbeitet!

Ich war mir sicher, dass ich das aus meiner Sicht Mögliche getan hatte, indem ich meine Schwierigkeiten mit seinen Reaktionen zunächst unter vier Augen thematisiert und ihm ab und an während des Seminars (später auch durchaus offen vor den anderen Teilnehmern) signalisiert hatte, dass das eben nur seine Ansicht sei, die er hier mit ziemlich brutaler Offenheit vertrete.

Die für mich wirklich schwierige Herausforderung war nicht, dass da so ein Miesepeter saß. Das gibt es in Trainings öfter. Hier war das Fatale, dass es derjenige war, der sich im Thema bereits einigermaßen auskannte!

Das hieß für mich, dass ich sofort anfing, an mir und meiner Trainerleistung zu zweifeln. Ist das das richtige Thema für die Zielgruppe? Stimmt das Seminardesign? Sind meine Auflockerungen angemessen? Und, oh herrje: Habe ich womöglich die ganzen Teilnehmer in den sieben Jahren davor auch schon bis zum Erbrechen gelangweilt?

Letztlich war es (diese nachträglich durch den Auftraggeber bestätigte Erkenntnis hatte ich während der langen Rückfahrt nach dem Training) ein »Thema hinter dem Thema«, was Dr. Jekyll immer wieder zu Mr Hyde mutieren ließ, das – wie so oft in derartigen Situationen – rein gar nichts mit mir als Trainer zu tun hatte.

Sein Vorgesetzter hatte ihm in einer schwachen Stunde ein »Upgrade« seiner Position versprochen, ihm etwas mehr Macht, Geld und Führungskompetenz in Aussicht gestellt. Das hatte er nicht bekommen, sondern blieb in der Rolle des Gruppensprechers. Die Seminarteilnahme im »Basisseminar« war für ihn dann wohl noch zusätzlich so etwas wie ein Schlag in die Magengrube. Er musste einfach beweisen, dass er das alles eh schon konnte …

Für mich hingegen war das wieder ein Beweis dafür, dass wir uns nie in der Sicherheit wiegen sollten, dass wir wissen, wie das Seminar ablaufen wird. Ein sauberes Briefing beim Kunden bezüglich der Teilnehmenden ist Grundvoraussetzung, um vor solchen Situationen gefeit zu sein – aber eben auch keine Garantie. Denn diese Information hätte vorab möglicherweise keine Personalentwicklerin gehabt …

Olaf: »Ja, Gerd, wie wahr. Wie heißt es so schön: Erstens kommt es anders … Ein wichtiger Gedanke kommt mir gerade: Selbstzweifel an Vorgehensweise und Methoden, auch rückwärtsgerichtete, begleiten uns immer mal wieder. Sie sind vortreffliche Auslöser, um unser Können zu reflektieren, uns im Denken und Handeln zu entwickeln, unsere eigenen Arbeit wertzuschätzen und unser Selbstwertgefühl zu stärken.«

Sandra: »Wir bekommen so manches Mal etwas ab, was gar nicht uns selbst gilt. Das ist im Vorfeld oft nicht rauszufinden. Was ich am Anfang eines Trainings gern mache, um zumindest zu wissen, wo tickende Zeitbomben sitzen könnten, sind unter anderem zwei Varianten:

- Einstieg in die Arbeit: Teilnehmer notieren auf Moderationskarten, wann das Training für Sie erfolgreich ist. Und als Zweites notieren sie auf einer anderen Karte, was sie selbst dazu beitragen. Dies wird dann von allen kurz am Flipchart präsentiert. Hier wird schnell Tacheles geredet und ich hab eine bessere Chance, damit umzugehen.

- Aufstellung im Raum: Skalierungsmethode 1 bis 10 zu der Frage: Wie motiviert bin ich, an diesem Seminar teilzunehmen? (10 = 100 Prozent, ich kann mir nichts Schöneres vorstellen; 1 = absolut null Bock, totale Zeitverschwendung.) Stehen dann Teilnehmer unterhalb von 6, frage ich diese konkret, was genau passieren müsste, damit sie 1 bis 2 Punkte in der Skala nach oben gehen könnten.«

Ralf: »In meiner frühen Zeit als Trainer in Führungsseminaren hatte ich mir angewöhnt, den Teilnehmern für mich selbst Spitznamen zu geben. Das hat mir zwar geholfen, innerlich entspannter gerade mit kritischen Teilnehmern umzugehen, anderseits habe ich sie ›abgestempelt‹ und sie in meinem Bewusstsein ›festgelegt‹. Irgendwann habe ich das wieder losgelassen. Miesepeter ist solch eine Zuschreibung, die nicht wirklich hilft, aber emotional verständlich ist.«

Jürgen: »Gut, dass du das sagst, Ralf. Wir beschreiben hier Teilnehmerverhaltensmuster mit Namen wie Dr. Jekyll oder an anderer Stelle vielleicht Querulant, Wadenbeißer und Besserwisser. Wir verwenden Stereotype, um Verhaltensmuster für uns und unsere Leser verständlich zu machen. Wir haben aber alle die Erfahrung gemacht, die du ansprichst. Die Erfahrung, dass Schubladendenken und vorschnelle Etikettierung unsere Handlungsoptionen einschränken. Das verursacht im Seminar also eher Schaden als Nutzen. Ich glaube beispielsweise daran, dass man einem Trainer oder einer Trainerin das ansieht, wenn er oder sie solche Etiketten im Kopf hat. So habe ich auch nie den Rat beherzigt, den mir in meinen frühen Jahren ein Trainerausbilder mit auf den Weg geben wollte: ›Stellen Sie sich schwierige Teilnehmer so vor, als säßen diese in der Unterhose vor Ihnen.‹ Abends beim Bier rückte er dann mit seinem absoluten ›Geheimtipp‹ heraus: Man solle sich einen Teilnehmer, der gerade einen Einwand bringt, beim – Entschuldigung – Scheißen vorstellen! Abwertender geht es wirklich nicht! In diesem Falle spiegelte dieses Denken die tatsächliche Haltung des Trainers seinen Teilnehmern gegenüber wider. Es war also nicht mal ›witzig‹ gemeint! Insofern stimme ich dir absolut zu, Ralf. Negative Etiketten verkleben die Sicht und tragen eher noch zu weiteren Störungen bei.«

Ich kann auch rausgehen!

Olaf Cordes

Ein Teilnehmer verlässt das Seminar – und kommt nicht wieder

Manche Trainer machen die Erfahrung, dass es Teilnehmer gibt, die aus unterschiedlichster Motivation heraus allen Beteiligten signalisieren, dass sie dieses Seminar (oder Teile daraus) ablehnen und am liebsten gehen würden. Es entsteht ein polarisierendes Abwägen – alles dafür tun, damit der Teilnehmer bleibt? Oder doch besser rauswerfen?

Der Morgen danach. Ich erinnere mich noch genau daran. Ich schlug mühevoll meine Lider hoch und spürte mein durchgeschwitztes T-Shirt am Leib kleben. Schnell aufgesetzt, auf der Bettkante durchgeatmet und irgendeinen beruhigenden Text gemurmelt. »Eine böse Erschütterung der Macht ich spüre!«, hätte vermutlich Meister Yoda formuliert. Ich weiß nicht mehr, was ich mir in den verschlafenen Stoppelbart gemurmelt habe. Und ich war froh, dass alles nur ein Traum war. Morgens um 5:30 Uhr das Gefühl zu haben, ein Teilnehmer sei verloren gegangen, bereitete mir ein gruseliges Schuldgefühl. Irgendetwas musste ich wohl falsch gemacht haben. Der kann doch nicht einfach gehen …!

Wir schreiben das Jahr 1996. Seit diesem Traum war es mir nicht mehr möglich, zu glauben, dass irgendein Teilnehmer aus freien Stücken und in voller Überzeugung eines meiner fürwahr einzigartigen Seminare verlässt. Und auch nicht wiederkommt. Nicht bei mir!

Wir alle kennen zwar die Situation, dass ein Teilnehmer wider alle Absprachen plötzlich sein Blackberry zückt, die Stirn in Falten legt und – den Blick auf seinen elektronischen Freund gerichtet – stumm den Raum verlässt. Muss etwas Wichtiges sein. Aber die kommen doch wieder. Nach ein paar Minuten.

Nun – den Göttern sei Dank – in meiner Trainerkarriere ging dieser Kelch in 99,89 Prozent der Fälle an mir vorbei. Der Traum hatte offensichtlich eine große Macht. Er hatte mich jahrelang davor geschützt, solche fiesen Teilnehmer in meinem Seminarraum erscheinen zu lassen. Ich wäre damals vermutlich nicht in der Lage gewesen, professionell und angemessen zu reagieren. Ich wäre entweder mit zu viel Blut im Kopf vor Schuld versunken oder ich hätte in spontan-verletzenden Kommentaren versucht, die Situation zu überspielen – was alles eher verschlechtert hätte.

Der gewohnten Seminarvereinbarung nach mache ich in solchen, eher seltenen Sequenzen eine kurze Pause. Alle Teilnehmer stoppen und können gemeinsam beim aktuellen Thema bleiben. Es gibt Sonderfälle oder Notfälle. Wir leben ja schließlich nicht in den 1950er-Jahren.

Doch nun sollte eine Situation entstehen, die mich in eine neue Lektion meines Trainerlebens schubste. Die Leiterin HR hatte mit mir lange im Vorfeld eine Seminarreihe konzipiert, die es den Teilnehmern ermöglichte, Inhalte und Erfahrungen vergangener Trainings mit aktuellen Unternehmenskontexten zu verbinden. Alle Teilnehmer waren also vorher bereits in einem meiner Seminare und Trainings gewesen. Und sie wollten mehr!

Mach ruhig weiter!

Kurz vor zehn, alle sitzen im Raum. Ein Nachzügler stolpert schmunzelnd in den Raum – offensichtlich stolz, nicht zu spät zu kommen. »Siehste, dein Selbstmanagementseminar trägt Früchte. Es hat mir etwas gebracht!«, sagt er in feinster fränkischer Mundart. Ich freue mich. Das Seminar beginnt. Ich spreche meine einleitenden Sätze. Alle hören zu. Nur einer nicht. Er hockt in Kutscherhaltung vornübergebeugt auf seinem Stuhl, hält sein Blackberry in beiden Händen und tippt mit den Daumen. Ich unterbreche einen Moment und bitte diesen Teilnehmer lächelnd, schnell zu Ende zu schreiben und sein Blackberry dann auszuschalten.
Seine erste Reaktion: »Ich bin gleich fertig«, und sein ausdrucksloses Gesicht bleibt weiterhin auf das Display gerichtet. Gut. Ich kann warten. Und ich schweige und warte. Lächelnd und – wie ich glaube – respektvoll.
»Mach ruhig weiter«, lautet sein Kommentar nach etwa 30 Schweigesekunden. Meine Mutter wusste schon früh: Wenn man die Adern an Olafs Schläfe deutlicher als normal sieht, dann kann es in den kommenden Minuten einen hörbaren Ärgerschub geben. »Nein, nein, kein Problem ich warte weiter. Bis du fertig bist.«

Den Anfang eines Trainings möchte ich mit allen Teilnehmern gemeinsam beginnen. So hab ich es gelernt, so empfehle ich es anderen und so ist es sinnvoll für alle Beteiligten.

Gerd: »Wow, absolut konsequent und mutig. Ich hätte es vermutlich nach der zweiten Intervention ›übersehen‹ und es nicht auf die Spitze getrieben. Dein Ansatz gefällt mir definitiv besser.«

Bis hierhin war alles noch recht leicht und humorvoll. Die Kollegen dieses Teilnehmers kicherten und warteten geduldig. Nachdem Blackberryman weitertippte, bat ich ihn wiederholt darum, sein Handy wegzulegen. Und siehe da: Er legte das Businessvehikel vor sich auf die teure Auslegeware des Seminarraums. Nicht, ohne ein hörbar genervtes Schnaufen von sich zu geben, aber immerhin. Die Schläfenadern wurden kleiner. Es konnte weitergehen.

Also setzte ich meine Einleitung fort und formulierte meine ersten Fragen zum aktuellen Seminar. Gerade als ein Teilnehmer von den vergangenen Wochen erzählen wollte, unterbrach er kurz, stark grinsend, weil der Blackberryman seinen elektronischen Freund wieder hochnahm und weitertippte. Den Daumenbewegungen nach zu urteilen, musste es sich um etwas Wichtiges, vielleicht Super Mario oder – weltbewegender sogar – um eine Excel-Tabelle handeln.

Gert: »Es ist wichtig, ein gutes Gespür dafür zu entwickeln, was auf mein Konto geht oder eine andere Baustelle ist, und gegebenenfalls nachzufragen. Ich habe die Erfahrung gemacht, dass sich für Widerstände und Ablehnung, die ich schon auf mich selbst zurückgeführt hatte, ganz andere Ursachen herausstellen können: Stress in der Firma, zum Seminar verdonnert, eine durchzechte Nacht oder einfach Hunger. Sobald das raus ist, ändert sich oft schlagartig meine Einstellung zur ganzen Situation und zum Teilnehmenden. Und damit verändert sich auch der weitere Seminarverlauf.«

Ich unterbrach ihn erneut mit der Bitte das Blackberry wegzulegen. Doch er entgegnete nur, dass er trotzdem zuhören würde, und im Moment ginge es noch gar nicht um Seminarinhalte, klärte er mich auf, allerdings ohne mich dabei eines Blickes zu würdigen. Ich schmunzelte, spürte meine Schläfen mit jedem Herzschlag dezent pochen und gab wiederholt klar zum Ausdruck, dass ich gemeinsam mit allen, das heißt, auch mit ihm das Seminar beginnen und durchführen möchte.

Barbara: »Variante 1: Von den eigenen Ansprüchen runterkommen. Sich überraschen lassen, was passiert. Das wäre wohl die Sache mit der Aufmerksamkeit, worauf die sich richtet. Variante 2: Das eigene Handy in die Hand nehmen und mit ihm via Blackberry kommunizieren.«

So ging es weiter: Eine längere Pause füllte den Raum. Jetzt fanden es die anderen Kollegen nicht mehr ganz so witzig, was ihr Kollege machte. »Und?«, drängelte ich behutsam. Dann das: »Ich kann ja auch gehen.« »Ja, okay!«, erwiderte ich, ohne einzuatmen. »Dann aber bitte jetzt gleich!« – Paff.

Sandra: »In die Falle getappt. Das war ein Machtspiel und du hast es verloren. Tja, dass der Teilnehmer so hart reagiert, war nicht zu erwarten. Glücklicherweise musste ich noch nicht so viele Blackberry-Erfahrungen machen, von daher kann ich hier jetzt als Greenhorn unbedarft sprechen. Vielleicht genügt es, herausfinden, ob es wirklich etwas Wichtiges ist, das der Mensch da zu schreiben hat. Und wenn dem so ist, ihn fragen, wie viel Zeit er braucht. Dann kannst du abwägen, ob du so lange warten kannst, um gemeinsam anzufangen, oder ihn bitten, doch lieber rauszugehen und unauffällig wieder reinzukommen, wenn er fertig ist. Wenn dem nicht so ist, kannst du ihm offenen Herzens deutlich machen, wie wichtig dir ein gemeinsamer Anfang ist.«

Olaf: »Ich bin – ganz klar – nicht (mehr) so häufig dazu bereit, mit allen Mitteln jeden Teilnehmer zu gewinnen. Mein Hauptanliegen ist es, mit allen Teilnehmern eine verdammt gute Lern- und Trainingszeit zu verbringen. Es störte mich und ebenso einige seiner Kollegen und Kolleginnen. Ich habe in dieser Situation klar entschieden, kein ›Gruppending‹ daraus zu machen. Das war eine Entscheidung zwischen ihm und mir. Das Machtspiel hatte ich gewonnen, denn er hatte einfach nicht damit gerechnet, dass ich auf seinen Vorschlag mit ›Ja‹ reagiere. Letztlich musste er dann gehen, ansonsten hätte er seine Provokation infrage stellen müssen.«

Jürgen: »Ich glaube, aus Sicht des Teilnehmers ist das, was auf dem Blackberry passiert, auf jeden Fall wichtiger gewesen als deine Eröffnung, Olaf, und es ist vielleicht gar nicht so entscheidend, wie wichtig *genau* die Sache ist. Auf jeden Fall hatte er einen Grund, den wir nicht kennen. Und das mit dem Warten hast du ja probiert. Ich finde aber auch, dass man einen Deal machen kann. Aber erst mal sehen, wie sich das weiterentwickelt.«

Ich fragte mich: Hatte ich das wirklich gesagt? Offensichtlich mit dieser nicht erwarteten Antwort ringend, stand mein Teilnehmer auf, schüttelte seinen Kopf, beide Hände am Blackberry. Jetzt sah man *seine* Schläfenadern. Den Blick gesenkt, verließ er den Raum.

Und er ward nimmer gesehen

Ich verfolgte gefühlte drei Minuten meine Gedanken. Au Backe, was ist, wenn er nicht wiederkommt? Wie erkläre ich das der HR-Leiterin? Sie war ohnehin chronisch stark überarbeitet und sie hatte die Sinnhaftigkeit der Seminare, wie sich später herausstellte, unmissverständlich als »Das kannst du eben noch nicht so gut. Geh da hin!« intern vermarktet.

So etwas darf mir nicht passieren! Ich bin Profi! Ich hätte ihn doch besser »abholen« sollen. Ich-Botschaften, Fragen stellen, Paraphrasieren, auf dem Selbstaussageohr hören und dieses ganze Zeug. Kurz: Ich fühlte mich nicht gut. Und um es vorwegzunehmen: Mein Teilnehmer kam nicht wieder und ward während der zwei Seminartage nicht gesehen.

Tage nach dem Seminar stellte sich heraus, dass er sich von mir sogar rausgeworfen fühlte. Das sei allerdings nicht schlimm gewesen, er wisse ohnehin schon alles über die Seminarinhalte, und es sei ja auch nicht schwer, das alles umzusetzen. Und ohnehin, das sei doch alles selbstverständlich und erst recht nichts Neues. So etwas lerne man doch im Studium.

Lektionen

Erstens: Plastik-Blackberry In jeder gut sortierten Seminarausstattung sollten ein paar Spiel-Handys, Spiel-Blackberrys und Spiel-iPhones aus Plastik liegen. Einmal gelang es mir, eine Führungskraft in einem Seminar davon zu überzeugen, mir freiwillig ihr Blackberry zu geben. Ich wollte es fein säuberlich aufbewahren und am Ende der Seminartag jeweils unversehrt zurückgeben. Ich ging also zu diesem Teilnehmer. Er gab mir zitternd sein wertvolles Gerät. Dann drehte ich mich um und ging zu meinem Stuhl. Mit dem Rücken zum Teilnehmer gewandt steckte ich sein BB in die Innentasche meines Jacketts und holte aus derselben mein Plastik-Blackberry aus dem Spielwarenladen. »Aus Versehen« fiel der (falsche) Blackberry aus meiner Hand. Gerade als das Gerät auf dem Boden auftraf, trat ich noch mal mit dem Hacken meines Schuhs drauf. Es krachte, das Gerät zerbarst und die Splitter flogen in den Raum. Stille. Danach schallendes Gelächter. Wochen nach dem Seminar schrieb der Teilnehmer, dass das Krachen des Plastik-

Blackberrys ihn immer noch ermahne, häufiger diese elektronische Fessel abzulegen.

Zweitens: Teilnehmer gehen lassen Es ist nach wie vor vollkommen in Ordnung, einen Teilnehmer gehen zu lassen beziehungsweise eben nicht zum Bleiben zu zwingen, sondern vielmehr zur Selbstverantwortung einzuladen.

Drittens: Körpersignale beachten oder nicht? Mir tut es gut, nicht immer auf meine Schläfenadern zu hören.

Jürgen: »Ich mag brachiale Interventionen, wenn sie lustig sind, so wie die letzte. Zumal das zu den Seminarinhalten passt. Ich glaube, das nennt man ›Musterbrechen‹. In diesem Falle wortwörtlich. Eine Intervention habe ich noch zu dem Teilnehmer, den du rausgeschickt hast. Ich glaube wirklich, dass er danach keine Möglichkeit mehr hatte, Frieden mit dir und dem Seminar zu schließen. Die Situation »Vor-die-Tür-geschickt-Werden« ist zu sehr mit unseren Strenger-Lehrer-Konnotationen gekoppelt, um noch positiv gelöst zu werden. Deshalb ein anderer Vorschlag: Du erlaubst dem Teilnehmer das Schreiben. ›Ich sehe, du musst noch ein paar Sachen checken. Kannst du trotzdem mit einem halben Ohr zuhören oder soll ich kurz warten?‹ Wenn er dann sagt: ›Leg ruhig los‹, sagst du einfach ›Danke‹. So steht ihr in dem Statusspiel erst einmal beide als Gewinner da. Später kannst du dann immer noch sagen: ›Wie lange brauchst du noch?‹ oder ›»Alles okay?‹. Dahinter steckt immer die positive Annahme, dass der Teilnehmer mit gutem Grund noch etwas zu Ende führen muss. Länger als zehn Minuten hält der das nicht durch. Sonst kannst du nochmals fragen: ›Bist du noch bei uns?‹ Irgendwann kannst du dann eine Pause machen und unter vier Augen sinngemäß sagen: ›Nicht wundern, dass ich dich vorhin ein paarmal angesprochen habe. Ich mache mir Sorgen, ob du hier überhaupt etwas mitbekommst, weil du offensichtlich da draußen ein paar dringende Aufgaben hast. Kriegst du das gelöst oder willst du lieber später zu uns stoßen?‹ Wenn er dann sagt: ›Nee, nee, ist schon okay«, sagst du: ›Prima, dann sei bitte so gut und leg das Blackberry außer Sichtweite, ich kenne das bei mir selbst, wie ich da eingesaugt werde.‹ Dadurch, dass du das unter vier Augen sagst, hat der Teilnehmer eine bessere Möglichkeit, das Gesicht zu wahren. Ich nenne diese Intervention ›Die tote Katze im Fluss‹. Ich habe sie von meinem Vater gelernt, der ebenfalls Trainer ist. Dahinter steht eine Metapher: Du sitzt an einem wunderschönen Tag an einem sanft dahinströmenden Fluss. Die Grillen zirpen, Libellen schwirren über das glitzernde Wasser und die Sonne erwärmt dein Gesicht. Im Wasser treibt plötzlich eine tote Katze heran. Kein schöner Anblick. In diesem Augenblick hast du nun aber die Wahl, entweder ins Wasser zu springen, sie aus dem Fluss zu fischen, dich dem Kadaver zu widmen und dir damit den Vormittag zu versauen. Oder aber du kannst sie einfach vorbeitreiben lassen und dich weiter der Sonne und deinen Gedanken widmen. Die tote Katze steht im Seminar für Dinge die unschön sind, aber vorübergehen. Im Falle deines Teilnehmers weiß man das noch nicht. Es könnte aber sein. Auf jeden Fall kann man später immer noch damit umgehen (sollte sich die tote Katze im Gestrüpp vor deinen Füßen verheddern und deshalb nicht von alleine forttreiben).«

Olaf: »Übrigens haben der Teilnehmer und ich uns später wieder im gleichen Unternehmen auf dem Flur getroffen, weil ich dort ein anderes Seminar gemacht habe. ›Du warst konsequent!‹, war sein Gruß, sein Kommentar und seine Verabschiedung in einem.«

Endlich ein schwieriger Teilnehmer!

Zamyat M. Klein

Der schwarze Gürtel hilft – auch bei Onlineseminaren

Mitunter ist uns das Verhalten einzelner Teilnehmer erschreckend fremd. Positives Denken und Kontaktaufnahme können in solchen Fällen ganz gut helfen.

Als Suggestopädin, die von Anfang an für eine offene und lockere Seminaratmosphäre sorgt, fühle ich mich gegen gruppendynamische Konflikte und schwierige Teilnehmer gefeit. Hinzu kommt eine zugegebene Konfliktscheu. Ich suche Konflikte nicht! Viele Jahrzehnte lang hatte ich damit auch Glück.

Erst nachdem mir Jürgen sein Buch »Schwarzer Gürtel für Trainer« geschenkt hatte und ich mein erstes Onlineseminar von der Türkei aus abhielt, tauchte der erste wirklich schwierige Teilnehmer auf! Hier will ich schreiben, was mir dabei geholfen hat, nicht panisch zu reagieren, sondern wie ich völlig anders und neu mit der Situation umgehen konnte und es schaffte, auch die anderen Teilnehmer (die ebenfalls schon panische E-Mails schickten) zu beruhigen, und vor allem eine Verständigung mit dem »tobenden Teilnehmer« zu erreichen. Dies gelang in erster Linie durch diese andere innere Haltung.

Bei suggestopädischen Trainings gibt es keine Konflikte!

Ich habe es bereits zugegeben: Ich bin nicht allzu konfliktfreudig. Vielleicht sogar konfliktscheu. Da gibt es ganz andere Kollegen, die reiben sich vor Freude die Hände und stürzen sich begierig in jeden Konflikt. Denn da ist was los! Es gibt sogar welche, die Konflikte in Seminaren künstlich erzeugen, um dann zu zeigen, wie man sie auflösen kann. (Selbst schon erlebt!) Das finde ich nun ganz gruselig.

Als suggestopädische Trainerin fühlte ich mich gegen Konflikte gefeit. Ich trug bis zu diesem Vorfall den Glaubenssatz mit mir herum: »In meinen

Seminaren, in denen ich von Anfang an für eine lockere und schöne Atmosphäre sorge und die Teilnehmer sich gleich durch entsprechende Einstiegsübungen kennenlernen, gibt es keine gruppendynamischen Konflikte!« Und in der Regel bestätigte sich dieser Glaubenssatz, von einigen kleinen Ausnahmen abgesehen.

Aber so richtig schlimme Ausfälle wie diesen habe ich seit meinen frühen Anfängen noch nicht erlebt.

Was soll ich mit einem »Schwarzen Gürtel für Trainer«?

Daher wollte ich mir das Buch von Jürgen auch gar nicht kaufen. War ja nicht mein Thema.

Ich wäre auch nicht von selbst in seinen Workshop auf der didacta in Köln gegangen, wenn mich seine Lektorin nicht darauf aufmerksam gemacht hätte. Da ich fünf Tage auf der didacta war, nahm ich mir spontan die Zeit und ging also zu seinem Workshop »Schwarzer Gürtel für Trainer«. Im Workshop lachte ich Tränen und empfahl allen, die ich traf, unbedingt am nächsten Tag seinen zweiten Workshop zu besuchen. Am Ende schenkte er mir sein Buch, und so fühlte ich mich verpflichtet, wenigstens einmal reinzuschauen. Ich las es, wie die meisten Fachbücher, zu denen ich im normalen Alltag nicht komme, in der Türkei am Strand. Und johlte und kicherte herum und schrieb die längste Rezension meines Lebens. Zu jedem Kapitel eine in meinem Blog.

Der Praxistest

Ja, und in dieser Zeit in der Türkei startete ich todesmutig meine erste Online-Trainerausbildung. Mutig deshalb, weil mir vorher nicht klar war, dass es durchaus immer mal wieder einen Stromausfall geben kann und ich dann gar nicht in den virtuellen Seminarraum komme. Aber das nur am Rande.

Der erste Seminartag startete und wie immer war es erst einmal sehr ruhig im Forum. Denn die Teilnehmer brauchen zunächst Zeit, sich im Seminarraum zu orientieren, das Skript herunterzuladen, die Aufgaben zu machen und sie dann später wieder einzustellen.

Nachdem ich also den ganzen Vormittag fingertrommelnd vor meinem Laptop gesessen hatte, ging ich in die Mittagspause mit anschließender

Siesta. Nachmittags kehrte ich entspannt an meinen Laptop zurück und loggte mich ins Forum ein. Da war inzwischen der Bär los.

Viele Teilnehmer hatten schon viel geschrieben und ich begann freudig, mich durch die Beiträge zu klicken, zu lesen und zu antworten. Bis ich dann auf mehrere Beiträge eines Teilnehmers stieß, die bei mir eine Schnappatmung auslösten.

Was war denn mit dem los?

Er tobte und schimpfte mal hier, mal da. Hatte in fast jeder Abteilung empörte Abhandlungen hinterlassen. Ich kam gar nicht hinterher. Um Gottes willen, was war ihm denn über die Leber gelaufen? Zum Glück kannte ich ihn. Ich hatte ihn in einer kleinen Arbeitsgruppe auf einem Kongress als einen sympathischen und engagierten Menschen kennengelernt. Aber nun? – Ich war ratlos. Versuchte in fliegender Hast, auf seine Fragen einzugehen und bei seinen Vorwürfen nachzufragen, weil ich das meiste überhaupt nicht verstand.

Inzwischen erreichte mich eine private Nachricht einer anderen Teilnehmerin, die ganz erschrocken war und Angst hatte, dass er das ganze Seminar kaputt machen könnte. Ich folgte also seinen Spuren, schrieb und fragte nach, bis ich merkte: Der kam selten an die Ursprungsorte zurück und somit las er gar nicht das, was ich antwortete.

Auch andere Teilnehmer hatten schon in meiner Abwesenheit versucht, ihm zu helfen. Diese pöbelte er dann auch noch an. Das ging mir schließlich doch zu weit.

Der schwarze Gürtel kommt zum Einsatz

Schon bei meinen ersten spontanen Antworten an ihn hatten sich wohl bereits einige Anregungen aus Jürgens Buch eingeschlichen (das ich noch gar nicht fertig gelesen hatte). So war mir direkt klar: Nicht in Verteidigungsposition gehen. Nicht zurückschlagen! Sondern mir klar machen, dass dahinter irgendeine Not, ein Bedürfnis steckt. Und versuchen herauszufinden, welches.

Das war in diesem Fall natürlich etwas schwierig, weil der Mensch offensichtlich meine Antworten und Fragen gar nicht las, zumindest nicht darauf antwortete.

Aber diese Sicht half mir enorm, nicht in Panik zu geraten, was sonst sicher passiert wäre. So konnte ich mich relativ schnell wieder entspannen (was immer eine bessere Voraussetzung für kreative Problemlösung ist als Panik) und mir Gedanken machen, was mit dem Kerl eigentlich los ist.

Nicht in Verteidigungsposition gehen!

Kinästheten lesen keine Gebrauchsanweisung

Schließlich fand ich folgende Erklärung: Er ist vielleicht Kinästhet. Das heißt, dass er nicht wie ein hauptsächlich visueller Typ erst einmal brav meine technische Einführung und Anleitung liest, auch nicht all die Hinweise, die ich vorher geschickt hatte. Vielleicht hatte er das Skript vom ersten Tag nicht ausgedruckt und gelesen, wo ich am Anfang haarklein erklärt hatte, wie wo was steht und getan werden soll.

Kinästheten lesen keine »Gebrauchsanweisungen«. Die probieren einfach aus. – So war meine Vermutung: Er war erst nachmittags in den virtuellen Seminarraum gekommen, wo inzwischen schon einige Teilnehmer mit den Übungen und Aufgaben losgelegt hatten. Wahrscheinlich hatte er einfach mal hierhin und dorthin geklickt und gelesen – und nicht viel verstanden.

Außerdem hat ihn vermutlich die Fülle erschlagen. So schrieb er unter anderem: »Habt ihr nichts anderes zu tun?«, was ich gegenüber Teilnehmern eines Onlineseminars schon sehr heftig fand. Denen vorzuwerfen, dass sie aktiv mitarbeiten!

Olaf: »Ein kleiner Einschub: Ich weiß aus eigener Erfahrung, dass Online-Interessierte häufig ›Auditive‹ sind. Die lesen nicht gerne. Und um den Überblick über die Lerninhalte zu bekommen, brauchen sie keine Leseaufgaben, sondern Höraufgaben. Himmel, wie wäre es schön, wenn ich manche Texte nicht als schriftliche, sondern als hörbare bekäme. Ich würde sogar lange E-Mails dann endlich mal von vorn bis hinten inhaltlich begreifen.

Es gab noch eine Steigerung

Die ganze Woche über hörte ich nicht mehr viel vom ihm, bis ganz am Ende (oder sogar erst im zweiten Modul einen Monat später) eine einzige Bearbeitung einer Aufgabe kam. Die ich nun nicht einmal besonders toll fand. Auch daran merkte ich, dass er die Aufgabe zumindest anders verstanden hatte, als sie gemeint war. Das war aber nicht so tragisch. Tragisch war, dass das die einzige Aufgabe blieb, die er je einstellte.

Wieder zurück in Deutschland, telefonierten wir miteinander und ich musste zu meinem Erschrecken feststellen, dass er nicht einmal mitbekommen hatte, dass es jeden Tag ein neues Skript mit neuen Themen und Aufgaben gegeben hatte. Er hatte sich mit dem des ersten Tages begnügt, wo einer seiner Vorwürfe war, es sei alles viel zu viel und viel zu lang – und dann das alles noch ausdrucken! Da blieb mir die Spucke weg. Vor allem, weil er meinte, das sei das Skript für die ganze Woche.

Wenn er einmal heruntergescrollt hätte, hätte er ganz klar gesehen, wie sich jeden Tag eine weitere Abteilung öffnete. Oder wenn er ein einziges Mal einen Beitrag eines anderen Teilnehmers gelesen hätte, dann hätte er gesehen: »Ach der schreibt von Übung Nr. 35, da gab es offensichtlich inzwischen schon 35 Methoden!« Er hätte sich dann auf die Suche begeben oder zumindest mal nachfragen können.

Das lässt mich vermuten, dass er im Grunde nur einmal im Forum war, eben an diesem ersten Nachmittag, er hatte das erste Skript ausgedruckt und eine Aufgabe erledigt. Und das war's.

Ich muss gestehen, trotz mehrerer durchaus freundlicher Telefonate ist es mir nie ganz gelungen, herauszufinden, woran es so enorm gehakte hatte.

Dennoch habe ich viel daraus gelernt: zum einen, was meine innere Verfassung betraf, dass ich also, statt in Panik zu geraten, mich auf die Forschungsreise begeben und mir klargemacht hatte, der will mich nicht in die Pfanne hauen, sondern der kommt mit irgendetwas nicht klar. Und mein Job ist es, ihm dabei zu helfen.

Henning: »Das ist getreu dem Postulat: Prüfe deine Annahmen, ob Sie auf Wissen oder Nichtwissen beruhen. Im Fall von Nichtwissen trenne solche Annahmen, die dich positiv fühlen und handeln lassen, von solchen, die dich limitieren. Da beide auf Nichtwissen beruhen, sind beide gleich wahrscheinlich oder unwahrscheinlich.«

Zum anderen, was dann mein entsprechendes Verhalten betraf. Mir gelang es so viel leichter, in einem freundlichen Ton auf alles einzugehen und mich nach besten Kräften zu bemühen, auf seine Beiträge einzugehen und seine Fragen zu beantworten. Und auch die anderen Teilnehmer zu beruhigen, zu besänftigen und sie durch meinen »Gleichmut« anzustecken. Zum Glück waren das alles sehr liebe Leute, die merkten, er will ihre Hilfe nicht – und ihn dann einfach in Ruhe ließen.

Ich habe ihm zusätzlich zu meinen Beiträgen im Forum persönliche Nachrichten geschickt und nachgefragt, zusätzlich noch normale E-Mails geschrieben – es kam aber keinerlei Reaktion. Er wollte nur telefonieren. Das haben wir dann in Deutschland einige Male gemacht, aber wie schon geschrieben, leider mit keinem befriedigenden Ergebnis.

Ich habe nur so viel verstanden, dass seine Vorstellung, was »Onlineseminare« angeht, nicht viel mit dieser schriftlichen Arbeit in einem Forum zu tun hatte. Damals habe ich noch keine Webinare eingebaut (inzwischen sind sie Bestandteil), sondern außer Telefonkonferenzen lief das meiste schriftlich in einem Forum ab. Aber das hatte ich ausführlich in der Seminarbeschreibung erläutert und zudem in den Vorabinformationen. Auch hier meine Vermutung: Das hat er nie gelesen.

Sandra: »Ich weiß nicht, ob das technisch möglich ist, aber wenn ja, hätte ich folgende praktische Idee: Bevor sich jemand für ein Onlineseminar bei dir überhaupt anmelden kann, durchwandert er eine Checkliste, die er mit Ja oder Nein beantwortet. Also zum Beispiel Fragen wie: Schaffen Sie es, täglich/wöchentlich anfallende Aufgaben abzurufen und zu bearbeiten? Der Teilnehmer kann dann anklicken. Am Ende kannst du dann so etwas schreiben wie: Wenn Sie fünf von zehn Fragen mit Ja beantwortet haben, dann sind Sie bei diesem Seminar richtig. Ich freue mich auf Ihre Anmeldung!«

Er hat das Stichwort »Onlineseminare« gelesen, mich im Workshop kennengelernt und sich angemeldet. Fertig. Für den Teil übernehme ich aber keine Verantwortung mehr. Denn dass Teilnehmer beziehungsweise Trainer, die Onlinetrainer werden wollen, auch die Materialien, die zum Seminar gehören, lesen, ist eine Minimalvoraussetzung, die ich einfach erwarte. Oder?

Jürgen: »Wie du erlebt hast, kann man das offenbar nicht erwarten. Ich würde deshalb auch sagen, erst einmal anrufen und nachfragen, so wie du es ja gemacht hast. Oder im Vorgespräch darauf hinweisen. (Ich weiß wie aufwendig das ist!) Bei Onlineseminaren denke ich – ungebildeter Klotz – auch eher an Virtual Classroom oder Webinar.«

Barbara: »Von mir auch noch ein Gedanke. Ich liebe Clowns und habe mich viele Jahre im Spiel des Clowns geübt. Der Clown schenkt uns ein kostbares Postulat: ›Hurra, ein Konflikt!‹ Dessen Denkanstoß hat mich schon oft begleitet, wenn ich vor einem Konflikt zurückscheute. Der Clown liebt es, viele, viele Lösungen für das Problem im Spiel zu entwickeln. Und wir Menschen lieben es, ihm dabei zuzuschauen. Und im Prinzip sind es doch immer die gleichen Themen in den Konflikten: Anerkennung, Respekt, Zuwendung und Liebe, Zugehörigkeit.«

Henning: »Wahrscheinlich einer der am schwersten zu trainierenden Reflexe: Irritation – Ansprache. Irritation – Ansprache. Deine positive Annahme hilft bei der Ansprache.«

Die Feuerprobe

Sandra Masemann

Wie Sie die Kraft des intelligenten Herausforderers ebenso intelligent nutzen

In Seminaren und Trainings gelten die gleichen Gesetze wie im wahren Leben. Wir sind damit beschäftigt unseren Status zu definieren und notfalls zu erkämpfen. Dieser Kampf ist nicht nur gefährlich, sondern auch sinnlos. Leicht stolpern wir als Trainer in diese Falle und verheddern uns in kräftezehrenden Statuskämpfen. Einen Weg daraus zeigt diese Geschichte.

Das erste Mal, dass ich mit einer wirklich schwierigen Situation in einer Lerngruppe konfrontiert wurde, liegt viele Jahre zurück, lange bevor ich selbstständige Trainerin wurde. Dennoch sehe ich die Situation schärfer als in einem Brennglas vor mir.

Ich war eine begeisterte Pädagogikstudentin und liebte es, mich mit den Theorien und Hintergründen des Fachs auseinanderzusetzen. Mich mit anderen Studierenden zu reiben, bis spät in die Nacht hinein zu diskutieren und auch so manches Mal mit engagierten Professorinnen und Professoren in einer Kneipe zu versacken. Es war für mich eine prall gefüllte Welt, von der ich nicht genug bekommen konnte. Als wissenschaftliche Hilfskraft war ich für eine Professorin tätig. Sie sollte für meinen weiteren Werdegang eine wichtige Mentorin werden. Didi, wie sie liebevoll von uns Studierenden genannt wurde, glaubte daran, dass die Dinge leicht und grundsätzlich möglich seien. Jedes Semester hielt sie eine Pflichtvorlesung für alle Studierenden der Pädagogik: »Soziologie der Behinderten«. Diese fand immer im größten Saal der Universität statt.

Kurz vor Ende meines Studiums fragte sie mich: »Sandra, wie wär es, wenn du diese Vorlesung im nächsten Semester übernimmst?« Ich blickte sie ungläubig an. Und auch, wenn ich mit offenem Mund vor ihr stand, spürte ich doch gleichzeitig ein aufgeregtes Kribbeln im Bauch. Ich? Wie kam sie darauf? Während ich wild mit dem Kopf schüttelte, spürte ich zugleich, wie Wärme in mir hochstieg: Ich sah mich bereits vor dieser riesigen Studentenmenge stehen und es einfach tun. »Du kannst alle meine Unterlagen haben. Natürlich kannst du auch vieles verändern. Ich habe das schon so viele Jahre gemacht. Es wird Zeit für frischen Wind und da bist du genau die Richtige!«

Irgendetwas in mir hatte »Ja!« gesagt und so bereitete ich mich in den Semesterferien vor. Wälzte Theorien, Ansätze, didaktische Methoden und begriff mit jedem Tag mehr, wie wahnsinnig ich war. Wie konnte ich nur so verrückt gewesen sein, diese komplexe Vorlesung einer gestandenen Professorin zu übernehmen. Ein ganzes Semester lang, 14 Vorlesungen à 90 Minuten – und ich besaß zu allen Themen nur bruchstückhafte Wissensinseln. Ich bekam eine riesige Angst und schlief die letzten Nächte vor Semesterbeginn kaum noch. Doch es gab kein Zurück mehr, niemand anderes würde es tun, und da es eine Pflichtveranstaltung war, musste sie stattfinden.

Mittwoch, 11:15–12:45 Uhr: Der erste Termin tat sich vor mir auf wie ein tiefer schwarzer Schlund – diese Zeit galt es zu überstehen. Der Vorlesungssaal war randvoll und ich erinnere mich noch, als wäre es gestern gewesen, wie lang der Weg von der Tür zum Pult war, über das ich gerade so eben drüberblicken konnte. Hier würde ich nicht stehen können, so viel war klar. Auch wenn meine Hände sich nach dem sicheren Griff sehnten, musste ich frei vor den Studierenden stehen und traute mich gar nicht recht, in deren Gesichter zu schauen. Viele waren älter, Quereinsteiger mit Berufserfahrung, und ich gerade mal Mitte zwanzig. Schnell hatte mein selektiver Blick die »schwierigen Teilnehmer« fokussiert. Es waren nicht viele, aber dennoch brannten sie sich in mein Bewusstsein ein und überdeckten alle anderen wohlgesonnenen Anwesenden. Gelangweilt dreinblickende Gesichter, abgewandte Oberkörper, kritisch zusammengekniffene Augen und leises Tuscheln hinter vorgehaltener Hand mit der Nachbarin.

Etwas in mir wollte rausrennen und gleichzeitig gab es in mir diesen freudig aufgeregten Teil, der mich bleiben ließ. Ich begann mit einem lustigen Filmausschnitt aus Detlev Bucks »Wir können auch anders« zum Thema Behinderung und stellte dann verschiedene Ansätze des Behindertenbegriffs vor. Es lief unerwartet gut und Entspannung machte sich in mir breit. Es machte richtig Freude, ein zaghafter Austausch begann und manche schmunzelten sogar. Als hätte ich noch nie etwas anderes getan, surfte ich bald auf einer Welle der Leichtigkeit durch meine Vorlesung.

Fangfrage

Doch dann erwischte es mich eiskalt von vorn schräg links. Ein Student meldete sich und stellte mir eine Frage: eine fiese komplizierte Fangfrage! Erinnern kann ich mich an die Frage heute leider nicht mehr. Nur so viel: Sie wimmelte von Fachwörtern rund um den theoretischen Behinderungsbegriff und einige bekannte Namen fielen. Das Ganze verpackt in grammatikalisch komplexe Nebensatzkonstruktionen.

Mehrmals musste ich ihn bitten, die Frage zu wiederholen, nicht einmal inhaltlich konnte ich folgen. Hektische Flecken breiteten sich in meinem Gesicht aus, und ich wünschte mir ein tiefes Loch im Boden. Schweigen im Raum, alle Augenpaare richteten sich abwechselnd auf mich und auf den Studenten. Schließlich wurde ich wütend: »Du miese Ratte«, schoss es mir durch den Kopf. Ich fiel auf ein Statusspiel herein und gab Kontra. Der Kampf war eröffnet – ich konnte ihn nur verlieren. Auf jede Frage, die er stellte, hatte ich keine kompetente Antwort zu bieten. Seine Chance, sie selbst zu geben.

Irgendwie überstand ich die 90 Minuten Vorlesung und war drauf und dran, alles hinzuschmeißen. Nie wieder würde ich in diesen Saal zurückgehen.

Eine Woche später das gleiche Spiel, aber diesmal fuhr ich härtere Geschütze auf. »Wie du mir so ich dir.« Es war ein stümperhafter Versuch, bei dem ich alle pädagogischen Grundsätze zum Thema Kooperation und

Wertschätzung mal eben über Bord warf. Ich wollte einfach überleben und parierte meinerseits mit messerscharfen Aussagen, verwirrenden Rückfragen. Ich streute Namen, Zahlen und hochtrabende Begriffe in die Menge. Die Situation fuhr sich fest.

Was half? Gespräche mit Kommilitoninnen, Didi und viel Rotwein, heute würde ich es kollegiale Supervision nennen. Schnell war klar, dass es um Macht und Neid ging. Der Student konnte nicht akzeptieren, dass ich als kleine Frau und Nochstudentin dort stand. Er hätte lieber sich dort gesehen. Und ich wollte mir nicht »ans Bein pinkeln lassen«. Wollte stark sein, mich nicht unterkriegen lassen.

Gelänge es mir, meinen inneren Schweinehund namens »Stolz« zu überwinden, könnte ich erkennen, wie wissend er war und dass er viel zu meiner Vorlesung beizutragen hätte. Keine leichte Übung.

Bei der nächsten Gelegenheit schaffte ich es, mit einer anderen inneren Haltung anwesend zu sein. Als nach zehn Minuten die erste Frage kam, bedankte ich mich bei ihm. »Vielen Dank. Das ist eine spannende Frage!« Schweigen – atmen – schweigen. Im Kopf zählen: 21, 22 … – »Gibt es jemanden im Saal, der dazu etwas beitragen mag?« Niemand sprach – alle wollten wissen, was als Nächstes zwischen uns passieren würde. Ich gab den Ball in Wertschätzung zurück: »Was denken Sie, was wissen Sie darüber? Vielleicht ist es für alle hier interessant.« Ungläubig und vollkommen irritiert blickte er mich an. Ich selbst spürte, wie sich in mir etwas zu entspannen begann, und schaute ihn mit offenen, neugierig fragenden Augen an. Er nahm sich den Raum und entwickelte in aller Ruhe sein Gedankengebäude. Zum ersten Mal war ich in der Lage ihm zuzuhören und mitzudenken. Es entspann sich eine lebhafte Diskussion, die regelrecht Spaß machte. Das Eis zwischen uns war gebrochen.

Am Ende der Veranstaltung ging ich zu ihm und bedankte mich erneut. Ich erzählte ihm, dass es für mich eine große Herausforderung sei, diese Vorlesung zu halten. Und dass es sicherlich ungewohnt sei, mich dort stehen zu sehen. Ich sagte, dass ich froh wäre, wenn er sein Wissen weiterhin einbrächte. Zum ersten Mal sah er mich mit offenen Augen an und lächelte. Wir wurden in diesem Semester ein gutes Team und auch all die anderen Studierenden wurden zunehmend aktiver. Es war eine wunderbare Erfahrung!

Hier durfte ich ganz tief in mir gewonnene Überzeugungen als Trainerin entwickeln:

- Trau deinen Teilnehmern viel zu.
- Begegne ihnen auf Augenhöhe.
- Nutze die Potenziale der Anwesenden.
- Öffne den Raum für Neues!

Henning: »Liebe Sandra, ich finde das ist ein großartiges Beispiel dafür, wie man die Kraft, gegen einen Menschen zu kämpfen, umwandeln kann in: für eine Sache kämpfen! Eine Menge Energie, die man da positiv kanalisieren kann. Klasse Erfahrung.«

Barbara: »Früher gab es diesen schönen Spruch in der Werbung: ›Sind wir nicht alle ein bisschen Bluna?‹ Und haben wir nicht alle solch eine Erfahrung gemacht wie diese oder doch sehr ähnliche? Hier gab es so viel zu lernen, die Sache war doch im Nachhinein ein Geschenk auf deinem Weg, oder etwa nicht?«

Olaf: »Ich halte deinen Ansatz, Sandra, für sehr, sehr wertvoll. Statusspiel bedeutet *nicht:* Ich muss gewinnen. Im ›erwachsenen‹ Statusspiel gibt es keinen Gewinner. Und keinen Verlierer. Zumindest nicht mit deinem Ansatz ›Begegne ihnen auf Augenhöhe‹. Eine großartige mentale Haltung für uns Trainer, die du uns hier zeigst.«

Jürgen: »Das im Kopf zählen probier ich mal aus!«

Sandra Masemann 2013 in Zahlen

38	Jahre jung – trotz der grauen Haare
8	Monate in Peru gelebt und im Sonderschulzentrum Cajamarca gearbeitet
7	magische Durchschnittszahl an Jahren radikaler Veränderungen in meinem Leben
5	Minuten durchschnittliche Zuspätdran bei Verabredungen – Asche auf mein Haupt
98	Bei »Hannover 98« entdeckte ich meine Improtheaterleidenschaft
0	gelernte Instrumente – sehr bedauerlich
23	Stimmschwestern im Chor
30	Prozent – etwa jede 3. Note singe ich etwas daneben – mache trotzdem voller Freude weiter, die Zahl schrumpft langsam aber stetig

83	Ikea-Möbel mit Freude selbst zusammengeschraubt
13	veröffentlichte Bücher
1,5	Kubikmeter durchschnittliches Materialvolumen in einem Train-the-Trainer-Seminar
19	edle Rosen im Garten der Nachbarin als Kind abgeschnitten – hielt sie für eine Hexe, deren Zauberkraft in den Rosen steckte – zack und ab!
3	durchschnittlicher Cappuccinoverzehr pro Tag
4.669	Titel in iTunes-Bibliothek. Lieblingssong: »Slow Down« von Imany
2	Füße – Lieblingsart mich fortzubewegen und Urlaub zu machen – Wandern lässt mich auftanken
10.912	im Leben gegessene Äpfel – am liebsten Elstar

In verwirrender Mission

- Verrückte Aufträge – verrückte Auftraggeber
- Malen Sie bitte auf keinen Fall Herzchen!
- Ein Auftrag ohne Auftrag
- Bitte nicht berühren!
- Klarheit kostet den Auftrag

↗ 02

Verrückte Aufträge – verrückte Auftraggeber

Hin und wieder nehmen wir Trainerinnen und Trainer Aufträge an, die uns mehr oder weniger zwangsläufig um die Ohren fliegen. Niemand trägt dafür mehr Verantwortung als wir selbst. In diesem Kapitel lesen Sie, in was wir so alles geraten können, wenn wir mal nicht aufpassen.

Die häufigsten Fälle sind wahrscheinlich jene, in denen Trainer und Auftraggeber nicht genau genug klären, was die eigentlichen Lernziele der geplanten Weiterbildungsmaßnahme sein sollen. Wenn wir ehrlich mit uns sind, ist uns das manchmal nur recht, denn sowohl die dezidierte Identifizierung von Lernfeldern als auch das Schreiben eines ausführlichen Drehbuchs für unser Seminar machen eine Heidenarbeit, welche zudem selten durch den Auftraggeber bezahlt wird. Also sind wir froh, wenn wir quasi auf Zuruf mit Standardtrainings beauftragt werden: »Machen Sie mal was mit meinen Leuten zum Thema Konflikt!« Wir vertrauen auf die trügerische Erfahrung, dass wir zu Beginn des Seminars ohnehin eine Erwartungs- und Vorerfahrungsabfrage machen und dann virtuos aus der Fülle der beherrschten Themen und Methoden mal eben schnell das Richtige auswählen. Das geht dann – je nach Erfahrung und Kompetenz des Trainers – auch ungefähr fünfzig- bis einhundertmal gut. Bis zu dem Tag, an dem in der Eröffnung klar wird: Die Teilnehmer brauchen das nicht! Die Teilnehmer haben das gerade erst gemacht! Die Teilnehmer haben vollkommen andere Erwartungen (oder es wurde ihnen etwas anderes versprochen). Gründe, aus denen heraus das Trainieren einer bestimmten Lerndisziplin nicht oder nur eingeschränkt möglich ist, gibt es zuhauf.

Die Folgen sehen dann in der Regel recht heftig aus: Zu Beginn des Seminars stellt sich heraus, dass die geplanten Themen für die Teilnehmergruppe allesamt redundant sind. Dies ist beispielsweise der Fall, wenn ein Verhandlungstraining durchgeführt werden soll und die anwesenden Teilnehmer weder derzeit noch in Zukunft mit konkreten Verhandlungen betraut sind. Manchmal weichen wir Trainer dann geschickt aus, indem wir behaupten: »Na ja, verhandelt wird eigentlich immer und überall.« Was auch so weit richtig ist, jedoch die Frage aufwirft, weshalb das beauftragende Unternehmen uns dafür bezahlen sollte, die Teilnehmer darin auszubilden, mit ihren Kindern besser über den Zeitpunkt des Zubettgehens zu verhandeln.

Eine Übersicht über die häufigsten Auftragsstörungen haben wir Ihnen hier zusammengestellt:

Terminquetsche Sie sind bis Weihnachten des kommenden Jahres ausgebucht und sagen einen Termin für ein Seminarbriefing zu. Seminare erfordern Vorbereitung! Wenn abzusehen ist, dass Sie das nicht schaffen, lassen Sie es beziehungsweise vermitteln Sie lieber einen anderen Trainer Ihres Vertrauens.

Clash of Culture Sie bekommen eine Anfrage von einer Institution, deren Werte und Ziele Ihren persönlichen Werten und Ihren Stärken als Trainerin oder Trainer entgegenstehen. (Verzeihung, die Damen und Herren bei Messerschmitt, Heckler & Koch und Co. Aber ein Verhandlungstraining beispielsweise für Waffenhändler wäre das Allerletzte, was wir annehmen würden.)

Doch selbst in weniger drastischen Fällen sollten Sie wählerisch sein. Manchmal ist einfach nur abzusehen, dass es im Seminar zu heftigen Störungen aufgrund von Wertedifferenzen kommen wird! Solange diese Störungen im Dienste des Transfers stehen: Bitte! Bedenken Sie aber, wie viel Spaß es Ihnen macht, Leute zu trainieren, mit denen Sie wenig verbindet. Denken Sie daran, dass man irgendwann so wird wie die Menschen, mit denen man sich umgibt! Suchen Sie sich lieber Branchen und Unternehmen, die Ihnen liegen und wo Sie Menschen vorfinden, von denen Sie lernen können.

Dass man sich dabei manchmal täuschen kann, illustriert ein Beispiel aus ferner Vergangenheit: Vor Jahren habe ich im Auftrag der Agentur Franke von Oppen ein Training bei den Berliner Verkehrsbetrieben durchgeführt. Meine Teilnehmer waren – halten Sie sich fest! – Fahrkartenkontrolleure! Was habe ich mit Fahrkartenkontrolleuren zu schaffen? Wer in Berlin oder sonst wo mal mit angesehen hat, wie herablassend und herrisch diese Typen mit Studenten, Jugendlichen oder armen Muttchen – unabhängig vom Grund für die Schwarzfahrerei – umgehen, wird meine negative Voreinstellung vielleicht nachempfinden können.

Die Leute in den U-Bahnen werden regelrecht gestellt und abgeführt! (Wie ist das eigentlich mit der Gewaltenteilung in diesem Land?) Wie auch immer, ich dachte mir damals, das sei doch irgendwie exotisch, und: »Man muss das System von innen heraus angreifen!« Ich war noch sehr jung. Jetzt kommt es aber: Die Teilnehmer, die ich vorfand, waren alles andere als Sherifftypen. Es waren herzliche, zum Teil durch den Job (in den sie meistens abgeschoben worden waren, weil man sonst keine Verwendung mehr für ihre Arbeitsleistung fand) höchst verunsicherte und ängstliche Menschen.

Wir arbeiteten dann überwiegend daran, wie man den inneren Konflikt, einen Regelverstoß aufzudecken und trotzdem menschlich zu bleiben, klären kann. Und wie man diskret auftritt. Wie man den Hass, der einem in manchen Situationen entgegenschlägt, irgendwie nicht mit nach Hause trägt. Die Teilnehmer waren dankbar, dass sie einmal in einem geschützten Rahmen von ihren vielen – teilweise unglaublich gewalttätigen – Erlebnissen sprechen konnten. Ich habe als Kommunikationstrainer jedenfalls mehr über Konflikte gelernt als in vielen Trainings zuvor.

Wählen Sie Ihre Zielgruppen also behutsam aus, aber seien Sie kein Narr, was Ihre Voranahmen und Urteile betrifft!

Vorgefertigte Seminarprogramme Ein Unternehmen möchte Sie engagieren, in einem fertigen und starren Seminarformat zu trainieren. Bei genauerer Ansicht stellen Sie fest, dass Sie mit den Inhalten nicht konform gehen!

Rettungsaktionen »Einer unserer besten Trainer ist krank geworden, können Sie nicht kurzfristig einspringen?« – Das ist zwar ehrenhaft, hier einzuspringen, aber nur dann, wenn Sie trotzdem genug Zeit zum Vorbereiten haben. Wenn Sie das Seminar schlechter machen als der ausgefallene Trainer, haben Sie einen Kunden verbrannt. Wenn Sie das Seminar besser machen (davon gehen wir aus), haben Sie einen Trainerkollegen um Lohn und Brot gebracht. Im letzteren Fall hängt Ihre Entscheidung auch davon ab, wie sehr Ihnen der ausgefallene Trainer am Herzen liegt.

Seminarolympiaden Möge der beste Trainer gewinnen! Manche Auftraggeber veranstalten sogenannte Seminarolympiaden: Derjenige Trainer, der ein Testtraining am besten durchführt, bekommt den Auftrag. Einige wenige von uns Autoren sind zugegebenermaßen ziemliche Wettbewerbstypen (wir lieben es – verwerflicherweise –, gegen andere zu gewinnen!) und vielleicht sind Sie das auch. Immerhin ist das eine Chance und aus Sicht des Auftraggebers ein legitimes Auswahlverfahren. Wer kauft schon gerne die Katze im Sack? Bedenken Sie aber, dass die Rahmenbedingungen des Wettkampfs sehr ungünstig für Sie sein können!

Meist nämlich wird für ein und dieselbe Teilnehmergruppe innerhalb eines kurzen Zeitraums ein und dasselbe Thema durch unterschiedliche Trainer trainiert. Jetzt stellen Sie sich vor, Sie sind der Dritte oder Vierte in der Reihe. Wie unterhaltsam ist es für die Teilnehmer, zum vierten Mal die gleichen Inhalte in abgewandelter Form zu ertragen? Seien Sie also der oder die Erste oder knüpfen Sie an das in den anderen Testtrainings Gelernte so an, dass Ihre Inhalte neu und vertiefend sind!

In der Regel haben Sie nur wenige Stunden, einen Vormittag, maximal einen Tag lang Gelegenheit, Ihre Trainerpersönlichkeit und Ihre Methodik zu präsentieren. Wirkliches Training ist das deshalb nicht. Wenn Ihre Teilnehmer deswegen anschließend nach ihren Lernerfolgen gefragt werden, kann das Ergebnis eher mau sein. Wenn Sie dennoch an einer solchen Olympiade teilnehmen, seien Sie heiter und machen Sie Folgendes: Weisen Sie Ihren Auftraggeber und Ihre Teilnehmer explizit darauf hin, dass dies kein Training, sondern ein Kennenlernen des Trainers und der Seminarmethodik ist. Dass dabei dennoch gelernt wird, ist nicht auszuschließen! Wenn Sie der Vierte sind, machen Sie Gedankenlesen und sagen Sie gleich zu Beginn: »Dies ist das vierte Testtraining für Sie und wahrscheinlich sind Sie heute Morgen mit dem Gedanken erwacht: Oh, nein, nicht noch einmal dieses Thema! Hier passiert deswegen etwas anderes …« Und jetzt beginnen Sie mit Ihrer Vorstellung!

Falsche Annahmen über Sie als Trainer Sie bekommen eine Anfrage aufgrund falscher Referenzen, beispielsweise als Führungskräfteschleifer oder Zeitmanagementguru, obwohl Sie weder das eine noch das andere sind.

Ultimative Honorargrenzen »Ich muss Ihnen gleich sagen, mehr als 750 Euro am Tag sind nicht drin!« Sie bekommen von vornherein eine Ansage, den Preis betreffend. Diese Störung richtet sich eher an selbstständige Trainer und Dozenten. Sie könnten es in einem solchen Fall als Herausforderung ansehen, den Preis zu verhandeln. Wenn Ihr normaler durchschnittlicher Tagessatz jedoch das Sechsfache dessen beträgt, was Ihnen als »ultimativer« Preis genannt wird, sind die Aussichten auf Erfolg relativ gering. Da Sie aber nicht weniger intensiv arbeiten, nur weil Sie weniger Honorar bekommen, stehen Sie vor einer dilemmatischen Situation. Oder arbeiten Sie in Ihrer Vorbereitung oder im Seminar im Wert von 500 Euro weniger, wenn Sie 500 Euro weniger dafür bekommen? Das geht gar nicht.

Es gibt dennoch Gründe für Sie, für weniger oder gar kein Geld zu arbeiten:

- Sie versprechen sich einen eigenen Lernerfolg, weil Sie neue Inhalte oder Methoden ausprobieren können. Mit jedem Vortrag, den Sie zu einem für Sie neuen Thema halten, findet ein innerer Klärungsprozess statt, der Sie manchmal langfristig mehr entlohnt als jedes kurzfristig erzielte Honorar.
- Sie arbeiten aus karitativen Gründen mit der Zielgruppe.
- Sie bereiten den Weg für einen Ihrer Trainerkollegen, der oder die später für diesen Kunden für weniger Geld arbeiten wird.
- Volumen und Zukunft der Trainingsmaßnahmen sprechen für einen Preisnachlass (Penetration).
- Sie wollen die Referenz des Auftraggebers aus Wettbewerbsgründen. Wenn Bill Gates Sie um die Moderation eines Management-Workshops mit ihm und Steve Balmer bittet, fragen Sie ihn, was *Sie* dafür zahlen *dürfen*!
- Das Seminar erfordert deutlich weniger Vorbereitung als Ihre sonstigen Seminare.
- Sie verfolgen zusätzliche Ziele mit der Annahme eines Auftrags. So würden wir tendenziell für ein geringeres Honorar arbeiten, wenn ein Seminar in unserer Heimatstadt stattfindet und wir somit am Abend bei unseren Familien sein können.
- Dasselbe gilt, wenn beispielsweise lange Reisezeiten entfallen (die ja meist im Honorar enthalten sind) oder der Seminarort auf Ihrer Tourroute liegt. So legen wir uns ein Seminar manchmal in die Nähe eines Urlaubsortes und fahren direkt von dort zu unserer Familie. Die eingesparten privaten Reisekosten überlassen wir durch den Honorarerlass unserem Auftraggeber.
- Sie können auch für geringere Honorare arbeiten, wenn Sie gerade nichts Besseres zu tun haben, oder aus einer wirtschaftlichen Notlage heraus (Kleinvieh macht auch Mist!). Verderben Sie sich aber nicht Ihre Preise, dies ist ein Balanceakt.

Bedenken Sie nämlich die Folgen solcher Preisnachlässe. Jeder Anfängerverkäufer weiß, dass man Preisnachlässe nicht ohne triftige Begründung gibt: Wenn Sie erst einmal für ein reduziertes Honorar bei einem Auftraggeber gearbeitet haben, ist es für Sie äußerst schwer, die Honorare im Verlauf der weiteren Zusammenarbeit zu erhöhen! Man hat sich an Ihre Preise gewöhnt!

Des Weiteren bewahre Sie der Himmel davor, dass bei einem Ihrer übrigen Auftraggeber durchsickert, Sie arbeiteten woanders für deutlich weniger Geld. Wenn Sie in diesem Fall nicht augenblicklich eine überzeugende Begründung zur Hand haben, stehen Sie im grellen Lichte des Betrugsverdachts. Solche Gründe gibt es jedoch, wie gesehen. Nur sollten Sie sich diese eben genau durch den Kopf gehen lassen und auch vertreten können.

Leichen im Keller Sie bekommen eine Anfrage von einem Unternehmen, mit dem Sie in der Vergangenheit schlechte Erfahrungen in der Zusammenarbeit gemacht haben. Gefühlsmäßig sind Sie einfach nicht in der Lage, großartige Seminare für diesen Auftraggeber zu machen.

Hidden Agenda Ihr Auftraggeber lässt in der Anbahnung durchsickern, dass mit der Durchführung des Seminars andere Ziele verfolgt werden sollen als das Lernen von Inhalten oder Methoden. Solche verdeckten Ziele finden sich in den Formulierungen:

- »Damit einmal ein Externer der Abteilung sagt, wo es langgeht.«
- »Damit meine Leute sich mal richtig auskotzen können!«
- »Damit die Leute hier rauskommen und ein bisschen Spaß haben.«
- »Ich glaub zwar nicht, dass das etwas bringt, aber der Chef (die HR-Abteilung) will das so.«
- »Wir müssen halt mal irgendwas für diese Abteilung tun.«

Nun hängt es von Ihrer gewählten Rolle als Trainerin oder Trainer ab, ob Sie beispielsweise eine als Seminar getarnte Incentive-Veranstaltung durchführen wollen oder nicht. Wenn Ihnen so etwas Spaß macht, prima, aber klären Sie am besten mit Ihren Auftraggebern, dass diese keinen großartigen Transfer erwarten sollten. Außer ein bisschen mehr Stimmung vielleicht, weil die Teilnehmer etwas zusammen erlebt haben und dabei Spaß (und Alkohol) hatten. Oder Sie machen es wie Albrecht Kresse, der einem Unternehmensinhaber in einem solchen Fall humorvoll geraten hat: »Stecken Sie Ihr Geld lieber in eine anständige Weihnachtsfeier, als hier einen auf Weiterbildung zu machen! Das bringt Ihren Mitarbeitern mehr!« Er hat dann hinterher richtige Seminare bei diesem Auftraggeber durchgeführt.

Wir beginnen mit einem heftigen Fall von Sabine Heß, in dem sehr deutlich wird, wie wichtig ein Kulturcheck in der Kennenlernphase ist.

Malen Sie bitte auf keinen Fall Herzchen!

Sabine Heß

Wenn Werte nicht passen

Als Trainerin oder Trainer sind Sie Unternehmer oder Teil eines Unternehmens. Eines Ihrer Ziele ist deshalb vermutlich das Geldverdienen. Somit ist es eine Freude, wenn Sie einen Auftrag bekommen haben, erst recht, wenn es sich um eine umfangreiche Entwicklungsmaßnahme für ein namhaftes Unternehmen handelt. Was müsste passieren, damit Sie diesen Auftrag trotzdem nicht annehmen oder kurz nach Beginn aus eigenem Antrieb beenden?

Wie vor den Kadi wurde ich vor vier Mitarbeiter des Unternehmens geführt, in dem ich soeben den ersten Baustein einer mehrstufig geplanten internen Trainerausbildung beendet hatte. Drei der Anwesenden kannte ich aus dem Auswahlprozess. Eine Dame war mir unbekannt.

Der Auswahlprozess für diese Entwicklungsmaßnahmen war intensiv. Nach der Auftragsklärung und der Abgabe des Angebots wurden mehrere Institute zum Probetraining und zur Präsentation ihrer Ideen eingeladen. Bei diesem 45-minütigen »Auftritt« waren sieben Zuschauer anwesend, unter ihnen Trainer des Unternehmens, Personalentwickler und – wie mir gesagt wurde – der Entscheider. Neben der Präsentation des Konzepts wurde ein daraus durchgeführter Ausschnitt erwartet. Eine intensive Frage-Antwort-Runde dehnte den Zeitrahmen der Veranstaltung bei mir auf ungefähr 60 Minuten aus. Ich war mit dem Verlauf des »Pitchs« zufrieden, nun hieß es warten.

Es war ein toller Moment, als ich den Anruf bekam, dass mein Angebot das vom Unternehmen ausgewählte war. Juhu! Eine richtig tolle Mission für mich. Denn die Trainer, die in diesem Unternehmen ausgebildet werden sollten, hatten keine leichte Aufgabe vor sich. Es wurden gerade viele Mitarbeiter entlassen, damit das Unternehmen langfristig marktkonform aufgestellt sein würde. Eine solche Zeit zu begleiten, und zwar so, dass die gehenden Mitarbeiter ohne Groll und mit einem weiterhin starken Selbstwertgefühl die Suche nach einer neuen Stelle antreten *und* dass die bleibenden Mitarbeiter ohne Schuldgefühle und mit Zuversicht und Lust an ihre teilweise neuen Aufgaben herangehen konnten, ist für Trainer eine große Aufgabe, die viel Sozialkompetenz und professionelles Know-how braucht.

Aufgrund dieser Situation des Unternehmens hatten wir, also die Zuschauer der Proberunde und ich, bereits diskutiert, wie wir die Bedeutung von Nähe und Distanz in der Trainerarbeit einschätzten. Die verständliche Angst der Entscheider war, dass sich die Trainer auf die Seite der Mitarbeiter schlagen und das Unternehmen nicht adäquat vertreten würden. Zudem hatten einige entscheidende Personen im Unternehmen eine Art Phobie vor bestimmten Mediengestaltungen und Raumausstattungen entwickelt. Die in Seminaren weitverbreiteten Wölkchen, Herzchen, bunten Tücher, Bälle und Ähnliches waren einige Zeit davor sehr intensiv in den Seminarräumen aufgetaucht, ohne dass sich diesen Personen der Sinn und Nutzen einer solchen Gestaltung erschlossen hätten. Daher bekam ich den Auftrag, bitte keine Herzchen zu malen und auf die Distanz in der Zusammenarbeit zu achten.

Das mit den Herzchen war für mich in Ordnung. Nähe aber ist mir stets wichtig. Ich erläuterte meine Vorstellung einer Balance zwischen Nähe und Distanz: die Idee, als Trainer beides zu können und je nach Situation das eine oder das andere mehr zu leben. Sowohl das Unternehmen zu verstehen und dessen Beweggründe zu vertreten, als auch die Mitarbeiter zu verstehen und sie abzuholen aus dem Frust, der Wut, der Angst oder der Traurigkeit. Also nicht entweder–oder, sondern und. Damit waren die Zuhörer der Präsentation einverstanden. Zudem versprach ich, dass es keine Herzchen geben würde.

Und so war es. Der erste Teil der Weiterbildung, ein dreitägiges Seminar, fand mit einem bereits erfahrenen Trainer des Unternehmens als Beobachter statt. (Wenn Sie jetzt denken, dass das Unternehmen einen starken Kontrollwunsch hatte – den Eindruck teile ich ...) Mein Begrüßungs-Chart war herzfrei (wenn auch nicht herzlos), ansonsten erklang wie immer Musik, es lagen Bücher zum Thema aus und einiges an Material. Beim Material hatte ich sehr genau darauf geachtet, dass jedes Stück im Verlauf eine Rolle spielen würde, damit sich den Trainern der Sinn dieser bunten Ausstattung erklärte.

Die drei Tage machten mir sehr viel Spaß. Relativ früh schlug jemand aus der Gruppe vor, einander per Du anzusprechen, was ich gern aufgriff. Wir arbeiteten intensiv an den Themen der ersten Runde, die Stimmung war offen und konstruktiv, gleichzeitig angenehm kritisch und diskussionsbereit. Ich war sehr zufrieden mit diesem Auftakt – und die Teilnehmer auch. Als alle gegangen waren, wandte ich mich an den Beobachter, mit dem ich in den drei Tagen wenig sprechen konnte, da er in den Pausen und am Ende immer sehr schnell verschwunden war. Er sagte nur, dass wir jetzt einen Termin hätten – und brachte mich zu den vier eingangs erwähnten Kollegen.

Duzen?! Das geht gar nicht!

Bis heute erscheint mir das dann folgende Gespräch etwas surreal. Die Dame, die ich bisher nicht kannte, stellte sich als diejenige heraus, die den obersten Hut im Prozess des Trainereinkaufs trug. Mitte vierzig, gut aussehend, elegant und teuer gekleidet, ergriff sie das Wort: »Mir ist zu Ohren gekommen, dass Sie sich mit der Gruppe duzen. Das geht gar nicht!«

Wir hatten uns gerade zum ersten Mal gesehen und das waren ihre Begrüßungsworte. Es folgten viele weitere »Geht-gar-nicht's«. Musik – geht gar nicht. Bunte Bälle – geht gar nicht. Gute Stimmung mit gefühlter Nähe zu den Teilnehmern – geht gar nicht. Mein Hinterfragen – »Wofür stehen die bunten Bälle aus Ihrer Sicht?«, »Was genau stört Sie bei der Du-Ansprache?« und so weiter – führte zu dem letztgenannten Punkt: Nähe zu den Teilnehmern geht gar nicht. So lautete dann auch meine Zusammenfassung am Ende des Gesprächs, mit der ich abklärte, ob ich die Botschaft richtig verstanden hatte. Dies wurde mir bestätigt. Ich solle bei den kommenden Seminaren entsprechend vorgehen. Dann rauschte das Quartett ab. (Upps, das klang jetzt nicht so wertschätzend. Sorry. Ein kurzer emotionaler Ausrutscher.)

Nähe zu den Teilnehmern geht gar nicht!

Jürgen (grinsend):	»Ist okay. Ich wäre da an Ort und Stelle ausgerastet. Vor allem an der Stelle ›Gute Stimmung – geht gar nicht‹ hätte ich einen mindestens sechsstündigen Strafvortrag über den Zusammenhang von Lernen und Stimmung gehalten.«

48 Stunden habe ich mir selbst Zeit gegeben, zu entscheiden, wie ich mit dieser Situation umgehe. Eine Entwicklung zu begleiten, ohne zu den Menschen, die sich da entwickeln, auch Nähe aufzubauen, ist für mich nicht vorstellbar. Ich bin auch heute, über zehn Jahre später, eine Verfechterin der Balancefähigkeit. Damit meine ich, dass Trainer sowohl zu Nähe als auch zu Distanz fähig sein sollten. Um mit der Nähe abholen und mit der Distanz auch einmal konfrontieren zu können – ohne die grundsätzliche Nähe zu verlassen, die durch ein »Ich bin okay, du bist okay« nun einmal entsteht. Und bis heute bin ich davon überzeugt, dass diese unternehmensinternen Trainer auf dieselbe Art und Weise sehr erfolgreich einen Prozess hätten begleiten können, in dem viele Mitarbeiter das Unternehmen verlassen müssen.

Mit einer rein distanzierten Haltung zu den Teilnehmern kann ich mir eine Unterstützung dieses Zeitraums nicht vorstellen. Das liegt natürlich schlicht an meiner Werthaltung. Die Wertewelt des Unternehmens – oder nein, die Wertewelt der Gesprächspartnerin, die ich nach meinem ersten Seminar kennengelernt habe – sah anders aus. Und da ihre Position im Unternehmen ihr die Macht gab, in den begonnenen Prozess einzugreifen, tat sie dies.

Weil unsere Positionen an den entgegengesetzten Enden der Skala zu liegen schienen, ergab sich aus meiner Sicht kein Mittelweg, sondern nur entweder »Ich mache weiter und passe mich deren Bedingungen an« oder »Ich steige aus dem Auftrag aus«. Nun handelte es sich um einen Auftrag mit beträchtlichem Umfang und Zukunftspotenzial. Allein der bisher abgeschlossene Vertrag belief sich auf ein Volumen von 50.000 Euro – und das Ziel einer langfristigen Zusammenarbeit versprach noch mehr. Damals war ich eine von vier Inhabern eines Trainingsunternehmens. Diese Frage betraf uns also alle gemeinsam. Wir redeten kurz und offen – und meine Kollegen ließen mir freie Hand bei meiner Entscheidung, was ich ihnen bis heute hoch anrechne.

In den kommenden Stunden habe ich viel abgewogen:

- Meine Kompromissfähigkeit: Woher nahm ich diese Gewissheit, dass Distanz der falsche Weg wäre? Vielleicht sollte ich es einfach einmal ausprobieren?
- Meine Vision des Prozesses: Das macht mich fertig, wenn ich nicht nach meiner Überzeugung arbeiten kann, sondern angepasst etwas tue, von dem ich in keiner Weise überzeugt bin.
- Die Lage des Unternehmens: Sie würden so schnell keinen Ersatz bekommen und die Maßnahme war dringend.
- Unsere Finanzlage: So schnell werde auch ich meine geblockten Tage nicht anderweitig verkauft bekommen, das bedeutet eine echte Einbuße für uns.

Schließlich gewann meine Überzeugung und ich entschied, den Auftrag abzubrechen. In dem Telefonat, das ich mit meinem Hauptkontaktpartner führte, klärte ich zunächst noch einmal, ob ich die Ansage richtig verstanden hatte, und warf konkrete Bilder auf, wie das Training ablaufen müsse beziehungsweise nicht ablaufen dürfe. Als er mir diese Bilder bestätigte, teilte ich ihm meine Entscheidung mit. Ich erläuterte, dass ich auf diese Art nicht mit Überzeugung trainieren könne und daher den Auftrag beende. Wenn sich die Dinge zu einem späteren Zeitpunkt anders gestalten würden, würde ich mich über einen erneuten Kontakt freuen. Ein solcher Kontakt ist bis heute nicht zustande gekommen.

Immer mal wieder denke ich an diese Situation zurück. Ich würde heute wieder genauso entscheiden. Und ich habe ein paar Schlüsse aus der Situation gezogen:

- Es ist in der Auftragsklärung unabdingbar, nach allen systemrelevanten Personen zu fragen – und nach allen entscheidungsrelevanten (die fallen zwar auch in die erstere Kategorie, aber nicht jeder Ansprechpartner ist sich dessen bewusst).
- Es gibt in Unternehmen immer mal wieder Personen in Entscheiderfunktionen, die anders denken als die anderen Beteiligten – daher ist es besonders hilfreich, frühzeitig zu wissen, wer den größten Hut aufhat.
- Eine Wertepassung ist in unserem Geschäft sehr wichtig.
- Auch wirtschaftlicher Erfolg ist ein wichtiger Wert für Unternehmer – ich bevorzuge jedoch Wertesysteme, in denen darüber hinaus noch weitere Begriffe auftauchen wie Fairness, Wertschätzung oder Ähnliches.

Gerd: »Im Fachdeutsch wird oft vom ›pädagogischen Bezug‹ als Erfolgsgaranten jeder erwachsenenbildnerischen Intervention gesprochen – Bezug kommt von Beziehung! Wenn wir als Trainer den Teilnehmern gegenüber distanziert sind, können wir sie nie erreichen. Chapeau für deine Konsequenz in diesem Fall. Diesen Auftrag würde ich auch nicht wollen!«

Olaf: »Hier passt auch das Zitat aus ›The King's Speech‹: ›My castle, my rules!‹ Wenn der Werteabgleich zu viele ›mismatches‹ aufweist, muss man sich als Trainer verbiegen. Und wenn es etwas gibt, was mir besonders am Herzen für alle Trainer (und alle anderen auch) liegt: Seid euch selbst treu und seid echt! Eine kluge Entscheidung, Sabine.«

Ralf: »Ja, den Kontext, den Sabine beschreibt, kenne ich aus eigener Erfahrung. Die Botschaft des Bereichs hieß informell: ›Trainer/Mitarbeiter müssen führbar sein‹. Es gab interne Vorschriften, beispielsweise, welche Art von Flipcharts nicht gemalt werden durfte. Hut ab vor der Klarheit von Sabine!«

Sabine Heß 2013 in Zahlen

1	Namensvetterin in den Niederlanden, die auch selbstständige Trainerin ist
2	»krasse« Söhne, die sie musikalisch und jugendsprachlich auf dem Laufenden halten
3	Bücher beziehungsweise DVDs bisher veröffentlicht – an 4 weiteren »höllenartig« mitgeschrieben
4	Katzen haben sie bisher bei sich wohnen lassen (gleichzeitig maximal zwei)
6	Jahre bei Xing (damals noch Open BC)
23	Jungs waren mit ihr als einzigem Mädchen im Matheleistungskurs
24	Jahre bisher in Wirtschaftsunternehmen trainiert
26	Quadratmeter Büro belegt
37	verschiedene Pferde bisher geritten (na ja, ungefähr)
47	Bohrlöcher eigenhändig in Wänden hinterlassen (genau gezählt natürlich)
69	grauenvolle Teppiche in Seminarräumen ertragen (mindestens)
154	Kaninchen beim Joggen erschreckt
583	Songs singt sie so mit, dass andere denken, sie könne den Text
1.109	Kilometer Luftlinie zwischen ihren Wohnorten in Deutschland
4.000	Meter hoch war das Flugzeug, als sie raussprang (ja klar, mit einem Fallschirm)
6.621	Kilometer weitestentfernte Weiterbildung in Kanada
14.356	Namen nicht merken können (bei der zuerst Erwähnten klappt es mittlerweile schon, an den anderen 14.355 arbeitet sie intensiv)

Ein Auftrag ohne Auftrag

Ralf Besser

Dabei sein ist alles!

Mitunter geraten Sie als Trainer in dubiose Missionen. So kann es geschehen, dass Sie sich während eines Workshops fragen, was Sie hier eigentlich tun. Wofür werden Sie hier gebraucht? Manchmal entsteht daraus ein Rechtfertigungsdruck für die eigene Arbeit.

Eine Anfrage zu einer Teamentwicklung: Ich wurde zu einer Besprechung eingeladen, um gemeinsam mit dem Team zu klären, welche Themen es zu bearbeiten gilt. Zur Einstimmung gab ich jedem Teammitglied ein mit einer Sisalschleife zusammengehaltenes und eingerolltes leeres Blatt Papier. Die Botschaft: Welche Themen sollten Raum finden, die noch nicht bearbeitet sind? Zuerst ein Austausch zu zweit, dann eine Diskussion in der Gruppe. Das funktionierte eindeutig nicht. Themen kamen nicht auf den Tisch, sondern »nur« Befürchtungen, was Kritisches passieren könnte. Eigentlich eine gute Situation. Warum? Weil dadurch deutlich wird, das es keine wirklich wichtigen Themen für das Team gibt.

Die Diskussion in dieser ersten Auftragsklärung verlief dann aber in einer Art und Weise, auf die ich absolut – auch in meinen kühnsten Träumen – nicht vorbereitet war.

Nichtstun als Auftrag

Alle Teammitglieder begannen mir die Botschaft zu vermitteln, in der Teamentwicklung nicht zu intervenieren. Kurz gesagt: Ich sollte dabei sein, aber nichts tun. Diese Haltung nahm sehr schnell einen stabilen Zustand an und entwickelte sich zum Kernauftrag an mich für die Teamentwicklung.

Gert:	»Ich bin oft als Moderator unterwegs. Da kann es auch die Auftragssituation geben: ›Wir wissen schon, was herauskommen soll. Bekommen Sie es hin, genau das mit unseren Leuten zu erarbeiten? Und auch, dass sie dann alle davon begeistert sind?‹ Ich sage nur: Bei solchen Aufträgen sollte die rote Warnlampe angehen.«
Amelie:	»Ich hatte einmal eine Anfrage für ein ›Kommunikationstraining‹. Ein Team, bestehend aus vier Kollegen. Weil mir die Sache etwas merkwürdig vorkam, schlug ich vor, mit jeder Person ein Vorgespräch zu führen. Sehr erhellend. Denn die zuvor gemeinsam verabredete Veranstaltung nannte Person A: ›Gruppensupervision‹, Person B: ›Teamworkshop‹, Person C: ›Kommunikationstraining‹, Person D: ›Konfliktklärung‹.«

Ich sollte also einfach nur dabei sein. Das hörte ich mir – voller Überraschung, aber gefasst – erst einmal so an, wie es ausgesprochen wurde. Selbst die anwesenden Führungskräfte empfanden diesen Auftrag als sinnvoll und machbar. – Was tun in solch einer Situation? Ich schickte alle Anwesenden zu zweit oder dritt oder, wer mochte, auch allein, in eine Nachdenkpause über den so formulierten Auftrag an mich: »Worum geht es hier eigentlich?«

Aber: Auch diese Intervention bewirkte keinen Unterschied. Der Auftrag verfestigte sich weiterhin in diese Richtung, allerdings mit der weiteren Differenzierung, dass sich das Team einen Vormittag lang bei einem Frühstück bis in den Nachmittag hinein einfach unstrukturiert austauscht. Als ich dann vorschlug, dass ich dabei in meiner Rolle nicht erforderlich sei, kamen sofort erhebliche Einwände: Doch, doch, es sei sehr wichtig, dass ich dabei sei, jedoch sollte ich nichts tun. – Ich überlegte kurz und überprüfte dieses

Ansinnen intuitiv. Schließlich nahm ich den Auftrag unter einer Bedingung an: »Ich werde während des gesamten Austauschs wirklich nichts unternehmen, nehme mir allerdings das Recht heraus, am Ende des Tages ein Feedback zu geben.« Darauf konnte sich das Team einlassen.

So kam es zu dieser ungewöhnlichen Teamentwicklungsmaßnahme. Wir frühstückten gemeinsam, ich hörte lediglich zu und nahm wahr, was ausgesprochen wurde, was sich hinter den Beiträgen als Hypothesen verbergen könnte, und verbrachte so Stunde um Stunde.

Am Ende des Tages forderte ich dann mein vereinbartes Feedback ein. Es waren nur wenige Sätze, die ich von mir gab. Im Kern ging es darum, dass sich die Menschen im Team untereinander kaum wirklich wahrnahmen. Sie behandelten sich gegenseitig eher wie Maschinenteile, nicht aber wie lebendige Wesen. Parallel zu dieser Umgangsweise im Miteinander erreichte dieses Team aber Höchstleistungen, auf die alle sehr stolz waren. Das war in etwa meine Rückmeldung. Ab da unternahm ich – wie abgesprochen – nichts weiter.

Der Abend und das Frühstück am nächsten Morgen fanden in einer beklemmenden Atmosphäre statt. Kaum einer sagte etwas. Die Mitteilsamkeit des ersten Tages war verflogen und wurde durch ein betretenes Schweigen ersetzt. Mit dieser Stimmung endete die »Teamentwicklung«. Auch in mir hinterließ es eine sehr ambivalente Stimmung. War das richtig, was ich tat, habe ich mehr zerstört als aufgebaut?

Erst nach einigen Tagen rief ich die Führungskräfte an. Die Sekretärin meldete sich zuerst und sprach von einem kleinen Wunder am zweiten Tag nach der Teamentwicklung: Zum ersten Mal hätten sich die Teammitglieder morgens begrüßt. »Das gab es noch nie.«

Ich hatte diese Teamentwicklung mehrfach für mich supervidiert und bin mir bis heute unsicher, ob das Ganze nun förderlich war oder nicht.

Jürgen: »Ich freue mich, dass es offenbar nicht nur mir so ergeht. In Situationen wie der deinen, Ralf, frage ich mich manchmal: ›Ist es wirklich gerechtfertigt, dass ich dafür ein Honorar in Rechnung stelle?‹ Für's Nichtstun? Ich erinnere mich an eine Vorstandssitzung einer Schweizer Bankgesellschaft, die ich moderieren sollte. Ich wurde im Verlauf des Tages immer unruhiger, weil ich so gar nichts tat. Gut: Am Anfang hab ich Erwartungshaltungen und Tagesziele geklärt und die Agenda eingeführt. Das hat ungefähr 15 Minuten gedauert. Aber ansonsten habe ich im Verlauf des gesamten Tages vielleicht vier Fragen gestellt und ansonsten nur brav mitgeschrieben und zugehört. Ich schwör's. Am Abend nahm mich der älteste der Vorstände beiseite, klopfte mir auf die Schulter und sagte mit seinem sympathischen Schweizer Akzent sinngemäß: ›Das war die beste Vorstandssitzung, die wir je hatten!‹ Mannomann, und ich glaube bis heute, da hätte man jeden Depp hinsetzen können, solange er nur nichts gesagt hätte. Wirklich! Ich mache lieber Jobs, wo ich meinen Beitrag einigermaßen erkennen und einschätzen kann. Das schlägt sonst auf Dauer aufs Gemüt.«

Gert: »Jürgen, es hätte halt nicht jeder Depp machen können. Manchmal ist es die Kunst des Trainers oder Moderators, (scheinbar) nichts zu machen. Du hast zugehört, warst mit deiner ›Autorität‹ anwesend und hast vier Fragen gestellt und wahrscheinlich noch ganz viel Nonverbales mehr. Aber ich denke, das weißt du auch!«

Jürgen: »Oh doch, Gert! Du hättest jemanden auf der Straße ansprechen, ihn in einen Dreiteiler stecken, Krawatte umbinden und sagen können: ›Maul halten, wichtig gucken!‹ Aber du hast ein bisschen recht: Wichtig gucken kann ich.«

Gerd: »Es ist ein Wesensmerkmal jeder pädagogischen Arbeit, sich selbst überflüssig zu machen – das hat jedenfalls mal ein Professor von mir gesagt. Wenn unsere Teilnehmer (Trainerkollegen) unsere Geschichten nach dem Training ohne unsere Hilfe alleine erzählen können, haben sie zumindest was gelernt.«

Zamyat: (räuspert sich) »Wenn ich die Herren mal unterbrechen darf? ... Diese Geschichte erinnert mich an ein wohl ziemlich gut verdrängtes Erlebnis. Als ich noch Lehrerfortbildung machte – und es wohl schon länger im Schwange war, dass ich das eigentlich nicht mehr wollte, bescherte mir das Schicksal eine Hilfe in Form eines absolut grässlichen Seminars, das mir dann die Entscheidung erleichterte, einen radikalen Schnitt zu machen und mich von jeglicher Lehrerfortbildung zu verabschieden. Ich mache so was immer radikal und habe dann auf einem DGSL-Trainertreffen alle Flipcharts, Bücher und Materialien dazu verschenkt. Das war ein riesiger Basar.
Nun zum Seminar, wo ich zum guten, nein schlechten Ende ebenfalls fürs Nichtstun bezahlt wurde: Wir waren zu zweit, ein Kollege und ich, und sollten eine mehrteilige Fortbildung für Lehrer durchführen, die DaZ

(Deutsch als Zweitsprache) und DaF (Deutsch als Fremdsprache) unterrichteten. Erst einmal waren alle zusammengewürfelt, eine viel zu große Gruppe (über 20 Teilnehmer). Die kamen in erster Linie, weil sie Fortbildungspunkte brauchten.
Wir konnten durchsetzen, dass die Gruppe geteilt wurde – sinnigerweise in DaZ und DaF. Ich weiß schon nicht mehr, was genau was war. Die einen machten ›normalen‹ Unterricht und hatten ausländische Schüler in der Klasse, die sie irgendwie integrieren sollten. Die anderen machten spezielle Stunden nur mit den ausländischen Schülern.
Wir stellten in beiden Gruppen so ziemlich die gleichen Konzepte und Methoden vor (mein Kollege unterrichtete DaF seit Jahren, auch an der Universität), die eine Gruppe fand alles toll und war hoch motiviert und nett. Die andere verweigerte immer mehr die Mitarbeit, wollte nur meckern und jammern, dass das alles nicht möglich sei. Oder nicht neu. Je nachdem.
Es spitzte sich so zu, dass mein Kollege gar nichts mehr sagen und tun sollte (er war ihnen zu jung, zu … ich weiß nicht, was). Ich ›durfte‹ wenigstens noch moderieren. Aber wir sollten keine Methoden oder sonst irgendwelchen Input vorbereiten.
Das wollten sie alles selbst machen. Es wurde stundenlang gelabert, Tische und Beamer wurden hervorgeholt, dicke Ordner auf den Tisch geknallt, Schluss mit kreativen Methoden und Spielen, und unterm Strich wurde nichts, aber wirklich gar nichts erarbeitet. Selbst meine Strukturierungs- und Moderationsversuche versickerten im Labersand. Es wurde halbherzig dies und das gezeigt und besprochen (Methoden und Lehrbücher, die sie ohnehin schon hatten und kannten), am vorletzten Termin wurden riesige Projekte geplant, die vollkommen unrealistisch waren.
Dabei war es vom Ansatz her eine tolle Sache. Wann hat man schon mal die Möglichkeit, mit einer Gruppe über längere Zeit zu arbeiten? Es waren im Wechsel immer zwei- bis dreitägige Seminare geplant (wo wir Input geben sollten), danach sollten die Lehrer das in die Praxis umsetzen und ausprobieren, dann wieder ein Treffen zum Austausch und so weiter. Die Gruppe wurde immer kleiner, und vor dem letzten Termin bekam ich dann die Nachricht, dass überhaupt keiner mehr komme, weil sie sich zu einer anderen Fortbildung angemeldet hätten. Ich wurde dennoch bezahlt. Ich nahm es als Schmerzensgeld.«

Sandra: »Ralf, aus meiner Sicht hattest du einen klaren Auftrag. Deine Anwesenheit als Beobachter war offensichtlich Intervention genug, um Positives zu bewirken. Eine Intervention verdient dann den Namen Intervention, wenn sie einen Unterschied macht. Und das war ganz offensichtlich der Fall. Ich glaube, die Herausforderung liegt eher darin, dass es für uns als Trainer ungewohnt ist und sich irgendwie falsch anfühlt, wenn wir auf so radikale Weise unsere klassische Trainerrolle verlassen. Hut ab, Ralf, dass du das durchgehalten hast. Wäre mir schwergefallen. Jürgen, ich glaube übrigens nicht, dass man jeden Deppen in deinem Fall dort hätte hinsetzen können. Denn: Erstens hast du das Vertrauen der Leute genossen. Zweitens hast du deine Rolle offensichtlich erfüllt, ohne Stress zu verbreiten. Drittens hast du den Beteiligten den nötigen Raum gegeben und viertens hast du vermutlich daran geglaubt, dass deine Anwesenheit irgendwie Sinn macht. Ich finde, das ist eine ganze Menge und das muss man erst einmal mitbringen!«

Ralf Besser 2013 in Zahlen

0	die angestrebte Anzahl von klassischen Seminaren
>>> 0	die angestrebte Anzahl von (Lern-)Prozessen in Unternehmen
46	veröffentlichte Artikel und produzierte Kartenhefte
2	bisher von Kunden zurückgesandte »Kartenhefte«
96	Kunstwerke im eigenen Tagungshaus und Skulpturengarten
3	davon selbst gestaltet
14	Zahl der Standmaschinen in der eigenen Werkstatt
5	davon Metallverarbeitungsmaschinen
1	Zahl der bereits verheilten Verletzungen beim Bedienen der Maschinen
0	Zahl der bisher sich im eigenen Besitz befundenen Pkw
50	Kategorie der Bahncard
3	Jahre Präsident des Forums Werteorientierung in der Weiterbildung e. V.
6	bisher durchgeführte »Wertereflexionen« in den Mitgliedsverbänden

Bitte nicht berühren!

Albrecht Kresse

Von manchen Auftraggebern sollte man besser die Finger lassen.

Es ist, wie es ist: Meine größten Seminarkatastrophen brocke ich mir gerne selbst ein. So war es auch in diesem Fall. Ich hatte mich auf einen augenscheinlich tollen Auftraggeber eingelassen und es endete im Fiasko. Nur weil ich ein paar kleine Dinge außer Acht gelassen hatte. Nicht etwa den Nachtisch – der schmeckte fantastisch. Sondern Punkte wie Kulturcheck oder den Umgang mit Zaungästen im Seminar.

Regelmäßig, wenn mein Verkäuferherz den Trainerverstand überflügelt, produziere ich Katastrophen, die eigentlich schon hundert Meilen gegen den Wind zu riechen sind. Ehrlich gesagt, habe ich es meistens schon selbst gerochen, mich dann aber doch breitschlagen lassen – Zitat: »Wir brauchen im dritten Quartal unbedingt noch Aufträge!« – Oder habe mich selbst breitgeschlagen. Nach dem Motto: »Sie nicht so pessimistisch, Albrecht, es wird schon funktionieren. Und: Es ist ein geiles Unternehmen. Da hast du doch so lange darauf hingearbeitet.«

Letzteres ist oft genau das Problem: Sie akquirieren bei einem Kunden, stellen sich dort vor, schreiben Angebote. Nie kommen Sie wirklich zum Zug. Und dann klingelt eines Tages das Telefon: Die lang ersehnte Anfrage kommt – leider mit dem falschen Thema. Statt gleich zu sagen: »Ja, da ist ein interessantes Thema, da kann ich Ihnen einen kompetenten Kollegen empfehlen«, kann man doch erst einmal nachfragen. Schließlich ist es professionell, zunächst eine vernünftige Bestandsaufnahme und Bedarfsklärung beim Kunden zu machen. Vielleicht stellt sich heraus, dass er letztlich etwas ganz anderes braucht – genau das, was wir zu bieten haben. Das moderierte Abendessen zum Thema Konfliktprävention mit dem gesamten Team und anderen Führungskräften aus dem gleichen Bereich, gepaart mit ein paar Übungen zum Thema Präsentation und anderen nützlichen Werkzeugen für Führungskräfte. Ja, ungewöhnlich. Muss man dem Kunden gleich sagen, dass das absoluter Schwachsinn ist? Natürlich nicht, das wäre unhöflich. Im Ernst, diese Anfrage haben wir tatsächlich abgelehnt. Aber manch andere habe ich angenommen. Ich hätte es besser nicht tun sollen.

Ein besonders schlimmes Beispiel hierfür liegt schon einige Jahre zurück. Ich erinnere mich noch sehr gut daran. Und das lag am Nachtisch. Ich saß mit meinem Kollegen in einem wunderschönen Restaurant in einem alten, hochherrschaftlichen Schloss. Ja, wir hatten offensichtlich alles richtig gemacht. Ein neuer Kunde mit mehreren Tausend Mitarbeitern, ein Mittelständler, innovativ und erfolgreich. Das moderne Firmengelände – beeindruckend! Die Ausstattung überall vom Feinsten. Auch die Seminarräume im Trainingszentrum ließen keine Wünsche offen. Wir hatten mehrere Stunden lang den Seminarraum vorbereitet, alle Charts gezeichnet, das Material, die Ausrüstung gecheckt, alles genauestens arrangiert für unseren perfekten Start bei einem hoffentlich langjährigen künftigen Kunden.

Und nun saßen wir in diesem Traumhotel, mein Kollege und ich. Wir hatten zudem gerade vorzüglich gegessen. An den Hauptgang kann ich mich nicht mehr wirklich erinnern, aber an den Nachtisch. Bis heute der beste Nachtisch, den ich je gegessen habe. Eine Auswahl von Valrhona-Schokoladen, Höhepunkt: ein kleines Küchlein, gefüllt mit warmer dunkler Schokolade. Wir sahen unsere rosige – oder vielmehr schokoladige – Zukunft schon vor uns. In diesem Hotel mit solchem Essen könnte man uns wochenlang einquartieren, und wir würden alle Mitarbeiter rauf- und runtertrainieren, egal zu welchen Inhalten, Hauptsache Schokolade.

Das Verhängnis nimmt seinen Lauf

Dann nahm das Verhängnis seinen Lauf. Genau genommen hatte es schon lange vorher angefangen. Erstens stimmte das Thema nicht beziehungsweise die Kombination. Wir hatten versucht, den Kunden davon abzubringen, es war uns aber nicht gelungen. Für Führungskräfte und solche, die es werden sollten, sollten an zwei Tagen Themen aus dem Bereich Kommunikation mit Selbstmanagement und Zeitmanagement kombiniert werden. Passt das wirklich zusammen? Zweitens war die Zielgruppe offensichtlich viel zu heterogen. Gestandene Führungskräfte mit jeder Menge Erfahrung zusammen mit Nachwuchskräften mit Potenzial und jungen Führungskräften, die gerade erst benannt waren. Macht das Sinn? Offensichtlich nicht. Drittens: Auf der Teilnehmerliste war plötzlich der Name einer Mitarbeiterin aus der Personalentwicklungsabteilung aufgetaucht. Wir hatten das noch zu verhindern versucht, aber die Liste erreichte uns erst wenige Tage vor dem Training.

Jetzt hatten wir schon so viel investiert, und nun alles platzen lassen? Nur wegen *einer* Mitarbeiterin? Man versicherte uns, dies sei im Unternehmen üblich. Wir müssten uns keine Sorgen machen. Nein, hier handle es sich keineswegs um ein Assessment. Die Mitarbeiter seien dies gewohnt und die Kollegin werde auch nicht unangenehm auffallen. Wir einigten uns auf den Kompromiss: Die Kollegin wird ganz normal mitmachen als normale Teilnehmerin. Es war die jüngste Mitarbeiterin aus der Personalentwicklung. Wir hatten sie schon kurz kennengelernt. Sie erschien uns nicht wirklich gefährlich, und wir dachten, sie wird sicher kein Problem darstellen. Viertens: Wir hatten die Trainingskultur bei dem Kunden nicht wirklich sauber geprüft. Und schließlich waren wir ja als neue, bunte Edutainment-Trainingsgruppe eingekauft worden. Und bei einem neuen Kunden wollten wir natürlich das volle Programm zeigen.

Kann man so viele Fehler auf einmal machen? Ja, man kann. Am Ende wurde es eine wunderbare bunte Mischung aus den verschiedensten Katastrophen. Es begann damit, dass wenige Minuten vor Seminarbeginn noch zwei andere Damen aus der Personalabteilung kamen, die ebenfalls beim Training dabei sein wollten. Allerdings nicht als Teilnehmerinnen, sondern wirklich nur als Beobachterinnen. Die Teilnehmer waren schon im Raum. Eine offene Diskussion vor der Gruppe war etwas schwierig. Wir versuchten ein Gespräch auf dem Gang. Ein Kompromiss schien nicht möglich. Nein, sie würden auf jeden Fall teilnehmen. Die junge Kollegin solle ganz normal am Seminar mitmachen, sie würden beobachten, und zwar – ja, tatsächlich – in zweiter Reihe hinten im Raum, quasi wie bei einer Lehrprobe. Und wieder wurde uns versichert, wir müssten uns keine Sorgen machen, das sei im Unternehmen üblich, die Teilnehmer seien das gewohnt. Und nein, auf keinen Fall handle es sich hier um ein Assessment. Das würde auch niemand der Teilnehmer vermuten.

Das Gegenteil war der Fall. In den Pausen sagten uns einige Teilnehmer, wenn sie sich unbeobachtet fühlten, dass sie genau diese Befürchtung hätten: »Die wollen uns doch hier testen.« Eine offene Diskussion wollten die Teilnehmer aber auf keinen Fall. So kamen wir nach den Pausendiskussionen mit einigen Teilnehmern immer wieder in den Seminarraum zurück, ohne das Problem offen ansprechen zu können. Eigentlich hätten wir das Training abbrechen müssen – aber dazu waren wir zu feige.

Die Kollegin, die am Anfang noch ganz normal in der Gruppe gesessen hatte, setzte sich nach der zweiten Pause zu ihren Kolleginnen. Irgendwann bei einem Videofeedback ging die Tür auf und der Chefpersonalentwickler persönlich betrat den Raum. Ja, beim Videofeedback! Er raunte uns die in diesem Buch schon mehrfach zitierte Floskel zu: »Lassen Sie sich nicht stören, machen Sie einfach weiter«, und setzte sich zu den drei Damen. Es wurde ein wenig getuschelt. Schließlich ging er mit einer der drei raus. Wir beendeten unter einem Vorwand das Videofeedback. Die Stimmung war aber nicht mehr wirklich zu retten.

Zudem gab es unter den Teilnehmern Störungen. Ein besonders missmutiger Herr – wie sich herausstellte, hatte er den höchsten Dienstgrad von allen Teilnehmern – war an ganz anderen Themen interessiert. Außerdem war ihm die Sache viel zu bunt. Jonglieren wollte er nicht. Auch bei anderen Übungen verließ er häufiger den Saal. Auf Nachfrage teilte er uns schließlich mit, an welchen Themen er wirklich interessiert sei. Hier handelte es sich um Dinge, die überhaupt nicht auf dem Programm gestanden hatten, Detailfragen zum Umgang mit Outlook. Davon hatten wir nun wirklich überhaupt keine Ahnung.

Am Abend des ersten Tages recherchierten wir hastig ein paar neue Übungen für den folgenden Tag, womit die ohnehin schon dubiose Mischung an Seminarinhalten noch weiter ins Absurde gesteigert wurde. Wir kämpften tapfer weiter und schafften es, viele Teilnehmer wirklich für uns und unsere Art, zu trainieren, zu begeistern. Dies wurde uns in den Pausen immer wieder bestätigt. Aber im Seminarraum traute sich keiner, offen zu reden, und wir konnten die von den Teilnehmern geäußerte Kritik nicht offen vorbringen, weil wir damit unsere wenigen gerade neu gewonnenen Freunde bloßgestellt hätten. Wahrscheinlich hätten sie sogar mit echten Sanktionen rechnen müssen. Deshalb ging es uns wie dem Beichtvater, der ein Geheimnis kennt, das er nicht verwenden darf. Wir haben tapfer zu Ende trainiert, wurden sogar von den Personalentwicklerinnen halbwegs freundlich verabschiedet, aber uns war klar: Folgeaufträge würde es hier wohl kaum geben. Und das schöne Schlosshotel mit dem leckeren Nachtisch würde nicht zu unserer zweiten Heimat werden.

Die telefonische Auswertung des Desasters mit dem Personalentwickler brachte für uns dann noch eine Überraschung: Der eigentliche Grund, weshalb die Zusammenarbeit mit uns sofort beendet wurde, war unsere Aktivierung nach dem Mittagessen. Damals habe ich mit den Teilnehmern nach dem Mittagessen nicht nur getanzt und jongliert, sondern wir haben uns auch noch gegenseitig massiert. »Spätestens da«, so die Aussage des Personalentwicklers, »war klar, dass eine Zusammenarbeit unmöglich ist. Das war ein absoluter Tabubruch. Bei uns fasst man sich nicht an.«

Wir versuchten noch anzudeuten, dass viele Teilnehmer offensichtlich doch das Gefühl gehabt hätten, die Personalentwicklerinnen säßen nicht nur neutral dabei, um die Trainer kennenzulernen, sondern sie hätten sich beobachtet und getestet gefühlt und hätten befürchtetet, einem geheimen Assessment unterworfen zu sein. Natürlich konnten wir uns nicht wirklich auf Aussagen von Teilnehmern berufen, denn wir mussten befürchten, dass dann sofort Nachforschungen angestrengt worden wären nach dem Motto: »Wer war das?«

Der Kulturcheck ist das Wichtigste

Was habe ich daraus gelernt? Das wichtigste Kriterium bei der Zusammenarbeit mit einem Kunden ist der Kulturcheck. Passen wir wirklich zusammen? Ich muss nicht jeden Auftrag sofort ablehnen, nur weil bisher bei diesem Kunden nicht jongliert wird und man bisher mit Trainern zusammengearbeitet hat, die noch hinter Referententischen sitzen. Ja, so etwas gibt es immer noch. Aber ich muss wissen, dass ich mir den Einsatz von ungewöhnlichen Methoden nach und nach erarbeiten muss. Und gerade am Anfang gilt: Weniger ist mehr.

Beobachter sind okay – wenn sie okay sind

Dass Menschen, die nicht zur Seminargruppe gehören, in zweiter Reihe mein Training beobachten, konnte ich viele Jahre langerfolgreich verhindern. Vor wenigen Wochen brach es wieder über mich herein. Ein freundlicher Vertriebsleiter saß dann tatsächlich einen Tag lang im Training, bearbeitete E-Mails und beobachtete uns. Warum ich ihn nicht rausgeschmissen habe? Weil ich damit nicht nur den Kunden verloren, sondern vor allem dem Organisator der Veranstaltung große Probleme bereitet hätte. Und ihm bin ich freundschaftlich verbunden. Er hat nicht wirklich gestört, sogar mitjongliert. Die Teilnehmer waren nicht seine Mitarbeiter, sondern Vertriebspartner, und wir arbeiten weiter zusammen. Es muss also nicht immer in der Katastrophe enden. Aber ich massiere nicht mehr. Und ich habe leider nie wieder einen so leckeren Nachtisch gegessen.

Barbara: »Puuh, was für eine Geschichte. Chapeau für diese Selbstreflexion und den Humor, der durch diese Zeilen blitzt. Welch grandioser Zustand, dass wir solche Situationen sehr, sehr selten erleben. Und sind sie vorüber, sind sie auch wieder Geschichte ...«

Jürgen: »Gottlob wart Ihr zu zweit. So kann man sich zumindest gegenseitig noch ein bisschen halten.«

Albrecht Kresse 2013 in Zahlen

1	Millimeter Haarlänge (Nein, ich habe keine Glatze!)
3	Kinder (davon 2 Jungs, die sich freuen, mich in Sachen Körperlänge schon überholt zu haben)
4	Dinge, die mich täglich ärgern (mindestens, ich glaube, dass die Unzufriedenheit der größte Innovationstreiber der Menschheit ist.)
5	ältere Schwestern (Ja, ich hatte eine schwere Kindheit!)
12 ½	neue Ideen pro Tag (Ttypische Reaktion meiner Frau: »Schatz, jetzt grad nicht!«)
20	Jahre Training (Das klingt ganz schön nach »alter Sack«!)
15.387	Trainertage (wahrscheinlich eher mehr, aber ich war jetzt zu faul, das wirklich genau zu recherchieren)
1.483	Fachbücher zum Thema Training im Büro (Die Erfassung und Pflege unserer Bibliothek sind eines der unendlichen Projekte unserer kleinen Company.)
3.417	Haare auf dem Kopf (Die meisten Menschen haben ungefähr 100.000. Ob ich eine Glatze habe? Wie kommen Sie darauf?)

Klarheit kostet den Auftrag

Ralf Besser

Augen zu und raus mit der Sprache

Was tun, wenn sich während eines Seminars herausstellt, dass unsere Methodik nicht erwünscht ist? Diese Gefahr besteht für uns Trainer in vielen Fällen. Doch wie weit sollen wir uns den Konventionen unserer Auftraggeber anpassen?

Ein Kunde auf dem Lande. Ich wurde angefragt, einen Führungsworkshop zusammen mit den Auftraggebern zu moderieren und dafür das Design zu entwickeln. Die Wahl fiel auf mich, weil ich mich auch an konfliktgeladene Situationen heranwage und provokativ arbeite. Seit zehn Jahren hat dieser Kunde jährliche Führungskräfteveranstaltungen durchgeführt, auf denen Vereinbarungen getroffen wurden, von denen »zuverlässig nichts« umgesetzt wurden. Daran sollte sich etwas verändern. So viel zur Mission.

Ein Auftrag mit Brisanz. Das sollte doch gelingen, etwas zu bewegen. In der eintägigen Auftragsklärung ging ich vor allem auf die Suche nach den Mustern, die sich in den zehn Jahren herausgeschält hatten. Da wurde ich natürlich fündig. Sind solche Muster erst einmal als Arbeitshypothese herausgearbeitet, dann ist es leichter, Ideen zu entwickeln, wie sie förderlich unterbrochen werden können.

Getreideernte

Ein Muster war: Auf den Veranstaltungen für Führungskräfte war nie die Mitarbeiterebene vertreten. Also schlug ich vor, eine Delegation von Mitarbeitern mit einzuladen. Ein weiteres Muster war das grundsätzlich kognitiv orientierte Design der Veranstaltungen. Also schlug ich eine metaphernhaft inszenierte Form vor. Und was lag näher, als die Getreideernte als Metapher zu wählen: Welche Samen wurden in den letzten zehn Jahren ausgesät, wie wurden sie begossen, was ist verdorrt, was ist aufgekeimt, was bis zu einer Ernte ausgereift und was wurde daraus gebacken? So wurde der gesamte Raum gestaltet. Strohballen lagen in großer Anzahl als einzige

Sitzgelegenheit herum, die Phasen der Ernte waren in der Mitte des Raumes aufgereiht: Samen, ein Eimer mit Wasser, einige Schaufeln Ackerboden, aufkeimende Saat, verdorrte Saat, Getreidegarben, Körner und schließlich das gebackene Brot. Zu jeder Phase gab es Reflexionsfragen, auf die in einer rollierenden Arbeitsweise Antworten gefunden werden musste.

So weit, so gut und sinnlich. – Der Auftrag war eindeutig: Es sollte etwas Nachhaltiges geschehen: nach der Veranstaltung. Also gab es aus jedem der zehn Jahre schließlich ein Umsetzungsvorhaben, sozusagen als »Nacharbeit«.

So weit, so immer noch gut. – Als es aber um die Bereitschaft ging, Verantwortung für die von den Führungskräften selbst erarbeiteten Vorhaben zu übernehmen, wurde es zäh und schon bald ging gar nichts mehr. Stillstand. Keiner wollte mehr Verantwortung für ein Thema übernehmen. Ich fragte die politischen Verantwortlichen, ob ihnen die Themen wichtig seien. Die Antwort war eindeutig. Sie sind wichtig.

Das inszenierte Schweigen

So inszenierte ich das Schweigen. Oder anders ausgedrückt, ich wartete unendlich lange Minuten auf eine weitere Bereitschaft. Plötzlich meldeten sich die Mitarbeiter zu Wort: »Das verstehen wir nicht, Sie erwarten doch auch von uns als Mitarbeitern die Bereitschaft, Aufgaben zu übernehmen! Warum geht das hier nicht?« – Weiteres ewiges minutenlanges Schweigen. So lange, bis sich endlich eine Führungskraft bereit erklärte, die Aufgabe zu übernehmen. Erleichterung breitete sich aus. So klang diese erste Veranstaltung aus.

Nach einigen Monaten gab es dann mit den Auftraggebern, den Abteilungsleitern und den Projektleitern der Vorhaben einen Reflexionsworkshop. Dieser Workshop entglitt mir. Jede Vorstellung der Projekte mündete in die Diskussion, wer schuld daran sei, das wieder nichts geschehen ist. Meine Intervention als Moderator, auch nach anderen – systemischen – Ursachen Ausschau zu halten, fand kein Gehör. Es blieb bei der durchgehenden Schuldfrage. In solchen eher ausweglosen Situationen habe ich es mir angewöhnt, in einen Beobachterstatus zu wechseln. Was ist los, welche Muster herrschen vor, dass sich solch ein Verhalten konsequent ausprägen kann? Ich ließ die weiteren Berichte also so laufen, wie sie liefen, und beobachtete aus einer inneren Metaebene das Ganze.

Selbst in der Mittagspause war ich für keinen ansprechbar, lief auf und ab, um den Mustern nachzuforschen und Ideen für deren Unterbrechung zu suchen.

Fundstück

Schließlich wurde ich fündig. Nach dem Mittagessen und der Abreise aller Projektleiter ließ ich den übrigen Führungskräften und den Auftraggebern keine Wahlfreiheiten mehr. Ich »verordnete« eine Diskussion mit geschlossenen Augen, um die gegenseitige Verstärkung der bisherigen Muster zu erschweren. Eine Abteilungsleiterin, die gleich links neben mir saß, weigerte sich argumentationsstark, das zu tun. Das sei zu gefährlich! Allerdings hatte sie zu Beginn des Workshops davon gesprochen, dass sie alle Führungskräfte einmal gerne zu sich nach Hause in den hinteren Garten einladen würde! Ich fragte sie nach der Bedeutung des hinteren Gartens. Ihre Antwort: »Da ist ein Moor.« So konnte ich kurz und knapp auf ihre Weigerung, die Augen zu schließen, mit diesem ihrem Ansinnen kontern: »Sie wollten Ihre Führungskräfte ins Moor schicken und empfinden es als gefährlich, lediglich die Augen zu schließen?« Dieses Argument überzeugte.

Reiche Ernte

Eine halbe Stunde lang diskutierten die Führungskräfte mit geschlossenen Augen über die Konsequenzen aus dem Vormittag. Und es funktionierte wunderbar: Es wurde einander zugehört, die Argumente vertieft, Selbstreflexionen entstanden, eine andere Art des Verstehens, Einfühlen fand statt, neue Ideen entstanden. Kurzum, eine reiche Ernte konnte in dieser halben Stunde eingefahren werden.

Diese Stimmung, diese ganz andere Art der Kommunikation in der Gruppe hielt bis zum Ende des Tages an. Verlangsamung und Tiefe entstanden mit Ergebnissen, die für alle passten.

Erst am Ende des Tages reflektierte ich die zweite Hälfte des Tages. Die Rückmeldungen waren sehr positiv. Erst jetzt wurde den Führungskräften bewusst, wie förderlich sich die Austauschrunde mit den geschlossenen Augen auf die Diskussionskultur ausgewirkt hatte.

Danach verlor ich den Auftrag. Meine Methoden seien doch zu ungewöhnlich, und man kehrte zum bisherigen Berater zurück, mit dem sie bereits zehn Jahre lang gearbeitet hatten.

Sandra: »Ich glaube, die Auftraggeber hatten im Nachhinein Angst vor ihrer eigenen Courage. Die Intervention von dir, Ralf, war so radikal anders als bisher – der Grad an Neuigkeit zu hoch. Sie konnten sich vermutlich nicht vorstellen, wie sie das Erlebte in den Alltag integrieren sollten. Dort gab es ja fest ritualisierte, vielleicht sogar zementierte Umgangsweisen miteinander und mit Problemen. Vielleicht fehlte ein Übergang, wie diese neue Erfahrung in das Alte integriert werden könnte. Und vielleicht wurde ihnen auch bewusst, dass die Weiterarbeit mit dir einen tatsächlichen Kulturwandel bedeutet hätte, zu dem sie (noch) nicht bereit waren. Dann lieber beim Alten bleiben, nicht effektiv aber immerhin sicher!«

Jürgen: »Tolle und außergewöhnliche Interventionen. Die Gefahr, Aufträge zu verlieren, weil unsere Methoden zu weit gehen oder unsere Vorgehensweise nicht passt, besteht irgendwie immer. Zumindest, wenn man das im Vorfeld nicht akribisch bespricht oder der Auftraggeber keine Gelegenheit hat, sich das einmal in einem offenen Training anzuschauen. Ehrlich gesagt finde ich das aber gar nicht so schlimm, deshalb rauszufliegen, weil man dann Klarheit hat, dass man nicht passt. Natürlich gibt es Bandbreiten innerhalb deren wir arbeiten. Außerhalb dieser Bandbreite wird man aber eh nicht glücklich. So habe ich mich mal für eine Weile breitschlagen lassen, statt gründlicher Trainings eine Reihe einstündiger interaktiver Vorträge zu halten. Die haben zwar Spaß gemacht, aber gebracht haben sie nichts. Was der Kunde dann irgendwann eingesehen – und dann Seminare woanders gebucht hat, weil ›sie mal etwas anderes ausprobieren wollten‹. Kurzum: Du wärst in dieser Organisation sowieso nicht glücklich geworden.«

Olaf: »Wir Trainer leben davon, dass wir ›unsere Sprache‹, ›unsere Methoden‹ und ›unsere individuelle Art‹ haben. Ich habe Trainer erlebt, die Blaupausen eines anderen Trainers sind oder dem ›So-machen-wir-das-immer-bei-uns‹-Prinzip gehorchten. Ralf, du hast klar deine Methoden und Denkweisen gezeigt und im Sinne des Auftrags eingebracht. Du hast dich nicht verstellt. Das ist ein Aufruf an uns alle. Der Auftrag ist dann nebensächlich. Am wichtigsten ist es, sich selbst treu zu bleiben.«

Allein unter Trainern

- Schwierige Situationen mit Kollegen
- Co-Trainer-Amok
- Ideenklau im Trainervolk
- Copytraining
- Ich war jung und brauchte das Geld!
- Et is nochens jot jejange …
- Muss das so sein?!

↗ 03

Schwierige Situationen mit Kollegen

Eigentlich würde man meinen, es gibt hier nur eine Art von Fällen: Der Kollege hält sich nicht an die Agenda. Weit gefehlt: Die Menge der Fehltritte und Verletzungen unter Kollegen ist weitaus länger. Da wird abgekupfert und geklaut, was das Zeug hält, Aufträge werden unter der Hand an Dritte vergeben und feste Vereinbarungen gebrochen. Unterschiedliche Vorstellungen in Bezug auf Inhalte und Methodik führen zu didaktischen Endlosdiskussionen. Gefürchtet sind auch Befindlichkeitsdiskussionen unter – kommunikativ – hochgerüsteten und dementsprechend hochsensiblen Trainerkollegen: »Ich war eben so ein Stück weit irritiert, als du hier durch einen Repräsentationswechsel im Moment der Feldfindung den Prozess zwischen den Teilnehmern und mir eingeschränkt hast – so ist das zumindest in meiner Wahrnehmung angekommen.« (*sülz)

Dass wir Trainerinnen und Trainer kein einfach zu nehmendes Völkchen sind, hat zum Teil auch mit unserer Ausbildung und der Art, wie wir unsere Arbeit betreiben, zu tun. Die meisten von uns sind überwiegend allein da draußen unterwegs. Diven! Man könnte auch sagen: Steppenwölfe. In dem Moment, in dem wir – freiwillig oder gezwungenermaßen – mit anderen enger zusammenarbeiten sollen, treten unsere gut gepflegten Macken zutage. Zudem sind wir es, solange wir alleine trainieren, nicht gewohnt, detaillierte Absprachen zu treffen – und diese dann auch einzuhalten. Im Gegenteil: Wir sind es gewohnt, Gruppenprozessen intuitiv zu folgen, im Sinne der Lernleistung unserer Gruppen spontane Änderungen vorzunehmen oder einzelnen Indizien nachzugehen, die so niemals in der (Lern-)Agenda stehen. In Bezug auf unsere Zusammenarbeit mit anderen Trainern bedeutet dies: klare Spielregeln, möglichst klare Rollen und/oder Themenhoheiten. Und es bedeutet sehr, sehr viel mehr Vorbereitung. Vor allem im Bezug auf Eventualfälle.

Wir Autoren sind einhellig der Meinung, dass das Trainieren mit Partnern deshalb eine hohe Kunst innerhalb der Zunft ist. Und dass man sich als Trainerin oder Trainer ungeheuer glücklich schätzen darf, sollte man einen Partner gefunden haben, mit dem die gemeinsame Arbeit gut harmoniert. Das Schwierige ist ja auch, dass, wenn wir unseren Teilnehmern einen Mehrwert aus der Zusammenarbeit mehrerer Trainer bieten wollen, wir dazu ausreichend unterschiedlich sein müssen. Das heißt, dass wir jeweils andere Sichtweisen, aus einer anderen Warte betrachtet, mit einem anderen Hintergrundwissen auf eine andere Art vermitteln. Ansonsten könnte das auch einer alleine machen. Aus diesen Unterschieden heraus entstehen jedoch Störungen. Die Güte der Auseinandersetzung über diese Unterschiede und Störungen bewirkt am Ende ein herausragendes Zusammenspiel. Oder eben nicht.

Im ersten Fall von Olaf Cordes wird gleich der wahrscheinlich häufigste Fall behandelt: Ein Trainerkollege hält sich einfach nicht an Absprachen.

Co-Trainer-Amok

Olaf Cordes

Absprachen?!? Welche Absprachen?!

Trainer, die ihren Teilnehmern sagen, wie sie bei Präsentationen, Meetings und Inhouse-Seminaren im Zweigespann agieren sollten, sind selbst in der Lage, ebendiese wertvollen und sinnvollen Techniken für Absprachen und Dramaturgie anzuwenden. Denkste. Der Schuster mit seinen berühmten eigenen Schuhen kursiert auch hier und da in Trainerkreisen.

Folgende prädestinierte und nebenbei bemerkt sehr gut bezahlte Situation: Der Auftrag ist perfekt, zwei Trainer für 14 Teilnehmer. Interessiert warten sie darauf, auf ein professionelles Trainergespann zu treffen. Die besten Voraussetzungen, die wir Trainer uns im Vorfeld unserer Trainings vorstellen können.

Ein dreitägiges Seminar zusammen mit einem lieben Kollegen oder einer lieben Kollegin zu leiten ist für mich eines der wundervollen Geschenke in unserem Beruf. Jeder eine strahlende Trainerpersönlichkeit. Beide kennen sich in diesem Falle seit vielen Jahren. Jetzt dürfen sie gemeinsame Sache machen. Zwei Profis mit jahrzehntelanger Trainingserfahrung schmieden gemeinsam einen Trainingsplan, um den Teilnehmern exzellente Inhalte in einer großartigen Performance zu bieten. Das gibt wahnsinnig viel Schub und Freude in die Trainings und Workshops. Ich gestehe: Ich arbeite außergewöhnlich gerne mit einem Trainerkollegen oder einer Trainerkollegin zusammen. Nicht mit jedem, gewiss. Aber drei, vier fallen mir da sofort ein, denen ich blind vertraue.

Viele Vorteile zu zweit

Unterschiedliche Trainerpersönlichkeiten auf der Bühne bieten den Teilnehmern mehr als bloße Abwechslung. Vor allem, wenn beide Trainer gleichermaßen als gleichberechtigte »Haupttrainer« angekündigt werden.

Aber nicht nur für die Teilnehmer, auch für die Trainer bietet diese Doppelkonstellation einige Vorteile:

- wechselnde Perspektiven
- wechselnde, sich ergänzende Rollen wie Good Cop – Bad Cop
- Demonstrationen und Dialoge vor der Gruppe
- doppelte Aufmerksamkeit
- doppelte Manpower (zum Beispiel beim Zeichnen, Aufräumen, Umbauen)

Für mich ist ein Trainerduo außerdem deshalb sehr wertvoll, weil mich der gemeinsame Auftritt aus der sicher einigen von Ihnen bekannten Lonely-Cowboy-Situation herausholt. Endlich gemeinsam! Also: Im Vorfeld eines Trainings haben Sie die Gelegenheit, nicht nur die Inhalte aufeinander abzustimmen, sondern das gesamte Training durchzudesignen, wie es einer meiner Lehrmeister nannte. Das hat den Vorteil, dass Sie sich auf die Ergebnisse der Dramaturgie, die Kulminationspunkte und Pointen verlassen können. Im gegenseitigen Dialog, in den Positionswechseln und streitbaren Dialogen liegt die Magie des gemeinsamen Trainierens. Versteckte Demonstrationen können zu zweit viel eindrucksvoller und näher gezeigt werden. Gespielte Widersprüche und vor allem gegenseitiges Verständnis, zusätzliche Ergänzungen und Unterstützung bekommen viel mehr Gewicht. Ein anderer wesentlicher Vorteil ist die doppelte Aufmerksamkeit, gleichzeitig agieren und beobachten zu können. Sie kennen als Trainer vermutlich viele weitere Gründe, zu zweit eine Veranstaltung zu leiten.

Doch was tun, wenn die geplanten Textabsprachen und Trainerschwerpunkte konterkariert, nicht eingehalten und ohne Absprache immer mal wieder von Ihrem Trainerkollegen verändert werden? Verstehen Sie mich hier bitte richtig: Ich gehöre nicht zu den Trainern, die im Vorfeld drei Tage Absprachen mit Probedurchläufen in Realtime brauchen, um sich dann akribisch und unverrückbar daran halten zu müssen. Weit gefehlt. Ich liebe Improvisation und Flexibilität. Doch wenn einer der beiden Kollegen an wichtigen Schaltstellen des Seminars oder Trainings Inhalte, Ablauf, Dramaturgie oder Trainerfokus massiv ändert, dann kann das die Planung der gemeinsamen Dramaturgie über den Haufen werfen. Und somit auch die erwünschte Wirkung gegenüber den Teilnehmern.

Mein lieber Trainerkollege Joseph (der Name ist geändert!) und ich kennen uns seit fast 20 Jahren. Viele Absprachen laufen automatisch. Wir saßen also nun in einem gemeinsamen Seminar, bereiteten den Raum vor und gingen noch einmal den Ablauf des ersten Tages durch. Dabei haben wir vereinbart, wer welchen inhaltlichen Schwerpunkt übernimmt. Diese Art der Absprache braucht gerade vonseiten dominanter Trainer irrsinnig viel Geduld und Kulanz gegenüber dem Trainerkollegen. Weil sie sonst ja gewohnt sind, die ersten Minuten alleine zu gestalten. Sie brauchen dann ein erhöhtes Maß an Aufmerksamkeit und manchmal auch den Mut, sich an die Absprachen zu halten.

Wir sprechen also, teils wortwörtlich, die Eröffnungs- und Einstiegssätze in ungefähr zehn Runden durch. Das ist ein Riesenspaß. Von meiner Bühnenarbeit erinnere ich mich noch ganz genau, wie irrsinnig lustig Versprecher und Texthänger sein können. Am Ende der Testläufe ist aber klar: Wir schaffen das. Wir sind Profis.

Entfesselte Rampensau

Das Seminar beginnt. Erster Satz. Wechsel zum anderen Trainer. Klappt. Wieder zurück … und zack, da redet mein lieber Kollege plötzlich weiter und weiter, übernimmt »meine« Textpassagen, verdrömelt Pausen und macht die Show erst einmal ganz alleine weiter. Er kündigt Themen an, die jetzt noch gar nicht spruchreif sind. In gewohnt begeisterter, froher und kräftiger Art läuft er weiter nach vorn auf die Teilnehmer zu. Ich stehe hinter ihm. Um das Gleichgewicht wiederherzustellen, gehe ich – immer wertschätzend lächelnd – auch einen Schritt nach vorne. Doch Rampensäue heißen Rampensäue, weil sie an der Rampe agieren. Das ist bei der Bühne der vorderste Rand. Und da vorn kann es nur einen geben.

Hier und da kann ich mich dann doch mit einem Satz, einer Ergänzung und wohlwollendem Nicken einbringen. Innerlich kocht es. Damit ich mir meinen Raum verschaffe, muss ich mit etwas überdimensionierten Gesten und klar verständlicher, plötzlich auftönender Stimme unterbrechen. So sind zwar keine Pausen, die ich so wahnsinnig wichtig finde, zwischen den

Sätzen möglich, aber immerhin komme ich zu Wort. Am Ende seines Monologs sah er mich freudestrahlend an: »So, jetzt habe ich mich wieder nicht an den Text gehalten, Olaf.« – Na toll …

Da ich meinen Kollegen schon eine Weile kenne, weiß ich, dass solche Situationen vorprogrammiert sind. Das ist nicht immer erfreulich, aber es ist, wie es ist. Irgendwie mag ich ihn ja auch sehr dafür … – »Du musst mich dann eben einfach unterbrechen, Olaf.« – Habe ich gemacht. Bringt nichts. Oder es wird zu einem gegenseitigen »Jetzt ich!«. Das ist für Trainer und Teilnehmer anstrengend.

Barbara: »Das ist doch noch harmlos. Könnte schlimmer kommen!«

Gerd: »Ein unauffälliges Zeichen zu vereinbaren kann helfen – vorausgesetzt, der Kollege hält sich dran …«

Amelie: »Ich hätte eine Aufgabe zur persönlichen Weiterentwicklung für die ›Rampensau‹. So wie Barbara das bei ihrer sympathischen Vielrednerin vorschlug: Lass deinen Kollegen immer erst vier ganze Sätze sagen, bevor du unterbrichst. Sprich dann nicht mehr als vier Sätze. Nun lass deinen Kollegen wieder ran.«

Barbara: »Vor sehr vielen Jahren habe ich erlebt, dass selbst eindeutige Absprachen nicht helfen. Es war ein Train-the-Trainer-Seminar bei einer großen deutschen Bank. Mein damaliger Co-Trainer war wesentlich jünger, anders ausgebildet und mit weniger Erfahrung ausgestattet. Das ist ja egal, dachte ich so bei mir. Wir achteten beim Seminardesign darauf, dass wir beide gleichwertige Parts übernahmen. Das machte das Training auch so attraktiv. Mein Kollege wollte ein Spiel mit der Gruppe spielen, bei dem es unter anderem um einen hohen Einsatz von Körperlichkeit und Aktion geht. Ich war definitiv gegen dieses Spiel, weil die Gruppe zu klein war und die gewünschte Wirkung dadurch nicht eintreten konnte. Darauf einigten wir uns dann auch. Bis zu dem Moment, wo er sagte: ›Frau Messer ist ja gegen dieses Spiel, aber ich mache es dennoch!‹ – Was für ein Moment! Mir sackte die Kinnlade inklusive des gesamten Gesichts herunter, dennoch versuchte ich noch mit letzter Kraft, eine positive Energie in dieses Spiel zu bringen. Was nicht gelang, denn meine Vorahnung bestätigte sich, die Gruppe war zu klein, das Spiel zeigte nicht den gewünschten Effekt. Im Gegenteil. Gerettet hat uns dann die anschließende Diskussion über den Einsatz des Spiels. Da hatte ich auch mein Gesicht wieder. Die Situation liegt schon viele Jahre zurück, macht mir aber dennoch deutlich, wie schnell eine Absprache zu Fall kommen kann.«

Was habe ich also gelernt?

Ich habe drei Dinge gelernt, die auch andere Trainerinnen und Trainer beherzigen sollten.

Ruhe bewahren! Dies ist eine gute Gelegenheit, um zu atmen und seine Präsenz zu stärken. Keine Widersprüche leisten und nicht in den Kampf ziehen. Als ich vor vielen Jahren diese Trainer-Amok-Erfahrung zum ersten Mal machte, habe ich innerlich angefangen zu schmollen. So nicht! Nicht mit mir! Was glaubt der denn, wer er ist! Und so weiter. Auch das ist eher selbstzerstörerisch. Als Trainerduo gibt es zwei Qualitäten: der eine, der eher dominant und laut und engagiert im Sinne der Aktionen und Bewegungen ist; der andere bewegt und agiert aus der zweiten Reihe. Diese Position gibt viel mehr Gelegenheit, zwischen den Zeilen zu lesen und zu sprechen. An passender Stelle können die Zweite-Reihe-Erfahrungen sehr wertvoll für die Teilnehmer sein.

Rampensau bleibt Rampensau Sie heißen so, nicht weil sie die Bühne brauchen, sondern die Rampe. Sie wollen nicht dabei sein, sondern vorn. Immer.

Am Ende zählten das Ergebnis und die Zufriedenheit der Teilnehmer Egal, was dein Kollege da vorn macht oder sagt: Er ist in diesem Moment immer der einzig Beste. Wichtig ist nicht der innere Groll, sondern wichtig sind die Teilnehmer.

Amelie: »Mmh, Olaf, ich bin nicht überzeugt. Trotz der Wichtigkeit der Teilnehmer und bei allem Verständnis für die Rampensau. Klar, ich kann immer nur mich selbst und meine Einstellung ändern und nicht den anderen. Aber ihr seid ein Trainerteam und damit auch ein Bild für die Gruppe! Lass deine Rampensau nicht so einfach davonkommen.«

Sandra: »Ja, dieses Kämpfen um die Rampe kenne ich auch aus meiner langjährigen Arbeit im Trainerduo. Und Olaf – ich kenne beide Seiten nur zu gut. Die Rampensau und die zweite Reihe. Nicht einfach die Situation und für die Teilnehmer einfach nur nervig. Es sei denn, sie haben Lust, herauszufinden, wer der Stärkere ist. Kann ja auch Spaß machen. Ich glaube, es ist tatsächlich wichtig, uns selbst klarzumachen, welche Rolle, welche besondere Funktion wir einnehmen wollen. Herauszuarbeiten, worin die Qualität der jeweiligen Rolle liegt, und beide Trainer darin wertzuschätzen. Ich würde das künftig den Teilnehmern gegenüber auch klar kommunizieren. Denn sonst fragen die sich: Warum redet der eine so viel, warum ist der andere so still und agiert im Hintergrund? Die machen sich ihren eigenen Reim darauf, der uns dann vielleicht nicht gefällt. Humor hilft manchmal auch, wenn die Kollegen-Trainer-Rampensau es einfach nicht lassen kann. Heimliche körpersprachliche Zeichen verabreden oder dies ganz offensichtlich tun. Wir hatten zum Beispiel die Regel, dass wir, wenn etwas aktuell besprochen werden sollte, aber nicht vor den Teilnehmern, kurz hinter die Pinnwand gegangen sind. Dies haben wir gegenüber den Teilnehmern transparent kommuniziert: ›Wir müssen uns gerade mal abstimmen – hinter der Pinnwand!‹ Sie fanden es immer spannend, was passiert, wenn wir zwei wieder hervorkamen. Also ganz nebenbei zudem ein Wachmacheffekt.

Dann haben wir etwas aus dem Clownstheater übernommen. Dort gibt es das Postulat ›Mein Partner ist ein Genie‹. Ganz praktisch haben wir dieses Denken in tatsächliche Handlung umgesetzt, indem wir uns gegenseitig für etwas öffentlich mit Handschlag beglückwünscht haben: zum Beispiel für eine gute Idee, eine gut gelungene Anleitung. Für was auch immer. So konnten wir immer wieder einen guten Kontakt zwischen uns erzeugen und unserer Trainerbeziehung Aufmerksamkeit schenken.«

Barbara: »Besonders herausfordernd ist es in Trainings, in denen nach außen hin das Kompetenzlevel (beispielsweise bei Fachtrainings) als gleichwertig kommuniziert wird, es aber aufgrund unterschiedlicher Erfahrung und Lebenswege nicht gegeben ist. Da gelingt es nur mit sehr hoher Achtsamkeit. Und nicht immer fragen sich die Teilnehmer das (warum die eine mehr sagt als die andere), sie können auch ganz andere Fragen haben. Ein Ausgleich bei solch einer Schieflage ist dann mit anderen Interventionen möglich. Mit meinem Freund Erich Ziegler sprach ich darüber öfter: ›Wer ist im Lead?‹, war die Frage. ›Wer führt aufgrund seiner Autorität?‹ Ist sie gleich verteilt, braucht sie die Waage und Balance, ist sie unterschiedlich, braucht es das gegenseitige Unterstützen. Ist es nicht klar, weil nicht darüber gesprochen wird, kommen ähnliche Probleme zustande wie beschrieben.«

Olaf: »Amelie, die Rampensau lasse ich nicht entkommen. Ich lasse sie, wie sie ist, lasse sie los und versuche sie nicht zu ändern. Nur so können die (geklärten) Rollen klar gelebt werden. Das Trainerduo-Dasein lebt nicht von

Absprachen. Es lebt vom Einhalten der Absprachen. Ich lasse schnell los und beharre nicht auf meiner Position. Ich kämpfe nicht (außer im Boxring). Meiner Erfahrung nach wirkt sich das unter Trainern kontraproduktiv aus und macht einen unprofessionellen Eindruck für die Teilnehmer.«

Sandra: »Ich kenne die Clownsregel aus meiner Clownausbildung und aus den vielen Improvisationstheater-Seminaren. Danke für den Tipp, diese innere Haltung äußerlich durch Handschlag oder andere Symbole zu manifestieren.«

Ralf: »Das kenne ich aus eigener Erfahrung. Ich ›musste‹ einmal mit einer Trainerkollegin zusammenarbeiten und wir kamen nicht richtig überein. Zugegeben, ganz einfach und pflegeleicht bin ich als Co-Trainer sicherlich auch nicht. Der Frust war ausgesprochen, unsere Zusammenarbeit aber genauso festgelegt. Was hat uns geholfen? Ich schlug damals vor, ein geheimes Zeichen zu vereinbaren, wenn wir uns gegenseitig auf die Nerven gehen. Wir haben es nie gebraucht, aber es hat geholfen. Wie von Geisterhand konnten wir uns von da an aufeinander und auf unsere persönliche Art und Weise einlassen.
Bei einer anderen Co-Trainerin hatten wir es uns erlaubt, unseren Konflikt vor den Teilnehmern auszutragen. Das war grenzwertig. Aber es gab uns Anlass genug, unsere Rollen danach zu klären, und das in aller Deutlichkeit. Dieser Konflikt hat uns zusammengeschweißt. Jahre äußerst fruchtbarer Zusammenarbeit folgten.«

Ideenklau im Trainervolk

Jürgen Schulze-Seeger

Was tun, wenn Kollegen Übungen und Ideen klauen?

Wollen Sie die kurze Antwort? Sie lautet: Nichts. Außer sich freuen vielleicht. Darüber, dass Ihre Idee offenbar so klasse ist, dass andere sie übernehmen wollen. Das ist aber nicht immer so leicht. Denn wir würden uns manchmal furchtbar darüber freuen, wenn dann doch wenigstens unser Name genannt würde. Nicht aus Eitelkeit, sondern aus Anstand.

Vor einiger Zeit sah ich mir im Netz eine Videozusammenfassung eines Kongresses an, zu dem ich eigentlich selbst hatte gehen wollen, jedoch wegen eines Seminars nicht konnte. Ich fand auf der Homepage des Veranstalters unter anderem einige Vorträge von Trainerkollegen und freute mich darüber, dass man diese in ganzer Länge ansehen konnte. Irgendwie toll, dass man, ohne Eintritt zu zahlen, gemütlich zu Hause auf dem Sofa den Worten gebildeter Menschen folgen darf, die Hunderte Kilometer entfernt über Dinge reüssieren, in die sie enorm viel Lebenszeit und Hirnschmalz investiert haben. Man kann zudem – anders als auf dem Kongress selbst – im Falle eines Falles die Pausentaste betätigen, Essen in sich reinstopfen, sich an der Nase kratzen – kurz, ich war entspannt. Bis zu dem Zeitpunkt, an dem ein Kollege eine kurze Geschichte erzählte.

Erstaunliche Wendung

Die Geschichte war großartig erzählt. Schlüssig und mit einer überraschenden Wendung. Das Publikum lachte an den richtigen Stellen, applaudierte, und es gab ein ernsthaftes und zum Nachdenken anregendes Ende. Super. Es gab nur ein Problem: Es war *meine* Geschichte. Ein sehr persönliches Erlebnis, das nur mit sehr geringer Wahrscheinlichkeit ein zweites Mal und genau so auf diesem Planeten hätte geschehen können. Ich spielte die Stelle noch einmal zurück und vernahm nun beim genauen Hinhören und zu meinem größten Erstaunen meine eigenen Worte aus dem Mund eines anderen Mannes. Dieselbe Dramaturgie. Teilweise dieselbe Modulation. Erstaunlich!

Was aber macht man in so einer Situation. Anrufen? Verklagen? Freuen? – Unser geschätzter Trainerkollege Reiner Czichos äußert dazu in seinem famosen Buch »Entertrainment für Knowbodies« eine eindeutige Haltung: »Ich sehe es als einen wesentlichen Teil der Trainerrolle an, von den anderen abzuschauen, Inhalte, Theorien, Techniken zu leihen, zu klauen. Natürlich gehört es sich, zu zitieren« (Czichos 2004, S. 17). Auch wir sehen das so: Wir sind geradezu verpflichtet, in der Methodenwelt zu klauen, was das Zeug hält. Wir sind es unseren Teilnehmern schuldig, das Beste aus allen Welten bereitzuhalten. Aktuell zu sein. Allein: Warum sollte man dann nicht auch sagen, woher die gewählte Übung oder der Inhalt stammt. Zeitgründe? Eigene Unwissenheit, woher denn das Modell nun wirklich stammt?

Unwissenheit Ein gutes Beispiel für Unwissenheit sind das sogenannte »Eisbergmodell« und alle seine später folgenden Ableitungen. Wissen Sie, wer das entwickelt hat? Wirklich? Freud? Von Ruch? Zimbardo? Zalando? Lustigerweise wird das Eisbergmodell heutzutage mit allen möglichen Modellen kombiniert und durcheinandergewürfelt. So las ich erst neulich wieder, dass nur sieben Prozent unserer Kommunikation durch den verbalen Anteil bestimmt werden und eben 93 Prozent durch das »Paraverbale«, also Übersprachliche. Jetzt aber kommt es: Das sei das Eisbergmodell. Ein gewisser Albert Mehrabian rotiert jetzt wahrscheinlich gerade im Grabe. Damit ich hier nicht als Besserwisser rüberkomme: Ich wusste selbst lange Zeit nicht, wer das entwickelt hat. War mir auch egal. In Zeiten von Wikipedia und anderen Internetforen aber gibt es nur wenige Ausreden, das nicht zuvor wenigstens kurz zu recherchieren. Auf jeden Fall muss man aber nicht so tun, als habe man das selbst erfunden.

Vergessen Ich gestehe, dass man im Laufe der Zeit und in manchen Fällen selbst manchmal unsicher ist: »Hab ich das eigentlich selbst erlebt oder kommt mir das nach zehn Jahren nur so vor, weil ich das schon so oft erzählt habe?« Eine Vorstufe zur Schizophrenie.

Wie auch immer: Lassen Sie die Wurzel dran, wie Barbara Messer und Sandra Masemann das ausdrücken würden. Von denen habe ich diesen Ausdruck nämlich geklaut!

Sandra: »Jürgen, ich wäre tierisch verärgert – narzisstisch gekränkt –, würde jemand meine Geschichte klauen. Ein No-Go. Es zeigt, wie arm diese Person an eigenen Erlebnissen ist und wie gut deine Geschichte ist! Und dennoch gelingt es mir auch nicht immer, mich daran zu erinnern, wo ich etwas erlebt habe beziehungsweise was von mir ist, was ich woanders erlebt und weiterentwickelt habe. Zudem ist dann nicht gesichert, dass es tatsächlich von dieser Person stammt. Ich mache deshalb gerne Folgendes: Im Seminar umgebe ich mich mit geschätzten Kollegen, wie zum Beispiel mit dir und all den anderen Mitautorinnen und -autoren. Ich lege Bücher aus, zitiere die Person, erwähne Methoden oder Gedanken und stelle sie in ein gutes Licht. Damit sage ich auch immer etwas über mich aus und was mir wichtig ist, und somit leuchte auch ich ein bisschen. Hier noch eine feine passende Geschichte dazu. Natürlich mit Quellenangabe.
Den besten Samen teilen: Ein Farmer, dessen Mais auf der staatlichen Landwirtschaftsmesse immer den ersten Preis gewann, hatte die Angewohnheit, seine besten Samen mit allen Farmern der Nachbarschaft zu teilen. Als man ihn fragte, warum er das tue, sagte er: ›Eigentlich liegt es in meinem ureigensten Interesse. Der Wind trägt die Pollen von einem Feld zum anderen. Wenn also meine Nachbarn minderwertigen Mais züchten, vermindert die Kreuzbestäubung auch die Qualität meines Kornes. Darum liegt mir daran, dass sie nur den allerbesten anpflanzen.‹ Die Geschichte hat Jürgen Fuchs in seinem Buch ›Das Märchenbuch für Manager. Gute-Nacht-Geschichten für Leitende und Leidende‹ (2002, S. 25 f.) veröffentlicht.«

Zamyat: »Ja, Jürgen, so wie du das geschildert hast, ist das ja heftig. Nicht nur eine Methode geklaut, sondern auch gleich eine ganz persönliche Geschichte und dann auch noch auf Video zu sehen. Das muss ein Erlebnis sein!
Offensichtlich kein seltenes. Denn ich bekam schon öfter das Feedback von Teilnehmern, das sei aber ungewöhnlich, dass ich immer sage, woher ich eine Übung habe. Sei es, dass ich ›berühmte Autoren‹ zitiere: ›Das ist eine Übung von Vera F.‹ Oder sage: ›Das hat meine Kollegin erfunden …‹
Es gibt in der Tat viele Methoden und vor allem auch Spiele, da habe ich keine Ahnung mehr, von wem die sind, da sie immer wieder in der Trainerszene auftauchen und zudem ständig verändert werden. ›Im Zweifelsfall von Ulrich Baer‹, sage ich dann manchmal, da er als Erster Unmengen von Kennenlern- und anderen Seminarspielen entwickelt und veröffentlicht hat. Aber manchmal sage ich dann auch nichts.
Es tut mir aber auch weh, wenn ich auf einem Workshop plötzlich ein Spiel oder eine Methode als Teilnehmerin mitmachen soll, die *ich* in die

Welt gebracht habe – und nun auch noch völlig ›falsch‹, also wie bei Stille Post fünfmal verändert. Da muss ich mir auf die Lippen beißen und innerlich sagen: Du gibst nun mal all deine Methoden in Büchern und Seminaren weiter, damit andere Trainer sie nutzen können. Also freu dich!
Aber ein krasses Erlebnis fällt mir zu deinem Beispiel auch ein (das allerdings auch den Untertitel haben könnte: Et is nochens jot jejange): Da kam eine Zeitschrift ins Haus (von einem Institut, für das ich früher Seminare gemacht hatte, bei denen wir anschließend immer Berichte schreiben mussten) und Titel war das Thema »Kreative Lernmethoden« (oder so ähnlich). Au fein, dachte ich, ist ja mein Thema, bin gespannt, was ich da noch lernen kann. Als ich die Seiten aufschlug, stutzte ich. Nicht nur kamen mir die vorgestellten Methoden höchst vertraut vor, es waren sogar Fotos von *meinen* Flipcharts drin. Es ging schlicht um mein Seminar – ohne dass mein Name auch nur irgendwo erwähnt wurde. Ich habe dann gleich ziemlich erbost beim Institut angerufen. Die haben sich sofort entschuldigt, das sei wohl ein Fehler der Redakteurin, die das auf der Grundlage meines Berichts geschrieben habe. Ja, warum haben sie mich denn nicht gefragt, ob ich den Beitrag schreibe?
Das Ende vom Lied: Mir wurde vorgeschlagen, einen ganzen Weiterbildungsband zum Thema ›Ganzheitliches Lehrern und Lernen‹ zu schreiben. So ist mein erstes Buch entstanden und ich habe überhaupt erst da gemerkt, wie gerne ich schreibe.«

Barbara: »Ich kann ein Lied davon singen, wie schnell etwas Eigenes vereinnahmt und als Eigenes befunden wird. Mir selbst ist es im Getümmel der Begeisterung und des Trainerlebens schon so gegangen, dass ich unsauber im Zitieren war. Das erlebte ich häufiger in den ganzen Jahren als Trainerin. Dabei gilt für mich – gerade in der Rolle einer Ausbildungstrainerin – der Satz ›Lass die Wurzeln dran‹. Manches Mal tut es mehr weh, dann wieder weniger.«

Albrecht: »Mir ist es auch schon passiert, dass Trainer, die ich ausgebildet hatte, meine Geschichten weitererzählt haben, ich dann im Programm später dran war und dann von den Teilnehmern darauf aufmerksam gemacht wurde, dass meine Art, zu trainieren, und auch die Geschichten doch sehr an den Kollegen erinnern würden. Da war ich dann ein bisschen beleidigt und sogar sauer auf den Kollegen. Aber eigentlich hatte ich mich nur schlecht vorbereitet.«

Jürgen Schulze-Seeger 2013 in Zahlen

4	Anzahl der Trainer und Coaches im engeren Familienkreis
231	Anzahl der Rechtschreibfehler auf Charts in den vergangenen zehn Jahren
9,5	Zahl der Tage, die er maximal aushält, ohne vor einer Gruppe zu stehen
110	magische Trainingstage im Jahr
364	gehörte Audiobooks auf langen Autofahrten zu Seminarorten
14	Anzahl der TANOS-Trainerkisten, die ständig in seinem Auto lagern
2	Anzahl der blauen Edding 388 (pro Trainingstag)
0	Anzahl der schwarzen Edding 388 (pro Trainingstag)
42	Anzahl der ausgeübten Hobbys
42	Antworten auf alle Fragen
0	Anzahl der Witze, deren Pointen er sich merken kann
122	Witze, deren Anfang er kennt

Copytraining

Gert Schilling

Über den Umgang mit starren Seminarprogrammen, hinter denen man als Trainer nicht steht

Jürgen – der Herausgeber – hat uns Mitautoren den Auftrag gegeben, möglichst zu jeder Geschichte Präventions- und Interventionstipps zu schreiben. Hier schon mal vorab: Es gibt nur einen Präventionstipp zu der folgenden Episode. Er lautet: So etwas niemals machen!

Es geht um zwölf zweitägige Seminare mit jeweils demselben Thema in Berlin. Der Seminarort ist gut mit der U-Bahn erreichbar, das Thema klingt spannend und auch der Tagessatz ist super. Prima, da bin ich dabei! – Die Sache hat allerdings einen Haken. Damit alle Seminare, die an unterschiedlichen Standorten stattfinden werden, gleich ablaufen, sollen vier Trainer im Vorfeld ein einheitliches Konzept erarbeiten. Die Seminarinhalte sollen standardisiert werden. So weit kein Problem. Warum auch?

Lauer Kompromiss

Wir treffen uns. Dabei wird mir klar, welche unterschiedlichen Philosophien und Vorannahmen es darüber gibt, wie Lernen funktioniert und wie ein Seminar aufgebaut sein sollte. Harte, mühsame und ermüdende Diskussionen folgen. Insbesondere der Kollege, der den Auftrag an Land gezogen hat, scheint vollkommen andere Vorstellungen zu haben als ich. Sei ein milder Gert, denke ich, du willst doch wohl nicht aus dem Team fliegen. Die Erkenntnis wächst, dass, wenn es so weitergeht, wir uns noch unzählige Male werden treffen müssen. Wenn ich die Dauer der Hin-und-Her-Diskussionen in der Vorbereitungsphase nun einrechne, sieht der anfangs so verlockende Tagessatz nicht mehr ganz so großartig aus. Hätte ich das Seminar allein vorbereitet, wäre ich schon dreimal damit fertig! Und besser würde es allemal, denke ich schon etwas ärgerlich und in einem Anflug von Größenwahn.
Irgendwann gebe ich zermürbt auf und stimme einem Entwurf zu, von dem ich nicht überzeugt bin.

Das geplante Seminarkonzept einen Kompromiss zu nennen wäre ein Euphemismus. Ich tröste mich mit dem Gedanken: »Na, du kannst es ja dann immer noch machen, wie du es für richtig hältst.« Von wegen!

In die Hand bekommen wir dann ausgedruckte Flipchartblätter mit Seminarregeln, Abläufen, vorgefertigten Tipps, Arbeitsanweisungen, Zeitplänen (mit Minutenangabe) und Moderationsanweisungen. Das zu erzielende Ergebnis ist schriftlich festgelegt, und auch die Teilnehmenden bekommen vorab einen detaillierten Zeitplan. Abweichen vom Plan ist unerwünscht. Mir scheint, hier sollen Erkenntnisse »auf Knopfdruck« erreicht werden.

Jürgen: »Ich sollte mal in einem internationalen Leadership-Programm einen fragebogenbasierten Persönlichkeitstest integrieren, hinter dem ich absolut nicht stand. Ich hab zwar noch brav die Zertifizierung gemacht (wofür der Auftraggeber dem Entwickler des Fragebogens ein Heidengeld gezahlt hat), konnte dem Ganzen aber auch danach wenig Gutes abgewinnen. Das ganze Modell war ungefähr auf ›Brigitte‹-Niveau … ›Sie sind ein Schmusetyp‹. Da mein Auftraggeber aber so ungeheuer auf dieses Inventory abfuhr, hab ich mich überreden lassen. Leider konnte ich im Training mit meiner Meinung dann doch nicht hinterm Berg halten, was dummerweise Eingang in die Feedbackbögen fand. Am Ende gab es Stress mit dem Auftraggeber, der das zu Recht als illoyal empfand. Ich bat dann um Entlassung und stimme dir zu, Gert: Wir können halt auf Dauer nur das trainieren, wozu wir auch einigermaßen stehen können!«

Wie es lief? Ich war unzufrieden und die Teilnehmer waren auch nicht gerade begeistert. Die Feedbacks fielen durchwachsen aus. Nach drei Seminarblöcken habe ich meine restlichen Seminartage an die anderen Kollegen abgegeben. Und war sehr froh, aus dieser Nummer wieder herauszukommen.

War ich zu negativ eingestellt? Handelte es sich um eine sich selbst erfüllende Prophezeiung? Was nicht auf meinem Mist gewachsen ist, kann nichts werden? Bin ich zu eigen? Ja, ja, ja – das kann alles sein. Ich bleibe trotzdem bei meinem Tipp vom Anfang: So etwas niemals machen!

Sandra: »Ich sehe das anders, Gert. Mindestens einmal machen. Schneller kommen wir nicht an unsere eigenen Trainergrundsätze ran und an das, was uns wirklich wichtig ist. Ich warte jedoch noch auf das eine Mal und vielleicht sehe ich es danach genauso wie du. Die zentrale Frage ist vermutlich: Ist der Erkenntnisgewinn höher als die Schmerzen beim Durchführen des Copytrainings?

In Seminare investieren nicht nur die Teilnehmenden ihre Lebenszeit, sondern auch ich die meine. Die will ich nicht verschwenden. Mir und den Teilnehmenden soll es in den verbrachten Seminarstunden gut ergehen. Und ich möchte hinter dem stehen, was ich da veranstalte, und authentisch sein. Das kann und will ich nicht, wenn ich ein Seminarkonzept bespielen muss, das mich nicht überzeugt. Zum Glück habe ich die Wahl, es nicht machen zu müssen, und verzichte lieber auf die Tagessätze.«

Zamyat: »Oh ja, das kann ich nur voll unterschreiben! Ohne dein lästiges Vorspiel habe ich so etwas auch einmal erlebt – und denke heute: Nie wieder!

Zuerst war ich ganz happy: Es war mein erstes Firmenseminar (nach langjähriger Lehrerfortbildung) und zuerst war ich ganz gebauchpinselt, dass ich in den Trainerpool aufgenommen worden war. Zudem war es ein suggestopädisch gestaltetes Training, das einige andere Kollegen entworfen hatten. (Das ist der Unterschied, bei der Planung war ich leider gar nicht dabei.)

Auch hier: Bundesweit sollten alle Mitarbeiter des großen Unternehmens exakt das gleiche Training bekommen. Thema: Kundenfreundlichkeit. *Alles* war haarklein vorgeschrieben, die Flipcharts gedruckt, die Requisiten, die Musik, die Übungen und Methoden. Selbst die kleinen Energieaufbauübungen zwischendurch durften nicht verändert werden. Auch wenn ich als Trainerin schon vorher merkte: Das passt jetzt hier für diese Gruppe überhaupt nicht! Es war das Grauen schlechthin! Ich habe 15 Tage durchgehalten (mit einer Pause in der Mitte). Wenn ich noch einmal »Marmor, Stein und Eisen bricht« hören muss oder »Er gehört zu mir« (Drucker und Kabel!), dann schreie ich. Und habe mir danach geschworen: Nie mehr führe ich ein Training durch, das ich nicht selbst geplant habe. Und bei dem ich nicht flexibel auf Teilnehmer und Situationen reagieren kann. Never ever!«

Jürgen: »Ich sehe das wie Sandra. Erst einmal machen (und dabei ein bisschen an meinen eigenen Stil anpassen). Wenn der Trainerboss sagt, ich solle keinen Jota von seinem Konzept abweichen: Bitte schön. Ich bin Schauspieler genug. Aber so wie Sandra sagt: nur ein Mal. Dabei finde ich heraus, wo es wehtut und was mit geringen Anpassungen mein Stil ist.
Ich rede hier so daher, weil ich vor einigen Jahren eine ziemlich nachhaltige Erfahrung in Bezug auf Copytrainings gemacht habe: Ein weltweit agierender Softwarekonzern rief einige Trainer aus aller Welt zu sich ins Hauptquartier nach San José, Kalifornien. Es ging darum, ein nigelnagelneues Managementprogramm loszutreten, das anschließend weltweit auf Englisch und in den jeweiligen Landessprachen durchgeführt werden sollte. Bei solchen Programmen ist es natürlich wichtig, dass die gelehrten Werkzeuge und Denkmodelle zueinander passen. Bei diesem Hersteller gibt es überwiegend sogenannte Remote-Teams – also internationale Projektgruppen –, die sich über ein einheitliches Training auf eine gemeinsame Führungsphilosophie und vor allem Begrifflichkeit einigen. In der Praxis bedeutet das viele Erleichterungen in der Kommunikation. Zum Beispiel wissen dann alle Beteiligten – in Kanada, Indien, Australien –, was mit einer ›Consult‹-Entscheidung gemeint ist oder mit einer ›Hub‹-Person. Kurzum, mir war klar, dass in Japan nicht jemand etwas inhaltlich vollkommen anderes machen kann als ich in Deutschland. Das Konzept hatte ein renommiertes amerikanisches Institut für fortschrittliche Trainingsdesigns entwickelt und mein erster Argwohn galt dem Umstand, dass diese nicht selbst trainieren – in den USA sind Design und Implementierung stärker getrennt als hier. Als ich dann vor Ort war und nach einer Reihe von Unterschriften den Leadersguide ausgehändigt bekam, traf mich beinahe der Schlag: Da stand in wörtlicher Rede, was wir sagen sollten! Das detaillierteste Seminardesign, das ich je in Händen hielt. Derart skeptisch eingestellt fand ich gleich eine ganze Reihe von Dingen, die meiner Überzeugung gegen den Strich gingen. Statt eines Stuhlkreises sollte man im Raum Tischgruppen à vier Manager aufbauen. (Bitte?! Ich trainiere ausschließlich im Stuhlkreis!) Einen – mir bis dahin unbekannten – Persönlichkeitstest voranstellen (ist der denn auch valide?). Beim Abschlussfeedback sollte der Trainer für kurze Zeit den Raum verlassen, um sich anschließend ein zusammengefasstes Feedback der Teilnehmer abzuholen. Alles Teufelszeug! Ich sah hingegen, dass meine internationalen Trainerkollegen viel weniger Widerstände zeigten. Im Gegenteil, dass sie sehr wertschätzend von den Inhalten und der Vorgehensweise sprachen. Nun wollte ich nicht den meckernden Deutschen machen (und ab und zu in Kalifornien zu sein gefiel mir auch ganz gut). Ich kürze etwas ab: Wir erhielten einen

Train-the-Trainer und anschließend gingen wir mit den bereits in diesem Format erfahrenen Trainern mit, um das Format selbst auf die Reihe zu bekommen. Ich sah es in der Praxis zum ersten Mal bei Wendy Zito – und war absolut begeistert! Ein Hammer-Format! Und meine heutigen Führungstrainings wären um einiges ärmer, wenn ich das nicht erlebt hätte. Also immer erst einmal zuschauen. Wir Trainer sind alle Sänger. Das Seminarformat ist der Song. Wenn Elvis mit »Muss i denn, muss i denn zum Stä-dte-le hinaus ...« einen Chartbreaker macht (1961 in England zwei Wochen auf Platz 1), was jetzt nun wirklich nicht so ein doller Song ist, dann können wir auch mal mit schattigen Formaten ein halbwegs lichtes Training machen. Ich stimme aber auch zu: Es kommt auf den Song an. Ein Sänger singt ja auch nicht jeden Quatsch.«

Barbara: »Was für eine spannende Diskussion. Ich kenne das aus der Zeit, als ich noch für Bildungsanbieter in der Pflegebranche gearbeitet habe. Da wurde alles vorgegeben: Inhalte (logisch und keine Frage), Material, Arbeitspapiere et cetera. Mit fiel das aus den genannten Gründen anfangs schwer. Es erfordert eine hohe Konzentration, in der jeweiligen Aufmerksamkeit zu sein und zu spüren: ›Ah, das würde ich jetzt viel lieber so machen.‹ Später lernte ich dadurch, mehr darauf zu achten, was ich über das Material, den Ablauf und all das mit meiner persönlichen Haltung und Trainerpersönlichkeit bewirken kann. Und das ist für mich nach wie vor der größte Wirkfaktor. Den dürfen wir durch so etwas schulen. Mancher Schmerz ist nach Verlassen der Komfortzone eine kleine Reifeprüfung gewesen. – Meine Güte, was rede ich? Aber mit 50 Jahren muss ich meinen Senf einfach dazu geben.«

Olaf: »Nur eines von mir noch, weil es häufig im Trainerleben hauptsächlich darum geht: Bleibt echt! Rollen spielen Schauspieler, so wie es Jürgen beschreibt. Einige von uns hatten Schauspielunterricht, es ist allerdings nicht unsere Aufgabe, als Trainer Rollen zu spielen. Wir sind keine Schauspieler. Das ist ein anderer Beruf. Wir sind Trainer. Und unsere Arbeit lebt davon, dass wir *echte* Persönlichkeiten sind.«

Ich war jung und brauchte das Geld!

Jürgen Schulze-Seeger

Ab welchem Tagessatz sind wir Trainer käuflich?

Hühnerquäler, Volksverdummer, Abzocker – hin und wieder erhalten wir Seminaranfragen von Unternehmen, deren fragwürdige Kultur und Vorsätze uns zu Recht zögern lassen. Unternehmen, hinter deren Produkten oder Dienstleistungen wir nicht stehen. Deren Firmenpolitik und Management uns gegen den Strich gehen. Deren Kultur nicht mit der unseren übereinstimmt. Machen oder nicht machen, das ist hier die Frage.

Ich finde, zur Beurteilung, ob man einen Auftrag annimmt oder nicht, gehören viele Antworten auf viele Fragen. Ich weiß, manche Kollegen haben schon Aufträge von absolut hundsgemeinen Herstellern, die in Fernost Kleinkinder ausbeuten, angenommen. »Um das System von innen heraus zu verändern!« Ich halte davon nicht viel. Denn mit unserem Wissen und unseren Werkzeugen tragen wir eher dazu bei, dass diese Unternehmen noch erfolgreicher werden. Ich weiß, wovon ich rede, denn ich selbst habe in früheren Jahren für Schneeballsystem-Finanzabzocker Verkaufstrainings gemacht, die mir ganz und gar nicht zum Ruhme gereichen. Und selbst, wenn ich heute behaupten würde, ich hätte dort eine »menschliche« Komponente und einiges an Ethik in die Chefetagen getragen, so bleibt dennoch die Wahrheit, dass diese Unternehmen Leute abgezockt, ihnen geschadet, sie verarscht haben. Heute würde ich so etwas nicht mehr machen. Aber ich finde, mit »Ich war jung und brauchte das Geld« kann man sich hier nicht so leicht rausreden.

Letztlich können nur Sie selbst entscheiden, ob Sie für Waffenhersteller arbeiten und ab wann Rüstungsindustrie beginnt. Ob Sie für Unternehmen arbeiten wollen, welche ihre Topmanager in brasilianische Hurenhäuser senden oder – etwas weniger weit – nach Budapest. Man darf das wahrscheinlich nicht verallgemeinern. Denn in allen Unternehmen arbeiten Menschen, für die es sich lohnt zu arbeiten. Und manchmal lohnt es sich tatsächlich, zu einer Werteklarheit beizutragen.

> **Eine einfache Formel**
>
> Wenn Sie am Grübeln sind, ob Sie einen Auftrag annehmen sollen oder nicht, kann die folgende Faustformel möglicherweise helfen: Ich mache einen Auftrag, wenn mindestens zwei der folgenden Bedingungen zusammenkommen: Geld, Ruhm, Spaß oder Lernen.

Ich glaube, das mit Geld und Ruhm sollte ich kurz erklären:

Geld Damit meine ich nicht allein den schnöden Mammon. Sondern eher die wirtschaftliche Perspektive hinter dem Auftrag. Klar, wenn der Tagessatz atemberaubend ist, ist das auch etwas wert. Aber: Es gibt im Trainingsgeschäft durchaus Vorstufen von Prostitution.

Vielleicht ist der Tagessatz nicht außergewöhnlich hoch, doch der Job bietet eine sehr gute wirtschaftliche Perspektive für Sie selbst oder Ihre Trainerkollegen: Folgeaufträge, Marktzutritt; Auslastung für noch nicht so etablierte Kollegen in Ihrem Netzwerk, Nachhaltigkeit. Das sind dann auch wichtige Gründe.

Ruhm Die Tat selbst verdient Respekt. Zum Beispiel, weil es eine besonders herausfordernde Aufgabenstellung ist. Zu Ruhm gehört aber auch die Referenz des Kunden. So kann es möglicherweise sein, dass ein Seminarkonzept nicht ganz so prickelnd, der Auftraggeber aber der Generalsekretär der Vereinten Nationen ist. Keine schlechte Referenz in Ihrer Kundenliste. Zu Ruhm gehört aber auch, dass Sie etwas tun, was Ihren Werten entspricht und Ihnen vor sich selbst Ehre verschafft. So etwa das Engagement für eine gute Sache oder Ihre kostenlose Arbeit für Einrichtungen, die sich einen Profitrainer wie Sie nicht leisten können. Wie Sie sehen, geht es also nicht nur um Geld und gute Referenzen.

Spaß Sie haben einfach ungeheure Lust auf das Training und wissen, dass Die mit der Zielgruppe, der Branche, den Seminarorten und Methoden einen Höllenspaß haben werden. Das Seminar geht Ihnen leicht von der Hand. Sie werden viel lachen! Batterien aufladen. Genuss haben.

Lernen Sie nehmen den Auftrag an, weil Sie absehen können, wie viel Sie im Verlauf der Zusammenarbeit lernen werden. Inhaltlich, über die Branche, die Zielgruppe, methodisch, über Länder, Produkte oder über sich selbst.

Wie gesagt, wenn zwei der vier Kriterien für den Auftrag sprechen … Machen! Gehen Sie mal Ihre Kundenliste durch und markieren Sie all jene, die vielleicht nur eine (oder gar keine) dieser Kategorien erfüllen. Vergeben Sie für jede Kategorie einen Stern.

Wir wünschen Ihnen möglichst viele Viersterner! Aufträge, die gut bezahlt, ruhmreich, freudvoll und lehrreich für Sie sind!

Et is nochens jot jejange …

Zamyat M. Klein

Dem Konflikt ins Auge geblickt!

Es gibt Konfliktprofis unter Trainern, die lieben Konflikte geradezu und laufen dann zur Höchstform auf. Ich gehöre nicht dazu. Positiv ausgedrückt, könnte man mich als harmoniefreudig bezeichnen, um nicht so deutlich zu sagen: Vor Konflikten habe ich einen irren Schiss. Und dann bescherte mir das Universum einen Vorfall, der mir zeigte, dass ich nicht nur viel aus Konflikten lernen kann, sondern sogar belohnt werde, wenn ich mich mutig dem Konflikt stelle.

Auf einem Trainerkongress bot ich einen Workshop zu einem für mich neuen Thema an, das mir sehr am Herzen lag und noch heute liegt: »Suggestopädie geht online«. Ich wollte die anwesenden Trainerinnen und Trainer davon überzeugen, dass man auch in Onlineseminaren suggestopädisch arbeiten kann, also spielerisch und mit allen Sinnen. Und natürlich auch unter Berücksichtigung aller Lerntypen. Im Workshop gehörte es dazu, dass ich die Unterschiede sowie die Vor- und Nachteile von Online- und Präsenzseminaren aufzeigte. Den Raum hatte ich natürlich »suggestopädisch« hergerichtet, mit bunten Plakaten und Flipcharts, Stuhlkreis, und die Teilnehmer sollten auf einem dicken, roten Seil von der Tür in den Raum balancieren, also »on-line«.

Der Workshop begann mit allerlei teilnehmeraktivierenden Methoden, wobei die Teilnehmer aufstanden, herumliefen, sich austauschten, fragten und so weiter. Immer wieder unterbrochen durch sogenannte Energizer, Spiele und Bewegungsübungen, die alle in irgendeiner Verbindung mit dem Thema »Onlineseminare« standen.

Nach über 30 Minuten entsprechenden lebhaften Aktivitäten begann ich dann einen Minivortrag. Die Karten mit den Stichworten dazu hatte ich aus Zeitgründen schon vorher an die Pinnwand gehängt und die Teilnehmer hatten die Inhalte in ihren Unterlagen.

Ich wollte zunächst einige Vor- und Nachteile erläutern, von denen ich weiß, dass sie vielen Trainern, die noch keine Erfahrung mit Onlineseminaren haben, unbekannt sind.

Beamer an!

Allzu weit kam ich aber nicht. Schon nach drei Karten wurde ich ziemlich vehement von einer Teilnehmerin unterbrochen. Das sei jetzt aber überhaupt nicht suggestopädisch, sich da so einen Vortrag anhören zu müssen. Und sie könne die Karten von ihrem Platz aus sowieso nicht lesen. Und es sei ja auch alles in der Mappe, das könne sie später zu Hause nachlesen. Sie wolle lieber praktische Beispiele.

Dazu wollte ich aber erst ganz am Ende etwas zeigen, nämlich einige Kopien, die an der Pinnwand zwischen Methoden und Übungen hingen. Ich hatte keinen Beamer dabei, an dem ich einen Onlineseminarraum hätte zeigen können. Das war auch nie meine Absicht gewesen. Ich habe in meinem ganzen Trainerdasein von über 30 Jahren noch nie einen Vortrag mit Beamer und PowerPoint gehalten.

Gert: »Es hält mich nicht! Dazu muss ich einen Kommentar loswerden und PowerPoint verteidigen. Natürlich kann man damit grausame, teilnehmerquälende Präsentationen gestalten. Aber als Präsentationstrainer sage ich, man kann – richtig dosiert eingesetzt – großartige Präsentationen mit PowerPoint unterstützen. Die Menge macht das Gift. Die Frage dabei ist: Wer ist das Ross und wer ist der Reiter?«

Jürgen: »Psst, Gert! Du hast ja recht! Aber lass Zamyat erst einmal zu Ende erzählen.«

Es ging mir ja eigentlich um etwas ganz anderes, nämlich um methodische und didaktische Überlegungen sowie um Themen, die bei der Diskussion von Onlineseminaren bislang auf der Strecke geblieben waren. In der Regel standen Zeitersparnis und Einsparungen bei den Hotel- und Fahrtkosten im Vordergrund. Ich hatte aber viel mehr im Sinn.

Was sollte ich jetzt machen? Ich war vollkommen schockiert, aus dem Konzept gebracht (mir wirft jemand vor, nicht suggestopädisch zu arbeiten?), verunsichert und ratlos. Die anderen Teilnehmer rührten sich nicht. Fanden die meine Ausführungen ebenfalls langweilig? Interessierte sie das auch nicht? Niemand sagte etwas, bis dann eine zweite Teilnehmerin in die gleiche Kerbe schlug.

Ojeojeee. Ich unterbrach also meinen ausgeklügelten Vortrag mit den tollen Argumenten, völlig unbekannten Thesen und Informationen und lavierte mich so durch den Rest des Workshops.

Zunächst ging ich auf den Wunsch nach konkreten Methodenbeispielen ein, fragte anschließend, ob noch Fragen seien, und beantwortete diese. Mit einem richtig miesen Gefühl verließ ich den Workshop. Da hatte ich sonst doch ganz andere Erfahrungen gemacht: begeisterte, lebhafte und lachende Teilnehmer. Ich wollte es gar nicht glauben, als mich einige Teilnehmer nachher ansprachen und meinten, das sei aber ein interessanter Workshop gewesen.

Doch das ganz große Erstaunen kam später, als ich den Rest des Tages die anderen Workshops besuchte. Da waren manche, die fast die ganze Zeit Vorträge mit PowerPoint hielten. Meine kritische Teilnehmerin saß auch hier, sagte aber kein Wort. Keine Beschwerde, dass das aber eine Zumutung sei. Das verstand ich nun wirklich nicht.

Der Vorfall beschäftigte mich noch eine ganze Weile. Und es wurmte mich. So fasste ich einige Tage später einen mutigen Entschluss, obwohl ich doch eher ein konfliktscheuer Mensch bin. Ich schrieb dieser Teilnehmerin eine E-Mail und erklärte ihr, dass ich ihren Einwurf nicht so ganz verstanden hätte, vor allem aber nicht, dass sie in anderen Workshops nichts gesagt hatte.

Aus dieser E-Mail entspann sich ein reger Austausch. Sie ging sehr freundlich und ausführlich darauf ein, erklärte mir, dass sie schon Erfahrung mit Onlineseminaren habe, dass sie bei den anderen Trainern aber nicht so »hohe« Erwartungen gehabt habe wie bei mir, einer suggestopädischen Trainerin. Dass sie eigentlich erwartet habe, dass ich mit Beamer konkrete Seminarbeispiele zeige, und so weiter.

Der Austausch wurde immer lebhafter und herzlicher, meine Verunsicherung legte sich, da ich nun verstand, was ihr Anliegen war. Mir wurde klar, dass bei diesem Workshop eben Teilnehmer mit sehr unterschiedlichen Vorkenntnissen gesessen hatten und ich das beim nächsten Mal noch mehr berücksichtigen musste.

Ja – und am gleichen Tag meldete sich diese Teilnehmerin zu meiner nächsten Online-Trainer-Ausbildung an. Da war ich dann doch platt! Und sah es als Lehrstück aus dem Universum: »Trau dich, Konflikten ins Auge zu schauen und sie anzusprechen. Du kannst nur gewinnen!« Mindestens an Erkenntnis, manchmal sogar eine neue Teilnehmerin.

Jürgen: »Eine tolle Erfahrung! Es geht so oft um genau diese Courage: Der Dunkelheit nachzugehen. Die Teilnehmerin anzusprechen, auch wenn man dabei Scham und Angst empfindet. Diesen Mut aufzubringen, anzurufen, die Teilnehmerin zu kontaktieren, finde ich enorm wichtig.

Das Thema Überwindung erinnert mich an eine Begebenheit in Neuseeland. Ich war dort mit meiner Frau und meinen beiden Jungs unterwegs und natürlich wollte der Große von den beiden unbedingt einen Bungee-Jump machen. Ich selbst habe zwar in meinen Zwanzigern eine Zeit lang in Frankreich Fallschirmspringen gemacht, vor einem Gummiband an meinen Füßen und einem Sprung damit hatte ich dennoch einen gehörigen Respekt. Ach was, Respekt … ich hatte die Hosen voll! Nun konnte ich vor meiner Frau und meinen Jungs natürlich nicht kneifen (ein Mann in meinem Alter neigt ohnehin dazu, seine Männlichkeit über Mut, Tattoos respektive dicke Motorräder oder Kampfsportarten unter Beweis stellen zu müssen. Mein Therapeut sagt, das sei gut gegen Midlife-Crisis.

Wie auch immer. Ich hatte einen Sprung für meinen Sohn und mich bezahlt und schlüpfte mit flauem Magen ins Geschirr. Was nun aber kam, fand ich nachhaltig geschickt. Der ›Rausschmeißer‹ – ein ungeheuer sympathischer Ganzkörpertätowierter – bat mich an den Rand der Plattform und sprach zuerst: ›Let's look to the horizon!‹ Ich sah statt in den Abgrund vor mir zum Horizont und erstaunlicherweise ließ das Flattern für einen Moment nach.

Übertragen auf die von dir geschilderte Teilnehmersituation hieße das, sich nicht auf den Moment der Ansprache zu konzentrieren, sondern auf das Ergebnis. Nämlich zum Beispiel das Ende der Mutmaßungen oder irgendein Learning. Wie auch immer. Mein Rausschmeißer forderte mich nun auf, zu einer links über mir angebrachten Videokamera aufzublicken und kurz zu winken. Das Ganze wurde nämlich für die Nachwelt aufgezeichnet. Ich versuchte, tapfer zu lächeln, winkte kurz und sah in Gedanken eine Aufnahme von mir auf der Titelseite der örtlichen Zeitung. Darüber die Headline: ›Tragischer Unfall! Erstmalig in der Geschichte des Bungee-Springens ist ein Gummiseil gerissen.‹ Ich denke nämlich bei so etwas immer, dass ich der Erste sein werde. Der Erste, der im Bodensee von einem Hai attackiert wird. Der Erste, der durch einen ungünstigen Wind über die Brüstung des Empire State Buildings geweht wird.

Nachdem ich nun tapfer gewunken hatte, sagte der Tätowierte: ›Now step back to the red line!‹ Tritt zurück an die rote Linie. Ich verstand erst nicht. Aber weil er auf den Boden zu meinen Füßen deutete, sah ich nun eine rote Linie im Abstand von etwa einem Meter vor dem Abgrund. Ich musste einen halben Schritt zurücktreten und jetzt kam es: Noch während ich damit beschäftigt war, meine Füße hinter die Linie zu bringen, also kurz abgelenkt war, sagte der gute Mann: ›Three, two, one, go!‹ Ich schwöre: Ich hatte nicht die geringste Gelegenheit, darüber nachzudenken, ob ich springe oder nicht. Nicht eine Millisekunde. Ihr wisst ja, wie das war, wenn man früher auf dem Dreimetersprungbrett zu lange an der Kante stand und grübelte. Die Wahrscheinlichkeit, zu springen, sank mit jeder Sekunde. ›Three, two, one, go!‹ Nicht grübeln. Machen! Den Satz dieses Mannes – der mit Sicherheit eine Menge Erfahrung mit Schlotterbacken wie mir hatte – werde ich nicht vergessen. Und manchmal, wenn ich merke, ich habe im Seminar Schiss, etwas anzusprechen oder etwa zu einem Feedback eine Frage zu stellen, denke ich: ›Three, two, one, go! Feel the fear and do it anyway!‹«

Muss das so sein?!

Barbara Messer

Der Kollegenkritiker im Kopf

> Manchmal ist es für uns Trainer schwer, bei Veranstaltungen unserer Kollegen die Bewertungsbrille abzulegen. Meistens nehmen wir uns selbst damit eine große Chance, dazuzulernen.

Diese erlebte Geschichte brütet schon länger in meiner Erinnerung. Angeregt durch viele Erfahrungen der letzten Monate aus dem Bereich »Aus Fehlern lernen«, Loslassen und neue Erkenntnisse in der Selbstreflexion und der Auseinandersetzung mit anderen erfahrenen Trainern, möchte ich sie nun doch in dieses Buch mit einbringen. Auch weil ich denke, dass es vielen anderen Trainern ebenso ergehen kann. Oder dass sie aus meinen Gedanken etwas Nutzen ziehen können.

Es war einmal, vor sehr langer Zeit, auf einem Trainerkongress. Ich genoss es, von anderen zu lernen, in die Workshops anderer meine Nase hineinzustecken, Impulse mitzunehmen und mich auf neue Gedanken und Methoden einzulassen. Normalerweise gehe ich sehr erfüllt aus solchen Veranstaltungen heraus und freue mich wie ein Hamster über volle Backen mit Nüssen darin, an den neuen Impulsen, die ich dann tatkräftig in meinen Trainingsalltag umsetze.

Ganz besondere Hoffnungen setzte ich auf einen Trainer, den ich endlich einmal kennenlernen und vor allem erleben wollte. Er hatte in den Jahren davor einige Trainerpreise gewonnen, führte Trainingsprojekte und -konzepte durch, die ich auch gerne gemacht hätte. Zu der Zeit war ich kein Neuling mehr, betrachtete mich eher schon als alte Häsin, war aber umso gespannter, wie und was ich vor allem von ihm lernen konnte. Dieses Voneinanderlernen, womöglich gemeinsame Denkräume zu öffnen, das mag ich immer noch sehr.

Froh war ich, dass ich noch einen Platz im Seminarraum ergattert hatte, das Haus schien also voll zu werden. Der Ruhm eilte dem Trainer voraus und viele wollten ihn live erleben. Eingequetscht in eine der Stuhlreihen, saß ich dann ganz begeistert auf meinem Platz und schaute erwartungsvoll in die Runde. Ganz freundliche, lernbereite (aus der Wortschatzkiste einer partiellen Waldorfmutter stammender Begriff) Teilnehmerin, saß ich da, Stift und Schreibblock in der Hand bereit, ein motivierter Blick in meinen blauen Augen.

Bewertende Gedanken

Alles begann gut, bis dann die erste Welle des Erwachens aus meinem vermutlich viel zu romantischen Traum kam und ich mich irritiert an den Gesichtern meiner Nachbarn neben mir zu orientieren versuchte. Die schien es noch nicht zu stören. Was denn? Der Monolog, den er führte. Mehr als 15 Minuten sprach der Trainer (wenn ich ehrlich bin, dozierte er eher oder plauderte langatmig aus seinem Schatzkästchen) über sich und seine Bewerbungsphase für einen weiteren Trainerpreis. Aus 15 Minuten wurden 20, diese wuchsen zu 25 an und dann wurden mehr als 30 daraus. In meinen Augen schlitterten wir vollkommen am Thema des Workshops vorbei, welches ich aber jetzt gar nicht mehr präsent habe. Darum geht es ja auch gar nicht. Es geht und ging mir darum, dass bei mir Gedanken auftauchten wie

- »Das geht doch nicht! Sich so viel Raum für irgendwelche persönlichen Berichte zu nehmen!«
- »Und dann auch noch so langweilig!«
- »Ach, wäre ich doch in einem anderen Workshop.«
- »Wie kann der nur, das würde ich nie wagen.«

Zahlreiche weitere ähnliche, zutiefst bewertende Sätze und Gedanken, die meiner inneren, durchaus kritischen und aktuell unzufriedenen Welt entsprachen, gingen mir durch den Kopf.

Die inneren Kopfbewohner, die verborgenen Stimmen und innere Polizisten waren hochgradig aktiviert. So sehr, dass ich kaum noch mitbekam, dass es plötzlich mehr in Richtung des Workshopthemas ging. Aber auch hier kam der Schock. Der Trainer lud – für mich, was das Geschehen vorher anging, recht unmittelbar – zu einer stark körperbetonten Selbsterfahrung ein. Ganz nettes norddeutsches Mädel, das ja immer einen guten Eindruck machen möchte, meldete ich mich, nachdem ich sah, dass es wenige Freiwillige gab. Ich dachte mir: »Na, dann unterstütze ich dich vielleicht mal, wer weiß, wozu es gut ist.« – Auch hier waren meine inneren Stimmen noch sehr stark und wurden kritischer und kritischer. Ich darf sogar sagen, dass ich mich schon auf die nächste Panne oder das nächste »Trainerfehlverhalten« freute, um mir heimlich die Hände zu reiben und dabei zu sagen: »Hey, so taff ist der doch gar nicht! Ätsch, das kann ich besser. Hier wird auch nur mit Wasser gekocht!«

Ehrlich – so waren meine inneren Stimmen. Deshalb schreibe ich auch darüber.

Der Workshop nahm seinen Lauf und im Großen und Ganzen war er durchaus in Ordnung, es gab viele zufriedene Gesichter. Ich bin sowieso meist oberkritisch, das habe ich als persönliche Lehrerfahrung aus diesem Workshop mitgenommen. Wie gut, dass mich dieser Workshop einlud, das in mir zu entdecken. Um es dann verändern zu können.

Jetzt, Jahre später, schaue ich anders auf diese 90 Minuten. Leicht ist es, bei einem anderen Profi im Workshop zu sitzen und die schlechten Rosinen rauszupicken. Mit der Negativbrille zu schauen und Punkte zu sammeln, wo er oder sie es hätte besser machen könne. Eine vermeintlich einfache Haltung, um sich selbst ein bisschen aufzuwerten? Und leicht ist es – damals für mich und jetzt auch noch, wenn ich in Workshops von Kollegen sitze –, die Rolle des muffeligen, störrischen, aufbegehrenden Teilnehmers einzunehmen. Vielleicht sogar ein bisschen zu stören, unbeteiligt zu sein, um …, um was denn? Um mich selbst zu beweihräuchern? Um mir zu sagen: »Das kann ich besser?«, um es dem Kollegen ein bisschen schwer zu machen und zu schauen, wie er mit so einer Situation umgeht.

Und jetzt? Jetzt denke ich, dass wir alle mal einen Tage oder eine Phase haben, in der unsere Trainings, Workshops oder Präsentationen ein bisschen suboptimal sind, wo noch eben Luft ist, wo wir es besser machen könnten. Die gibt es, diese Tage und diese Trainings. Und die sind auch gut, denn sie ermöglichen den Teilnehmern die Erkenntnis, dass wir keine Wundermenschen sind. Dass wir aus Fleisch und Blut sind – keine gebildeten, übermenschlichen Lichtgestalten. Dass wir liebenswerte Schwächen haben, die sogar manch einen Teilnehmer aufbauen, ihn stärken und ermutigen, so zu sein, wie er ist. Und sie sind gut, damit wir nicht abheben, damit wir nicht überkandidelt oder größenwahnsinnig werden. Sie sind gut, weil sie uns zur Selbstreflexion einladen.

Und dann gibt es noch einen Gedanken von mir. Wie schön ist es doch, statt der kritischen Haltung einem Kollegen gegenüber ihm Kraft und wohlwollende Aufmerksamkeit zu schenken. An ihn zu glauben und einfach »positive Energie« in seine Richtung zu schicken. Hört sich vielleicht ein bisschen spirituell an, meint aber, im Herzen an ihn zu glauben, ihn zu unterstützen, im Geist dabei zu sein und die Zeit dort im Seminar zu genießen, auch wenn nicht alles optimal ist. Ich kann ja – sensibel – nebenbei etwas anderes tun: die Einkaufsliste für morgen zusammenstellen, ein Gedicht schreiben, ein wenig tagträumen und mich darauf verlassen, dass mein Unterbewusstsein schon das Richtige mitbekommt.

Es ist eine Möglichkeit, die Welt ein kleines Stückchen besser zu machen! In diesem Sinne freue ich mich auf viele liebenswerte Trainerkollegen, die meine Seminare oder Workshops besuchen und mir im richtigen Moment ein kleines Augenzwinkern schenken.

Olaf: »Ich wundere mich immer wieder, wie stark unsere Bewertungsbrille wirkt. Aber sie gehört eben auch dazu. Positive Energie zu schicken halte ich für eine gute Methode, um auch sich selbst ein großes Geschenk zu machen (klingt jetzt auch irgendwie spirituell). Komm bitte in all meine Vorträge und Seminare, Barbara! Auch wenn du sie doof findest! Aber sag mir danach, wieso du bis zum Ende geblieben bist!«

Jürgen: »Ich finde das sehr ehrlich von dir, Barbara. Ich saß ebenfalls schon oft in Vorträgen oder Seminaren mit der blöden Haltung ›Mal sehen, ob der/die wirklich so gut ist!‹ Schlimm ist auch die Ich-bin-besser-als-du-Box, in der wir manchmal stecken. Ich habe mich damit immer nur selbst blockiert und hätte stattdessen so viel dazulernen können.«

Orgapannen: Das verschwundene Kabel

- Der Mensch organisiert sich ... und Gott lacht
- Eine (fast) perfekte Vorbereitung
- Vergessen auf dem Abstellgleis
- Drei Löcher im Bauch ...

↗ 04

Der Mensch organisiert sich ... und Gott lacht

Jetzt wäre dann die Videoauswertung dran. Eine kurze Einführung durch den Trainer. Der Druck auf die richtige Taste der Fernbedienung. Nichts passiert. Kabel überprüft. Nichts passiert. Kamera an- und ausgeschaltet. Nichts passiert. Die Teilnehmer warten. Monitor ausschalten, anschalten. Nichts geht. Der Trainer bittet um eine Fünfminutenpause. Servicetechniker rufen. Schulterzucken. Warum jetzt?!?! Heute Morgen alles noch gecheckt! Alles genauso eingestellt wie zuvor. *Alles!* Die Teilnehmer kommen zurück. »Tja, die Videoauswertung muss leider ausfallen, sonst haben wir keine Zeit mehr für weitere Übungen.« Rebellion in der Gruppe. Seminar geplatzt.

Orgapannen-Hitliste

Wir haben einiges erlebt und vielleicht tröstet Sie die folgende Aufzählung etwas:

- Gepäck verloren
- Vergessen, die Übernachtung für den Anreisetag zu buchen
- im falschen Seminarraum aufgebaut
- im falschen Seminarhotel aufgebaut
- Terminverschiebung nicht mitbekommen und morgens ein Anruf: Wo bleibst du? Seminar hat angefangen!
- Vorausgeschickter Koffer mit Material kommt nicht rechtzeitig.
- Vorausgeschickter Koffer und Flipchartmappe sind woanders hingeliefert worden.
- Es gibt keine Wände, Pinnwände oder irgendetwas, woran man Flipchartbogen und Poster aufhängen kann.
- zur Verfügung gestellte Filzstifte, die fast (oder ganz) leer sind
- trotz vorheriger Bestellung keine Musikanlage oder eine, die so leise ist, dass man auf die Musik beim besten Willen nicht tanzen kann

- Seminarraum mit einem riesigen ovalen Tisch in der Mitte, der sich nicht verrücken lässt und um den herum sich alle Teilnehmer drapieren müssen
- Teilnehmer müssen zwangsweise in Doppelzimmern übernachten.
- Laptop und Beamer mögen einander nicht.
- Beamer: Bild geht, Ton nicht.
- Beamer: Ton geht, Bild nicht.
- Teilnehmer sind ab neun Uhr eingeladen – ich habe aber geplant, dass wir um zehn Uhr beginnen.
- Rolle mit den vorbereiteten Flipcharts im Zug, Taxi oder zu Hause liegen gelassen
- zwei Tage zu früh aufgebaut
- Ein aus Südamerika angereister Teilnehmer stellt zu Beginn des Seminars fest, dass das Seminar in Deutsch stattfindet statt in Englisch. Und er kann kein Deutsch.

Wir beginnen mit einem Klassiker, den wir Autoren erstaunlicherweise alle schon erlebt haben. Nur selten so allumfassend wie Torben Schacht in seinem folgenden Erlebnis.

Eine (fast) perfekte Vorbereitung

Torben Schacht

Im Leben gibt es keine schlechten Nachrichten

Was kann man als Trainer machen, wenn wesentliche Teile der Ausstattung fehlen? Wie kann man aus dem Stand ohne Material und Technik trainieren? Manchmal ist man überrascht, wie viel da geht.

Im Jahr 2011 erhielt ich den Auftrag zur Fortsetzung einer internen Trainerausbildung bei einem lokalen Energieversorger im Süden der Republik. Insgesamt vier Stufen hatten die Teilnehmer bereits bei mir durchlaufen. Dieses Mal sollte es vor allem darum gehen, bereits gelernte Methoden und Inhalte aufzufrischen und weiter zu vertiefen. TTT-Formate stellen aus meiner Sicht hohe Anforderungen an den Trainer: für mich persönlich, weil ich diese Formate eher unregelmäßig durchführe und daher ohnehin intensiver vorbereiten muss, und allgemein, weil die Teilnehmer die Logik des Ablaufs, das Timing der Übergänge und die Effektivität der Inhalte und Übungen aus einer zunehmend kritischeren Vogelperspektive analysieren (zumindest, wenn der Trainer einen guten Job macht).

Ständig steht die Frage im Raum: Wie schafft der Trainer es, immer wieder Relevanz herzustellen, Transfer zu schaffen durch emotionale Intensität und für Resonanz zu sorgen? Hier und da eine kleine Inkonsistenz wird mir (auch von mir selbst) in einem klassischen Kommunikationstraining gern mal vergeben, aber in einem TTT-Format heißt es ohne Ausnahmen: »Walk your talk!«

Jürgen: »Ich finde die Metaebene in Trainerausbildungen auch manchmal ein bisschen anstrengend. Vor allem aber ist sie ziemlich entzaubernd. Es ist, als spräche man beim Küssen ständig darüber, was man beim Küssen eigentlich genau macht – nicht besonders romantisch.«

Der Plan

Mein Plan war es also, so eine Art »Best of« der bisherigen Stufen durchzuführen und inhaltlich weiter zu vertiefen. Für mich bedeutet das immer den maximalen Vorbereitungsaufwand, denn die Inhalte, Kernsätze und Storys aller vier Stufen müssen abrufbereit in meinem Kopf sein und die dazugehörigen Flipcharts (ich schätze mal so an die 25!) müssen zum großen Teil neu gemalt und vorbereitet werden. Da ich selbst auch nach über zehn Jahren Trainerkarriere noch nicht so toll malen kann wie zum Beispiel andere Autoren in diesem Buch, aber den Anspruch habe, trotzdem damit zu beeindrucken, zeichne ich meine Charts im Vorfeld zu Hause vor und gebe den letzten Schliff dann vor Ort im Training. Gesagt, getan. Am Mittwochmittag stieg ich in Hamburg in den Flieger nach München. Perfekt vorbereitet. Im Bauch des Fliegers zwei große, gut gefüllte Koffer mit allem Equipment für drei intensive TTT-Tage. Perfekt vorbereitet.

Am Flughafen München dann die immer gleiche Routine – nur dass dieses Mal die Wartezeit am Gepäckband nicht enden wollte. Nach einer gefühlten Ewigkeit ein Hinweis auf den Displays: Wegen eines Streiks des Flughafenpersonals verzögert sich die Gepäckauslieferung um etwa 15 Minuten. Na toll! Aber Gott sei Dank plane ich für die Anreise immer sehr großzügig Zeit ein und das Training startete ohnehin erst am nächsten Morgen. Nicht nach 15, aber immerhin nach 20 Minuten dann – wie bereits von mir erahnt – ein neuer Hinweis: Es wird zu weiteren Verzögerungen kommen. Dieses Mal war die Rede von 25 Minuten. So ging es noch eine Weile weiter, aber ich will Sie nicht langweilen mit den Details …

Endlich kam das Gepäck. Mit mir stürzten sich die anderen 180 Fluggäste aus Hamburg auf ihre Taschen und Koffer. Hm, nur wo war denn nun mein Gepäck? Nach einer Weile standen mit mir noch etwa 20 Leute am Gepäckband und starrten ungläubig auf die Ausgangsluke, wo immer nur dieser blöde Werbekoffer von Sixt alle zweieinhalb Minuten seine Runde machte.

Nach der zwanzigsten Sixt-Koffer-Runde, schon fast schwindelig, ging ich nachfragen, wo denn mein Gepäck bleibe! Am Schalter das totale Chaos. Geschätzte 200 Menschen drängelten sich dort. Gerüchte machten die Runde, dass mehrere Maschinen nicht oder nur teilweise entladen worden waren. Das Gepäck der Fluggäste aus Hamburg sei angeblich bereits auf halber Strecke nach Norwegen!

Nicht mal eine Unterhose zum Wechseln!

Mir wurde ganz flau im Magen. Morgen um 9:00 Uhr sitzen zwölf Führungskräfte und angehende Trainer im Hotel »Alpenblick« mit erwartungsvollen Mienen und ich habe kein Equipment. Keine Kamera, keine Übungsmaterialien, keine Moderationskarten, keine Charts (!) und nicht einmal eine Unterhose zum Wechseln.

Jürgen:
»Das mit der Unterhose merkt ja keiner!«

Gedankliche Kapitulationen

Schluss, aus die Maus!

Der Kapitulationsgedanke ließ nicht lange auf sich warten: »Okay, das sind halt höhere Umstände, dann muss das Training leider abgesagt werden. Ohne meine Materialien kann ich nicht arbeiten. Das wird wohl jeder verstehen. Geht überhaupt nicht. Schluss, aus die Maus. Ich fliege wieder nach Hause. Schließlich kann ich gar nichts dafür. Was habe ich getan, dass ich das verdient habe? Warum ausgerechnet ich und ausgerechnet heute?« – Das ging noch ganz schön lange weiter. Selbstmitleid. Ausreden. Negative Glaubenssätze. Erbärmlich. – Doch irgendwann kam ich zur Besinnung. Wie das kam, kann ich nicht genau sagen, aber plötzlich gab ich mir so etwas wie einen inneren Tritt in den Allerwertesten und prompt wendete sich mein Blick zurück auf Augenhöhe mit der Welt.

Everything will be good in the end. If it's not good, it's not the end.

Einer meiner wichtigsten Glaubenssätze hat vielleicht geholfen: »Im Leben gibt es keine schlechten Nachrichten. Allein der Zeitpunkt, zu dem einem klar wird, wofür etwas gut ist, variiert.« Diese Haltung mache ich auch in meinen Trainings immer wieder zum Gegenstand: Die Realität annehmen –

so, wie sie ist, – und daraufhin untersuchen, wofür das, was ist, gut ist. Für manche Teilnehmer ist das ganz schön harter Tobak, aber ich denke, für uns als Trainer ist es sehr nützlich, diese Perspektive einzunehmen. Sinngemäß habe ich diese Haltung vor Kurzem auch auf Englisch gelesen: »Everything will be good in the end. If it's not good, it's not the end« (indisches Sprichwort).

Der Beweis für die Nützlichkeit dieser Haltung ließ dieses Mal nicht lange auf sich warten – daher erzähle ich diese Geschichte.

Unmittelbar nach meinem Perspektivwechsel fiel mir auf, dass keine drei Meter neben mir ein ehemaliger Kollege aus einer Werbeagentur stand – ebenfalls ohne Gepäck. Er als Vielflieger mit Senatorstatus nahm mich mit in die fast leere Firstclass Lost and Found Area und berichtete mir auf dem Weg dorthin, dass ich Anspruch habe, mir alles, was ich an Kleidung für morgen dringend benötige, neu zu kaufen, und Lufthansa fast ohne Limit etwa 60 Prozent der Kosten erstattet. Nach Klärung der Formalitäten und fester Zusage für die Lieferung meines Gepäcks in das Hotel bis 12:00 Uhr am nächsten Tag ging ich dann also shoppen. Der Flughafen München ist für Leute mit einem 60-Prozent-Discount auf alles sehr zu empfehlen! Der Kauf neuer Schuhe, Anzug, Hemd, Gürtel, Schal, Socken, Unterwäsche und einer wärmenden Daunenjacke brachte mir zudem die ungeteilte Aufmerksamkeit des Verkäufers in dem Hugo-Boss-Outlet …

Das Training am nächsten Morgen eröffnete ich – nicht nur mit einem smarten neuen Anzug, sondern mit eben dieser Story über die entscheidende Hebelwirkung von Body, Focus und Language in Situationen, die zunächst einen kritischen Anschein haben. Die Teilnehmer habe ich anschließend in vier Gruppen aufgeteilt und den Vormittag über ein eigenes Trainingsmodul entwickeln lassen. Thema: Eines Ihrer wichtigsten Learnings aus einer der vorangegangenen vier Stufen. Pünktlich gegen Mittag kamen meine Koffer und das Training konnte genau wie geplant seinen Lauf nehmen. Bemerkenswerterweise lobten einige Teilnehmer im Abschlussfeedback insbesondere die Effektivität der Übung am ersten Vormittag.

Ich selbst bin seit dieser Erfahrung wesentlich entspannter, wenn die Dinge im Training einmal anders laufen als geplant. Ein Trainerkollege sagte mir zudem, alles, was wir für ein exzellentes Training wirklich brauchen, seien ein blauer Edding 388 und ein Flipchart. Schön, dass das jetzt auch auf mich zutrifft. – Ehrlich gesagt, habe ich mich selbst seitdem schon ein-, zweimal am Gepäckband bei der leisen Hoffnung erwischt, mein Gepäck sei wieder verschollen, vielleicht ja diesmal Island oder so.

Amelie: »Ich habe einmal erlebt, wie eine Trainerin ihren Koffer nicht bekam und sich von Teilnehmerinnen Unterwäsche und was Frauen sonst noch so brauchen (ihr wisst schon ...) geliehen hat. Seitdem nehme ich bei Flügen immer einige Dinge ins Handgepäck. Unter anderem gehören dazu eine Zahnbürste, ein Deo und ein paar ordentliche Flipchartstifte.«

Jürgen: »Stelle ich mir als Seminareröffnung lustig vor: ›Bevor wir loslegen: Wer von den Herren trägt Unterhosen der Größe 5 und könnte mir morgen eine davon leihen?‹«

Zamyat: »Torbens Story erinnert mich an eine Supervision, die ich mit meinem damaligen Trainerteam hatte. Als Peter Paulich (unvergesslicher Name) uns ganz nett vorschlug: ›Stellt euch vor, ihr kommt zum Seminar und habt alles Gepäck vergessen!‹ Eine solche Situation gehört zu meinen immer wiederkehrenden Traineralbträumen.
Als suggestopädische Trainerin mit etwa 50 Flipcharts, Gegenständen, Requisiten etc. – einfach unvorstellbar. Und doch ist mir schon Ähnliches passiert. Als ich mit dem Zug zu einem Seminar fuhr, habe ich den Koffer mit dem Seminarmaterial vorausgeschickt und ich war am Zielort, mein Koffer aber nicht. Nach der Mittagspause wollte ich aber eine Lernlandschaft einführen, dazu brauche ich diverse Gegenstände und Moderationskarten mit Stichworten. Da bin ich dann in der Mittagspause mit offenen Augen durchs Hotel und habe hier und da diverse Gegenstände ausgeliehen. Das Schöne an einer Lernlandschaft ist: Es müssen nur Gegenstände sein, die auffällig sind, einen stutzen lassen – und in irgendeiner Weise mit dem Begriff assoziierbar sein. Also nicht einfach das darstellen, worum es geht.«

Barbara: »Zamyat, ich sehe das wie du. Eine ordentliche Lernlandschaft kann ich notfalls mit allem zaubern, was ich in den Taschen (in meiner – wenn ich eine dabeihabe – und denen der Teilnehmer) finde. Schlimmer finde ich es, alles für ein *anderes* Thema dabeizuhaben, und das erst um 9:10 Uhr, also zehn Minuten nach Beginn der Veranstaltung, festzustellen. Tolle Erfahrung!«

Zamyat: »Ja, Barbara: Irgendetwas findet man immer. Zum Beispiel zum Thema ›Ganzheitliches Lernen – Mit Körper, Geist und Seele‹. Für Körper stelle ich eine Holzfigur hin, für Geist ein Halloweengespenst und für Seele ein Herz mit Flügeln. Man kann aber auch ganz normale Alltagsgegenstände nehmen, je nachdem zu welchem Begriff ist das auch schön verfremdend.

Trotzdem ist und bleibt die Vorstellung, ohne jedes Equipment ein Seminar zu machen, ein Albtraum.
Aber: Wieso blauer Edding? Auf jeden Fall Schwarz! Und dann mit Wachsmalkreiden bunt malen.«

Jürgen: »Schwarz?!? Niemals!! Schwarz ist trist! Blau muss er sein! Sonst nichts!«

Amelie: »Schwarz ist prägnant und edel. Blau ist brav. Aber wieso Edding? Die stinken und quietschen!«

Henning: »Nix da! 388er quietschen nicht! Und von wegen Schwarz ist edel! Pah, warum heißt das dann wohl: Königsblau!«

Barbara: »Ihr seid komisch ... Noch eine Geschichte gefällig? Vor Kurzem gab ich ein Intensiv-Führungskräfte-Teamtraining. Es sollte eine Mischung aus Training, gemeinsamer Zeit zur Findung und auch für Input geben. Das Thema ›Führen in schwierigen Zeiten‹ (angelehnt an Steven Covey) wollte ich mit wenigen ausgewählten PowerPoint-Folien vorstellen (ja, für eine Suggestopädin auch mal ein Erlebnis). Kein Problem, dachte ich bei mir, das Hotel wird sicher einen Beamer haben. Hatten sie auch, kostete aber 200 Euro am Tag. Das wollte ich dem Kunden nicht zumuten. Also schuf ich das neue Format: Kino. Ich stelle meinen Laptop auf eine schwarze Kiste, die Stühle in Kinobestuhlung davor und zeigte die kleinen Charts. Mehr als sechs Quadratmeter Platz brauchten wir dazu nicht! Eine heimelige Stimmung verbreitete sich schnell dadurch, dass die Menschen so nah beieinandersaßen, Fehlten nur noch Popcorn und Eis. Mit anderen Worten: Wenn mal etwas fehlt: Irgendwas lässt sich immer stattdessen tun!«

Sandra: »Einen wiederkehrenden Traineralbtraum, der mit Kleidung zu tun hat, habe ich zu bieten. Ich träume regelmäßig, dass ich im Pyjama vor der Teilnehmergruppe stehe, neben einem alten Overheadprojektor. Glücklicherweise ist mir das noch nie passiert. Bisher fehlten an Kleidungsstücken nur Strümpfe, Unterhosen, Oberteile und Schuhe – das ging dann immer irgendwie. Ein Training in Treckingschuhen ist auch eine schöne Erfahrung. Die Beine tun abends nicht so weh. PS: Mein Beitrag zum Thema Stifte: Ganz klar Neuland in Schwarz oder die farbigen BigOne©. Etwas anderes kommt mir nicht in den Koffer!«

Torben Schacht 2013 in Zahlen

1	Lebensjahre seines Sohns Lenny
3	kleinste tatsächliche Teilnehmeranzahl bei geplanten zwölf Teilnehmern
4	Anzahl von schwarzen Bridgehouse-Langarm-Shirts in seinem Schrank
5	Kurztrips nach Sylt in den letzten zwölf Monaten
6	Nummer seiner Lieblingsspeise beim Thai um die Ecke
7,5	Anzahl am Stück gelaufener Kilometer bei seiner ersten richtigen Alsterrunde
300	Anzahl der am Stück gelaufenen Meter bei seiner allerersten Alsterrunde
8	Anzahl der im Haushalt befindlichen iPods, iPads, iPhones und iMacs
111.111	aktueller Kilometerstand seines Autos
112.668	Prämienmeilen bei Miles & More, verdient hauptsächlich zwischen Hamburg und München

Vergessen auf dem Abstellgleis

Zamyat M. Klein

Abenteuer Bahnfahrt

Heute hier – morgen dort! Zum Trainerberuf gehört das Reisen wie zum Melken das Frühaufstehen. Nur wenige unter uns haben das Privileg, ein eigenes Seminarzentrum zu bespielen und dadurch weniger reisen zu müssen. Andere unter uns lieben das Reisen. Darin, dass man auf Reisen allerhand Unerfreuliches erleben kann, sind wir uns jedoch einig. Mitunter so Unerfreuliches, dass ein Nachhall davon unsere Seminare zu trüben vermag.

Wenn ich eines an meinem Job lästig finde, dann ist es das Fahren zu den Trainings und Seminaren. Früher hatte ich eine totale Autophobie, die ist zum Glück nun besser. Aber im Winter abends im Dunkeln und womöglich noch bei Regen, da sind mir weite Autofahrten immer noch zu stressig. Da sehe ich nichts, fahre blind wie ein Fisch, bete laut und wundere mich jedes Mal, wenn ich heil zu Hause ankomme.

Da ich noch länger leben will, fahre ich also bei weiten Strecken mit dem Zug. Das zehrt aber ebenfalls sehr an meinen Nerven, vor allem wenn ich umsteigen muss. Seminare finden aber offensichtlich grundsätzlich an möglichst abgelegenen Orten statt, sodass ich fast immer umsteigen muss!

Und da geht es los. Von zehn Fahrten klappen vielleicht vier reibungslos, die Züge kommen pünktlich und ich bekomme alle Anschlüsse. Doch bei dem Rest: Zittern und Zagen, ob ich noch den nächsten Zug bekomme, wenn ich mit dem schweren Gepäck im Eilschritt zum nächsten Gleis hetze, um dann die Rücklichter zu sehen … Das krasseste Erlebnis dieser Art ist schon einige Jahre her.

Bimmelbahn

Ich war irgendwo in Norddeutschland und saß in einer kleinen Bimmelbahn in einem leeren Abteil. Der Zug hielt irgendwo auf der Strecke, was mir erst nicht so auffiel, da ich konzentriert in einem Buch las.
Gottlob kam ein anderer Fahrgast ins Abteil und informierte mich: »Wir müssen hier aussteigen, der Zug fährt nicht weiter.«
»Wie bitte? Wo sind wir denn?« – Ich kletterte aus dem Zug und marschierte die Gleise entlang mit Rucksack, Koffer und Flipchartmappe – alles bleischwer. Da tauchte ein Bahnmensch auf. Die Oberleitung war vom Blitz getroffen worden, hier konnten keine Züge weiterfahren. Ein Bus würde uns einige Stationen bis zu einem Bahnhof fahren, wo wir einen Anschlusszug nehmen könnten.
Wir versammelten uns also alle an der Bushaltestelle, der letzte Bahnmitarbeiter verschwand. Und dann standen wir und standen wir.

Die Ersten fingen an, ihr Handy rauszuholen, und riefen ihre Lieben an. So nach und nach wurden immer mehr mit dem Auto abgeholt. Von einem Bus weit und breit nichts zu sehen. Eine Information von der Bahn? Nichts. Schließlich waren wir auf ein kleines Häufchen zusammengeschrumpft. So entschloss ich mich, mit irgendwelchen Leuten irgendwohin zu fahren, nur weg von hier.

An der neuen Bahnstation schaute ich auf die Tafel, von wo denn Züge weiterfahren. Gleis 2. Dazu musste ich eine laaange Stahltreppe hinaufklettern, über eine Brücke und auf der anderen Seite eine ebenso lange Treppe (logisch) wieder hinunter. Inzwischen regnete es in Strömen. Eine nette Dame half mir, das Gepäck die Treppe hinaufzuschleppen. Währenddessen kam ein Zug von meinem Zielbahnhof auf Gleis 1 eingefahren. Und siedend heiß wurde mir klar: Das ist mein Zug! Der kann ja nur bis hierhin fahren und fährt von hier auch wieder zurück. Ich musste die ganze Treppe wieder zurück. Ich hätte schreien können.

Die gute Frau schickte ich dann vor, den Zug festzuhalten, bis ich wieder runtergestolpert war. Schließlich sank ich erschöpft auf einen Sitz.

Das Ganze entwickelte sich noch zu einer Kabarettnummer. Es gab während der Fahrt noch etliche Aufenthalte, Verspätungen und Pannen. Das schweißte die Fahrgäste zusammen, wir lachten, unterhielten uns und rissen Witze. Der Gipfel waren die ständigen Durchsagen der Bahn. Es gab damals eine Regelung, dass die Fahrgäste bei einer halben Stunde Verspätung einen Gutschein von zehn Euro (oder so) bekommen. Na prima! Kurz darauf die Durchsage: Es seien doch nur 27 Minuten, den Gutschein gebe es doch nicht. Ist es möglich? Wir brachen schon in hysterisches Gekicher aus.

Die Krönung aber war dann: Ja, wir könnten in Köln den Gutschein bekommen, dazu musste man aber dort aussteigen und zu einem Informationsschalter gehen. Das hätte bedeutet, noch einen Zug später nach Hause fahren zu können, nach all den Verspätungen. Sind die irre?

Was lerne ich daraus?

Nach wie vor fahre ich weite Strecken mit dem Zug. Oder im Winter, wenn Schnee oder Glatteisgefahr droht. Ich suche mir inzwischen noch bewusster Verbindungen aus, bei denen ich nicht oft oder gar nicht umsteigen muss. Fahre in der Regel deutlich früher und mache mir, wenn ich ausnahmsweise pünktlich ankomme, einen netten, entspannten Nachmittag am Seminarort oder treffe mich dort mit Freunden.

Wenn man genug zu essen und zu trinken dabeihat, kann man auch auf Abstellgleisen eine Weile überleben. Letztendlich helfen nur Humor und Gelassenheit. Ein spannendes Buch kann ebenfalls Wartezeiten überbrücken oder mein nettes kleines Netbook, auf dem ich dann verzweifelte Tweets in die Welt schicken und mir Trost holen kann.

Die De-luxe-Variante ist es, wenn ich zwei Stunden auf einem Bahnhof warten muss, der eine Lounge hat, und ich in der Zeit gemütlich Kakao schlürfen kann.

»Ich bin doch immer angekommen …« könnte auch zu einem Leitspruch werden.

Jürgen: »Wir gehören eindeutig zum fahrenden Volk. Das viele Unterwegssein ist eine Randbedingung unseres Berufs. Solange wir nicht wie Ralf ein eigenes Seminarhaus bespielen, werden wir immer viel auf Achse sein. Auch ich träume davon, die Bridgehouse Academy eines Tages in einer umgebauten Scheune oder besser einer Burg in Schottland zu eröffnen. Bis es so weit ist, sind wir auf der Straße und unterwegs. Dahin, wo der Sinn unserer Arbeit auf uns wartet: unsere Teilnehmer. Das Trainerleben ist ein Zigeunerleben. Deshalb finde ich es so wichtig, meinen Hausstand dabeizuhaben. Ich weiß, ihr seht das zum Teil anders, aber das Gefühl, dass all mein Seminargeraffel im Auto vor der Haustür auf mich wartet und ich – anders als bei Bahn und Flieger – jederzeit selbst bestimmen kann, wann ich losfahre, entspannt mich enorm. Als eher Introvertierter muss ich zudem nicht an Flughäfen und Bahnhöfen zusätzlich unter Menschen, sondern kann auf einer ruhigen Autofahrt Musik hören, Literatur in Form von Hörbüchern nachholen, telefonieren, wenn mir danach ist, oder einfach nur meinen Gedanken nachgehen. Diese Ruhe ist für mich ein absolutes Elixier. Und dank der in Deutschland mittlerweile ungeheuer ausgebauten Strecken (zumindest da, wo ich meistens unterwegs bin), bin ich oft schneller da, als wenn ich mir den Wahnsinn an deutschen Flughäfen antue. Mal abgesehen davon, dass ich beim Fliegen eben nicht meinen Trainerhausstand mitnehmen kann, sondern immer nur mit Minimalequipment reise. Bei Trainings im Ausland geht es leider nicht anders.«

Gert: »Moment mal, Jürgen! Hier fordere ich eine Geschichte von den gestressten Autofahrern, die im Stau stehen, in Umleitungen über die Landstraßen gehetzt werden, mit einem Platten im Winter liegen bleiben, vom Navi in den zwar gleichnamigen, aber 300 Kilometer entfernten Ort gelotst werden, denen die Augen nach einem langen Seminartag während der Fahrt fast zufielen, wenn sie nicht ständig von entgegenkommenden Autos geblendet würden ... während ich im ICE mit 320 Sachen Richtung Berlin brause und dabei gemütlich einen Film auf meinem Laptop schaue, bevor ich in einem kurzen Nickerchen versinke – ja!«

Barbara: »Gert, danke für deinen Antrag. Mit dem Auto ist es nicht immer ein Segen. Aber Bahnfahrt: Vor Kurzem wartete ich zwei Stunden im Zug, weil sich gerade eben jemand davorgeworfen hatte. Eine Einladung für tiefgreifende Gespräche zwischen uns Reisegefährten. Und auf der Rückfahrt? Da waren zwei Katzen mit im Abteil. Es kommt, wie es kommt.«

Drei Löcher im Bauch ...

von Zamyat M. Klein

... und eines im Taxi

Wie gesehen erlebt man bei Ab- und Anreise mit der Bahn so einiges. Aber man braucht nicht unbedingt die Bahn dazu ...

An einem Sonntagabend im Winter kam ich rechtzeitig am Mannheimer Bahnhof an, mit dem Taxi waren es fünf Minuten bis zum Hotel. Hier wollte ich zuerst den Seminarraum vorbereiten, um dann entspannt in den Feierabend gehen zu können: etwas essen und es mir gut gehen lassen, damit ich am nächsten Morgen mit voller Kraft und Frische das Seminar starten kann.

Auch ein Taxifahrer ist ein Mensch

Es fing schon gut an: Kaum eingestiegen, meinte der Fahrer, dass er solche kurzen Fahrten hasse. Superbeispiel für Kundenfreundlichkeit. Er schob dann noch hinterher, das sei nicht gegen mich gerichtet. Fein! Soll ich vielleicht mit dem ganzen Gepäck zu Fuß gehen?

Weiter ging es mit seiner Krankheitsgeschichte: drei Löcher im Bauch. Leistenbruch, Nabelbruch, gerade aus dem Krankenhaus entlassen. Daher müsse ich ihm helfen, den Koffer aus dem Kofferraum rauszuheben. (Am Bahnhof hatte ein anderer Kollege meinen Koffer reingehoben, jetzt verstand ich auch, warum.)

Es klemmt

Kein Problem, klar packe ich mit an! Doch ein Problem! Denn der Kofferraum ging nicht mehr auf. »Das ist noch nie passiert!« ist immer ein toller Trost. Warum ausgerechnet jetzt, mir? Es war eiskalt und längst dunkel, während er alle möglichen Varianten probierte. Mit Fernsteuerung, mit Schlüssel, im Auto gab es auch noch einen Knopf. Nichts tat sich.

Der Chef kommt

»Ich rufe den Chef an, der wohnt gleich hier drüben.« Handy raus und auf Türkisch telefoniert. Da bin ich ja nun positiv eingestimmt. »Ach, sind Sie Türke?« – und wollte gleich mein Türkisch loslassen. »Nein, ich komme aus dem Iran. Ich kann aber auch Türkisch.« Aha.

Nach ungefähr fünf Minuten kam der »Chef«, im Gegensatz zu uns hatte er eine warme Mütze auf. Die würde er auch noch brauchen. Nachdem er ebenfalls noch einmal alle Möglichkeiten durchprobiert und ich die Dringlichkeit klargemacht hatte (»Ich brauche das Gepäck, ich muss *jetzt* den Seminarraum vorbereiten«) – Wieso muss ich es überhaupt begründen, dass ich mein Gepäck will? –, rief er dann bei der zuständigen Autofirma an.

Tja, der Pannendienst könnte frühestens in einer Stunde hier sein. »Nein, das ist zu spät. Ich brauche das jetzt!« Ich sah meinen entspannten Vorbereitungsabend so langsam entschwinden. Also telefonierte er als Nächstes mit dem ADAC. Ja, spätestens in einer halben Stunde käme einer. Na, immerhin.

Intermezzo

Die Wartezeit verbrachten wir dann an der Rezeption, bei jedem neuen Gast kam auch hier ein Schwall kalter Luft herein. Ich hatte aber einfach keine Ruhe, mich jetzt nett auf mein Zimmer zu setzen (ohne Gepäck), ich wollte hautnah mitbekommen, was sich denn nun tat. Derweil plauderte ich munter mit dem türkischen Taxichef, der sich als Dozent an der Uni entpuppte und mit dem ich dann auch gleich gemeinsame türkische Bekannte herausfand. Die Welt ist nun mal ein Dorf. Er kannte sogar meinen türkischen Lieblingsurlaubsort, der wirklich klein und eher unbekannt ist.

Von ihm kam der Vorschlag, dass er mich als Entschädigung zum Essen in ein türkisches Restaurant einladen würde. Au prima, das ist mir lieber, als alleine im Hotelrestaurant zu sitzen, das an diesem Abend gähnend leer war. Und ich esse sehr gerne türkisch. Noch war ich zu allen Schandtaten bereit. Bemühte mich, positiv zu denken. Wer weiß, wozu das alles gut ist …

Der Taxifahrer verzog immer wieder schmerzhaft das Gesicht, wie mir der Chef zwischendurch erzählte, musste er eigentlich an dem Abend nochmals ins Krankenhaus.

Der ADAC kommt

Inzwischen rückte der ADAC-Mitarbeiter an. Er hatte noch viele andere Varianten in petto. Diese entnahm er seinem schlauen Minilaptop, wo er sich systematisch durch die Anleitung arbeitete. Da wurde die Rückbank geöffnet (leider ließ sie sich nicht umklappen, sonst wären wir an mein Gepäck gekommen), ein geheimes Innenleben wurde offenbar mit allen möglichen Kabeln und Schaltern. Aber nichts half. Auch keine Druckluftpumpe, kein Luftkissen unter der Kofferraumklappe – rein gar nichts.

Jetzt waren schon Phasen erreicht, wo der Chef unterschreiben musste, dass es mit seiner Einwilligung passierte. Schließlich blieb nur noch rohe Gewalt. Das Schloss aufbohren. Er hatte aber keinen Bohrer dabei.

Nun zur Autowerkstatt

Also wieder bei der Werkstatt angerufen und die Entscheidung: Wir fahren mit dem Auto dahin, lassen das Schloss aufbohren und bringen dann das Gepäck ins Hotel. Wir tauschten die Handynummern und Visitenkarten aus, dann begab ich mich also doch ins Hotelrestaurant.

Tatsächlich kam später der Anruf: Das Gepäck ist an der Rezeption. Der Chef wollte mich dann wenigstens noch zum Nachtisch einladen, zwei Häuser weiter. Das sagte ich nun aber doch ab, schließlich war der Abend schon reichlich fortgeschritten (es hatte mich locker zwei Stunden gekostet!) und ich musste noch den Seminarraum vorbereiten.

Resümee

Nun kann ich also noch eine Variante der unwägbaren Schrecken in meiner Abenteuerliste hinzufügen! Ich weiß, warum ich verstärkt Onlineseminare anbiete! Allerdings können da natürlich noch ganz andere Dinge schiefgehen: der PC abstürzen, keine Internetverbindung – ach nein, das will ich mir gar nicht erst ausmalen.

Ganz sicher werde ich da aber keine Probleme mit der Deutschen Bahn, Staus auf der Autobahn oder maroden Taxis haben, die mein Gepäck nicht mehr rausrücken!

Jürgen: »Ich halte das für das einen der tollsten Nebeneffekte unseres Berufs. Im Gegensatz zu manch geregeltem Arbeitsablauf, erleben wir doch wirklich etwas! Das ist irgendwie so wie in den Abenteuerromanen: ›Durchs wilde Kurdistan‹ oder ›In 80 Tagen um die Welt‹. Alles was einem unterwegs als Strapaze erscheint ist hinterher das, was am meisten erzählenswert ist.«

Torben: »Ja, ich merke das, wenn wir uns auf Trainerkongressen treffen. Das macht totalen Spaß, am Abend von seinen Fahrten und Abenteuern zu erzählen. Und die wären ohne Erlebnisse wie die deinen, Zamyat, total langweilig! Ich habe manchmal den romantischen Wunsch, am Ende des Lebens zurückblicken zu können und statt: *Es hat alles gut funktioniert* sagen zu können: *Was für ein aufregender Höllenritt!*«

Die Kammern der Schrecken

- Über schlimme Rahmenbedingungen vor Ort
- Über Flipcharts und Flipcharts
- Kreativ im Kloster
- Workshop im Weinkeller
- Platz ist in der kleinsten Hütte
- Suggestopädie im Schlachthof

↗ 05

Über schlimme Rahmenbedingungen vor Ort

Wir Trainerinnen und Trainer sind in besonderem Maße darauf angewiesen, in Räumen und an Orten zu trainieren, die ein einigermaßen störungsfreies Lernen ermöglichen. Und machen wir uns nichts vor: Die Erinnerung der Teilnehmer an die Qualität des Seminars wird durch die Rahmenbedingungen ziemlich stark beeinflusst. Der Wert unserer Arbeit und unser Marktwert hängen davon ab. Wir sind deshalb zu Recht sehr empfindlich, wenn wir in Situationen geraten, wie die nun geschilderten. Ist das Essen gut? War das Hotel schön? Der Raum licht und angenehm? Nein?! Im Laufe der Jahre lernt man als Trainer, so manchen schmerzlichen Kompromiss zu machen.

Hitliste der häufigsten Störungen in Seminarhotels

Wie sicher alle Trainerinnen und Trainer haben wir schon vieles mitgemacht, hier unsere ganz persönliche Hitliste der häufigsten Störungen:

Tonnenschwere Möbelstücke Vorzugsweise stehen diese in der Mitte des Raums, in dem Sie gleich arbeiten wollen. Fest installierte, riesige Konferenztische aus Granit oder Marmor. Einige dieser Tische vermitteln den Eindruck, als wären sie zuerst da gewesen … und dann hätte man das Hotel drum herumgebaut.

Sichtblockaden Säulen im Raum verstellen die Sicht auf die Teilnehmer. Irgendwie schaffen Hotels das immer wieder, die störenden Säulen auf den Fotos im Internet wegzuretuschieren.

Schrottausstattungen Defekte Flipcharts, Beamer und Pinnwände aus Vorkriegsjahren finden wir leider zuhauf. (Wussten Sie, dass schon die alten Germanen Pinnwände benutzten, die teilweise noch heute in Gebrauch sind?)

Augenkrebs Im Seminarraum sind festgeschraubte Bilder an den Wänden, die furchtbar hässlich sind oder total vom eigentlichen Geschehen ablenken. In »kreativen« Seminarhotels finden sich zudem tonnenweise Kerzen-, Tülltuch-, Staubnussdekorationen, die einem den Gedanken nahelegen, man sei versehentlich bei einer Schrott-Wichtel-Veranstaltung gelandet. Ein akuter Zustand von Geschmacksvakuum.

Trancemuster-Teppiche Teppichböden im Seminarraum, deren Muster die psychedelische Wirkung halluzinogener Pilzsubstanzen entfalten oder – im schlimmeren Falle – so mit (klugen) Worten und Sätzen bedruckt sind, dass man als Teilnehmer permanent am Lesen und dementsprechend geistig verreist ist.

Stroboskopeffekte Flackernde Neondeckenbeleuchtungen irritieren ebenfalls gewaltig.

Baustelle Presslufthämmern vorm Fenster, Bohrgeräusche, vorzugsweise das berüchtigte »Schlagbohrer-in-angrenzende-Betonwand-Kreischen« und Handwerker, die wort- und grußlos in Ihren Seminarraum eindringen, um mal eben etwas zu checken.

Dunkelkammersyndrom Keine Fenster im Seminarraum oder diffuses Licht. Ein beklemmendes Gefühl beschleicht alle, das fehlende Licht irritiert und die Luft wird auch immer schlechter.

Trash-Style Siffige Räume mit Abstellkammerflair, nikotingelbe Gardinen (die auch so riechen) und schäbiges, abgewetztes Mobiliar – das ist zwar eigentlich unzumutbar, kommt aber doch immer wieder vor.

Knossossyndrom Die labyrinthischen Anlagen, Flure und Nebengebäude mancher Hotels erwecken den Eindruck, man habe über Jahrzehnte ohne Plan angebaut und erweitert. Ständig verläuft man sich oder schickt Suchtrupps los, die nach verlustig gegangenen Teilnehmern suchen. Man wartet gespannt auf den Tag, an dem einzelne Teilnehmer oder Gruppen in solchen Hotels gänzlich verloren gehen und in irgendeinem Paralleluniversum wieder auftauchen.

Bekleben verboten! Häufig bekommen Hoteliers neurotische Schübe, wenn sie sehen, dass wir unsere Charts per Klebeband an ihre (kostbaren) Wände kleben. Manchmal gibt es aber auch keine freien Wände, weil alles irgendwie zudekoriert ist – aber wie soll man 20 Charts an zwei Pinnwände hängen?

Weisheitsoverkill Der Seminarbereich ist mit Postern und weisen Sprüchen zutapeziert. »Wenn das Leben dir Zitronen gibt …« Manche davon sind so alt, so bekannt (oder so plump), dass sie das Niveau Ihrer Seminare um mindestens zehn Prozentpunkte nach unten zerren. Schön auch, wenn die Sprüche definitiv nicht Ihren Werten und Überzeugungen entsprechen: »Wenn du weißt, was du willst, kannst du *alles* erreichen!« Tschakka!

Zoo-Effekte Der Seminarraum ist vom Parkplatz, vom Flur, vom benachbarten Büro, vom Restaurant aus einsehbar, weil lediglich eine Glasscheibe dazwischen ist. Manchmal klebt man als Sichtblende so viel Packpapier auf die Scheibe, dass man eigentlich auch gleich tapezieren könnte. In solchen Räumen kommt man sich vor wie im Zoo, weil jeder reinschaut.

Papierdünne Wände zum Nachbarraum Dies hat zweierlei zur Folge: Zum einen versteht man manchmal wörtlich, was die Nachbargruppe gerade bespricht. Da geht es um neue Projekte, Akquisetools und andere wichtige unternehmerische Themen. Zum anderen kommt hier und da ein Teilnehmer der Nachbargruppe, um sich über zu lautes Lachen und zu laute Musik zu beschweren und seinem Unmut durch ein »Was machen Sie denn hier überhaupt?!« Platz zu verschaffen.

Bordellpreise Die vereinbarte Tagungspauschale ist zwar günstig, eine zusätzliche Tasse Kaffee kostet aber 6,80 Euro. Überhaupt gibt es Hotels, in denen alles extra kostet. Am wenigsten nachvollziehbar finden wir es, morgens für 23 Euro zu frühstücken, wenn wir doch nur ein Croissant und einen Kaffee brauchen. Viele Hotels greifen heutzutage auf Technikverleiher zurück, wenn es darum geht, Fernsehmonitore und Beamer zur Verfügung zu stellen. Wir bekommen regelmäßig schlechte Laune, wenn für einen Fernsehmonitor dann 150 Euro am Tag auf dem Zettel stehen. Hallo?! Ein 30-Zoll-Flachbildschirm kostet heutzutage nicht mehr als 400 Euro! Für diese Leihgebühr könnten wir uns für jedes Dreitagetraining einen neuen Monitor kaufen und dann großzügig im Hotel zurücklassen! Und wir hätten immer noch 50 Euro gespart! Dasselbe gilt für Pinnwände (25 Euro) oder Flipcharts (25 Euro plus zehn Euro pro Block).

Der aufdringliche Hotelier Der Hotelinhaber will unbedingt das Seminar anmoderieren und mischt sich auch sonst dauernd in die Abläufe ein. Höhepunkt: Während wir am Abend gemütlich am Kaminfeuer beisammensitzen, schiebt der Direktor einen Servierwagen mit selbst gebrannten Schnäpsen herein und startet eine Verkaufsveranstaltung. Von den »kreativ« gestalteten Flaschen bekam man beinahe Augenkrebs.

Über Flipcharts und Flipcharts

Zamyat M. Klein

Ein überfälliges Plädoyer

In der Trainerhölle haben unzulängliche Flipchartständer einen festen Platz. Und: Warum werden diese eigentlich immer wieder von Menschen erfunden, die offensichtlich keine Ahnung haben, was man als Trainer damit macht!?

Worüber ich mich schon seit Jahren und immer wieder aufrege, sind Flipcharts in Seminarhäusern und Hotels. Was ich da schon für Modelle erlebt habe! Ich frage mich immer: Wer entwickelt so etwas? Und wofür? Offensichtlich haben diese Menschen nie mit und an einem Flipchart gearbeitet.

Schwächlinge, Verschraubte, Nackte, Verklemmte, Perfekte und andere

Schwächlinge Die eine Variante ist, dass es völlig wackelige, schwachbeinige Teile sind, die sofort umkippen, wenn man nur etwas draufschreiben will. Man muss sie also immer mit einer Hand beruhigend festhalten, während man mit der anderen schreibt. Das sind die Schwächlinge, aber mit denen kann man noch umgehen.

Verschraubte Richtige Kämpfe führe ich regelmäßig mit den oben Verschraubten. Bei den Verschraubten kam jemand auf die Idee, oben die Leiste festzuschrauben, mit denen die Flipchartblätter gehalten werden. Nun arbeite ich aber so damit, dass ich oft vorbereitete Flipcharts aufhänge, später wieder abhänge, neue draufpacke und so weiter. Das erfordert also jedes Mal, dass ich rechts und links entschraube, die Leiste abnehme, das Chart abhänge, ein neues Chart aufhänge, Leiste wieder draufsetze und anschließend festschraube. Das ist zum einen zeitraubend und lästig. Zum anderen habe ich mir schon x-mal diese bleischwere Leiste irgendwohin gehauen.

(Wir Kinästheten sind da etwas ungeschickt.) Wahrscheinlich ist der Erfinder dieses Modells davon ausgegangen, dass man auf Flipcharts nur einmal schreibt und dann die beschriebene Seite einfach umklappt.

Nackte Beim dritten Modell, den Nackten, ist oben nichts, da schweben die Flipchartblätter regelrecht im Freien. Umklappen? Fehlanzeige, wie soll das gehen?

Verklemmte Es gibt noch eine schwächliche Variante, die Verklemmten, bei der die Leiste einfach über die Pinne drübergeklemmt wird. Auch diese muss man bei jedem Blattwechsel komplett abnehmen und anschließend wieder aufklemmen, aber wenigstens geht es ohne Schrauberei.

(Fast) Perfekte Die Richtigen, die Guten haben oben eine Klappe, die man hochklappen kann, neues Flipchartblatt drunterschieben und wieder runterklappen. Aber auch hier gibt es Unterschiede. So ganz schwere gemeine, in denen man sich gerne die Finger einklemmt. (Auch das können wir Kinästheten total gut.) Aber es geht auch ganz de luxe, die Perfekten, vielleicht sogar mit einem kleinen Hebelchen. Diese lassen sich leicht auf- und zuklappen und haben dennoch genug Power, die Blätter zu halten.

Das war jetzt obenherum. Aber auch untenherum ist die Welt der Flipchartständer sehr kreativ und voller Abenteuer.

Wackelbeinchen Da gibt es die bereits erwähnten dünnen Wackelbeinchen. Einziger Vorteil: Diese Ständer sind leicht und lassen sich daher ebenso leicht transportieren. Am besten gleich vor die Tür!

Eingerostet Manche Flipchartständer lassen sich in der Höhe nicht mehr verstellen, weil ihre Verstellschrauben festgerostet sind.

Zehenbrecher Dann gibt es die bleischweren Teile, auf denen man aber immerhin schreiben kann, ohne dass sie kollabieren. Aber: Menschen (= Kinästheten) wie ich sind da sehr gefährdet. Ich habe mir schon häufiger die Zehen heftig daran gestoßen und mindestens einmal gebrochen.

Flipchart auf Rädern Wunderbar sind die auf einer runden Fassung mit Rädern. Nichts zum Anstoßen und auch noch leicht zu bewegen. Der Erfinder dieses Modells sollte den Flip-Nobelpreis erhalten. Denn diese Modelle gehen auch immer Hand in Hand mit einer leicht zu bedienenden Klemmklappe.

Die Stolzgeschwellten Einer wollte das noch toppen und ließ das Flipchart stolz die Brust wölben. Sieht so na ja aus und ich kann nun nicht behaupten, dass sich auf dieser Wölbung besser schreiben lässt. Irgendetwas wurde sicher dabei gedacht (unterstelle ich jetzt mal positiv), ich weiß nur nicht, was.

Amelie: »Es gibt auch noch die Gurken. (So nannte ein Hausmeister im Seminarhaus so ein Teil.) Das sind Dinger, die geben sich nur den Anschein eines Flipcharts. In Wirklichkeit sind es äußerst fragile und wackelige Ständer auf zwei Beinen mit ›Rollschuhen‹ und mit zwei knopfartigen Erhebungen für die Löcher im Papier. Hängt man dort einen Flipchartblock dran, neigt sich die Gurke, weil total ausgeleiert, sofort vornüber.«

Jürgen: »Danke für diesen Beitrag, Zamyat. Ich will ja nicht meckern, aber ich habe bis jetzt noch keinen einzigen Trainer getroffen, der mit diesen gewölbten Dingern irgendetwas anfangen kann. Sollte ich einem solchen begegnen, werde ich ihm vorschlagen, seinen Schreibtisch ebenfalls wölben zu lassen! Zu den längst überfälligen Plädoyers gehört in diesem Zusammenhang auch der Aufruf an alle Veranstaltungsservicemitarbeiter in Seminarhotels: Gebt euch beim Bespannen der Pinnwände ein bisschen mehr Mühe! Häufig findet man völlig zerknitterte oder bereits vom Vorgänger benutzte Packpapierbespannungen an den Pinnwänden. Schief und lieblos angepinnt. Zum sauberen und ordentlichen Anpinnen gehören übrigens acht (dicke) Pinnadeln, nicht zwei, meine Herrschaften! Ich will hier nicht als Mr Pingel dastehen, aber an der Pinnwandbespannung erkenne ich auf den ersten Blick den Professionalitätsgrad eines Seminarhotels.«

Sabine: »Meinem Lieblings-Flipchart-Obenrum bin ich bisher in 24 Trainerjahren nur einmal begegnet. (Anmerkung: Da Sie meinen ironischen Ton ja leider nicht hören können, weise ich an dieser Stelle darauf hin, dass ich Sie bitte, ihn bei meinen Worten einzuspielen ...!) Also, mein Lieblingsflipchart hatte eine Stiftablage. Das mag ich sehr, dann habe ich alles vor Ort. Die Stiftablage befand sich oben an der Aufhängeleiste für die Flipchartblätter. Das ist beim ersten Blatt noch prima. Nur .... Trainer blättern gerne um, liebe Flipchartproduzenten! Und es ist sicher unterhaltsam, aber wenig zielführend, wenn dann die blinde Suche hinter dem umgeklappten Papier losgeht: ›Hm, hier müsste auch noch ein grüner sein ...‹ Und: Vorsichtig, das Blatt nicht ganz zerknicken, das will ich noch fotografieren und aufhängen ...‹ Ja, natürlich, ich könnte das beschriebene Blatt immer gleich fotografieren und abnehmen und aufhängen und dann erst das nächste benutzen ... Sagt wahrscheinlich der Flipchartproduzent. Der Trainer weiß, dass das schlicht Schwachsinn ist. Ergo blieb die Stiftablage leer und ich jonglierte meine Farbvarianten in der Hosentasche ...«

Zamyat: »Noch eine Ergänzung, da ich da öfter die Kinästheten erwähnte. Das habe ich von Michael Grinder, der in einem Seminar zu Lerntypen meinte, dass man unter Stress sehr einkanalig sei, dann also der Hauptkanal alleine funktioniere. Und die Kinästheten sehen und hören dann nicht richtig und hauen alles um, stoßen sich und so weiter. Als er mittags immer fragte: ›Was habe ich heute gelernt?‹, konnte ich mich melden und sagen: ›Jetzt weiß ich, warum ich immer blaue Flecken habe!‹ Ich stoße mich nämlich an jeder Tischkante und allem, was nur irgendwie im Weg steht. Als ich das einmal in einem Workshop auf einem Kongress erzählte (in Zusammenhang mit Lerntypen), habe ich es einige Minuten später tatsächlich geschafft, dass ein Flipchart (Marke Schwächling mit Wackelbeinchen) und gleichzeitig eine Pinnwand auf mich fielen! (Das war keine Absicht gewesen, um meine Worte zu demonstrieren!) Zum Glück sprangen sofort hilfreiche Teilnehmer herbei, die diese noch auffangen und mich so retten konnten. Ich glaube, ich habe Tränen gelacht über diese ungewollte Demonstration.«

Jürgen: »Besser kann man das nicht inszenieren, Zamyat! Jetzt weiß ich auch, was ich mit dem nächsten Wackelbeinchenflipchart anstellen werde!«

Albrecht: »Ich ertappe mich hin und wieder dabei, dass ich spontane Serviceverbesserungsworkshops mit den Hotelmitarbeitern mache. Wenn ich ihnen erkläre, warum dieses oder jenes Flipchart eigentlich nicht geeignet ist,

> wo es günstige und praktikable Flipcharts zu erwerben gibt oder welche Pinnnadeln man verwenden sollte, warum die häufig verwendeten, die so aussehen wie die an den privaten Pinnwänden in der Küche mit dem dicken Knubbel, zwar praktisch aussehen, aber letztlich unpraktisch sind, denn die Nadel ist viel zu kurz, und beim Bewegen fallen sie immer wieder heraus. Aber eigentlich interessiert das niemanden.«

Natürlich könnten wir Trainerinnen und Trainer das leidige Thema rund um das richtige Flipchart beenden, indem wir einfach unsere eigenen mit auf Reisen nehmen. An manchen Hotels hat eine freundliche Ansprache – und die Ankündigung, künftig noch häufiger dort Seminare durchzuführen – dazu geführt, dass bessere Flipcharts angeschafft wurden.

Machen Sie in diesem Punkt keine Kompromisse. Das Flipchart ist und bleibt unser bester Freund.

Kreativ im Kloster

Zamyat M. Klein

Seminare ohne Wände

Manchmal ist ein Kontrast zu hochmodernen und toll ausgestatteten Hotels ganz wohltuend. Wenn die Örtlichkeit dann noch in einer schönen Landschaft liegt und das Wetter mitspielt, kann man ein Seminar auch mal in einem spartanischen Kloster durchführen. Mit ein wenig Kreativität und geringen Ansprüchen.

Ich habe früher einige Male Fortbildungen für Erzieherinnen durchgeführt, in einem kleinen Nonnenkloster. Die Nonnen brauchten wohl Geld und entschlossen sich, einen Teil des Speisesaals als Seminarraum zu vermieten. Die Zimmer waren klein und so spartanisch wie eine Klosterzelle. Doch das kann man noch charmant finden. Doch ein Seminarraum muss für mich vor allem funktional sein. Ich brauche Wände und Pinnwände, um meine diversen Flipcharts, Poster und Plakate aufzuhängen.

Der wandlose Raum

Doch die Nonnen hatten es geschafft, einen Raum zu kreieren, der auch nicht eine einzige Wand zur Verfügung hatte, wo ich Poster und Plakate hätte aufhängen können. An der Stirnseite war eine Bühne, die von einem Vorhang bedeckt war, auf der gegenüberliegenden Seite eine Ziehharmonikaschiebewand, die zum Essraum führte und die wir eben immer auf- und zuziehen mussten, wenn wir aus dem Seminarraum gingen. Hier konnte also nichts aufgehängt werden.
An den beiden anderen Wänden waren viele Fenster und die Wand zwischen den Fenstern so schmal, dass kein Flipchart hinpasste. Ja, und Pinnwände gab es auch keine, sonst wäre das nicht so dramatisch gewesen. Ein einziges Flipchart – und das war's.

Mir blieb nichts anderes übrig, ich musste mal wieder kreativ werden. Einige Flipcharts habe ich also mit Sicherheitsnadeln an den Vorhängen der Bühne befestigt. Die dickeren Lernposter wurden auf Stühle oder auf Schränkchen gestellt. Einige mit Tesakrepp vorsichtig an die Ziehharmonikawand geklebt und dann eben wieder abgehängt, wenn wir den Raum verließen.

All das hat den Seminaren aber keinerlei Abbruch getan. Im gepflasterten Innenhof konnten wir den Indianertanz und andere bewegte Methoden zur Freude der bettlägerigen Nonnen vollführen. Und abends lieh mir die Äbtissin ihr Fahrrad und ich konnte durch die Weinberge radeln. Irgendwie war das alles sehr liebenswert.

Jürgen: »Ich finde auch, dass man sich nicht immer gleich vom ersten – in diesem Falle zugegebenermaßen – schlimmen Eindruck korrumpieren lassen sollte. Dein Beispiel zeigt, dass es an jedem Ort der Welt etwas Liebenswertes zu entdecken gibt. Und etwas, was unseren Teilnehmern trotz aller Widrigkeiten in Erinnerung bleibt. Zamyat, erzähl mal von deinem Workshop im Weinkeller!«

Zamyat: »Ach ja. Das war auch ein krasses Erlebnis dieser Art. Hier kam allerdings noch etwas anderes hinzu, nämlich das Gefühl, ungerecht behandelt zu werden.«

Axel: »Erzähl mal.«

Workshop im Weinkeller

Zamyat M. Klein

Warum immer ich?

Wie man sich als Trainerin zu helfen weiß, wenn kein Platz zum Aufhängen von Flichartblättern zu finden ist.

Ich war zu einem Trainerkongress in Erfurt eingeladen und sollte dort einen Workshop abhalten zum Thema »Lebendiges Lernen«. Vorab teilte ich telefonisch mit, dass ich einen großen Raum brauche, da ich Methoden mit Bewegung einbaue, dazu ein Flipchart, diverse Pinnwände, eben das übliche Programm. Für den Veranstalter machte ich schon jahrelang Seminare, also ging ich davon aus, dass alles klar war.

Ich kam mittags an, die Fahrt war von Köln aus mit dem Zug einfach elend weit, es blieb auch keine Zeit mehr zum Mittagessen, weil ich den Raum noch vorbereiten musste. Eine Kollegin wurde mir als Hilfe zugeteilt. Sie führte mich an den anderen Workshopräumen vorbei. Große, helle Räume, die meisten hatten aber vorn ein Rednerpult und die Stühle waren in Kinobestuhlungsordnung. Och, die machten wohl nicht so interaktive Workshops wie ich. Dafür hatten sie viel Platz.

Die Kollegin führte mich die Treppe hinunter in den Keller. Ja, mein Workshop würde in einem ehemaligen Weinkeller stattfinden, das sei doch sicher romantisch. – Hä? Ich wollte keine Romantik, sondern einen funktionalen Tagungsraum. Mein Erstgefühl bei dem Betreten des Weinkellers kann ich nicht mehr beschreiben, der Schock hat wohl alle Erinnerungen ausgelöscht.

Das Allerallerschlimmste: Der Weinkeller hatte kein Tageslicht. Und nicht nur das, er hatte überhaupt kein Licht. Keine normalen Deckenlampen, nichts. In der Ecke stand ein Scheinwerfer (wie von einer Baustelle), der ein grelles, aber nur partielles Licht in den Raum warf. Ich glaube, zusätzlich hat man dann noch eine schlappe Stehlampe für eine zweite Ecke organisiert.

Die Wände bestanden aus dicken Steinquadern, die nicht glatt, sondern »bewegt« waren. Unmöglich, da irgendetwas an Postern oder Plakaten anzuhängen. Aber das kannte ich ja schon. Und der dritte Schock: Statt des georderten Stuhlkreises standen große, bleischwere Holztische in der Mitte, umrahmt von völlig unbequemen, steifen Holzstühlen, die eher an Kirchenstühle erinnerten.

Das ganze Mobiliar war ungeheuer schwer und kaum beweglich. Wie und wo sollte ich hier einen *Workshop* machen, mit Flipcharts und Postern an der Wand und Platz für Tanz und Bewegung? Meine ganze Planung, mein ganzes Konzept löste sich schlagartig in Luft auf. Das war so ungefähr das genaue Gegenteil von dem, was ich den Trainern zu ganzheitlichem Lehren und Lernen zeigen wollte. Raumatmosphäre, Stimmung, Bewegung. Ich hatte nicht einmal eine verdammte Pinnwand.

Henning:
»Für eine Weinprobe klingt das super.«

Die gute Kollegin stürmte also los und besorgte eine Kordel. Wir schoben ächzend die bleischweren Tische an eine Seite, stellten einige Stühle darauf, dazwischen spannten wir die Kordel. An die Kordel hängten wir nun – mit Klebeband als »Wäscheklammern« – einige der Plakate. (Ich gehe nie ohne Klebeband aus dem Haus!) Die waren aber viel zu schwer, sodass die Kordel durchhing und die Plakate hinter den Rücken der Teilnehmer verschwanden. Die restlichen Stühle stellten wir dann in einen »Stuhlkreis«, der bei diesem länglichen, schmalen Raum eher ein Oval oder Rechteck war.

Irgendwie geht es dann doch immer

Obwohl ich in schlechter Verfassung war: lange Anreise, nichts gegessen, wütend und schockiert über diese Raumzumutung, ist der Workshop wunderbar gelungen und hat mir sogar einige Folgeaufträge beschert. Sicher war es zum einen sehr unterstützend, dass ich eine hilfreiche Person zur Seite hatte, die tatkräftig mit mir improvisierte und mir zudem Mut zusprach. Zum anderen waren auch die Teilnehmer großartig, die sich von diesem merkwürdigen Rahmen einfach nicht beirren ließen, sondern das wohl nur als »exotisch« abhakten. Ja, und ich habe es offensichtlich geschafft, trotz Schock und Wut (wieso bekommen die anderen Referenten, die gar keinen Platz für Bewegung brauchen, so große, helle Räume ...?) einen guten Workshop zu präsentieren. Wir haben sogar den »Specknerinnen-Tanz« hingelegt, und die Teilnehmer sind begeistert aus dem Workshop gegangen.

Was daraus gelernt werden kann

Ich kläre mittlerweile vor jedem Seminar härchenklein, in welchem Raum ich tage, wie groß er ist, ob er Tageslicht hat, welche Ausstattung vorliegt und so weiter. Ganz gleich, ob ansonsten der Veranstalter diese organisatorischen Dinge übernimmt: Ich rufe immer selbst noch einmal an und handle notfalls andere Bedingungen aus.

Und trotzdem hat mir gerade diese Episode gezeigt: Es geht einfach alles! Wenn man gut drauf ist und sich nicht unterkriegen und erschüttern lässt, kann man auch in einem fensterlosen Weinkeller eine super Stimmung hinkriegen und Leute begeistern und mitreißen.

Ich bin während des Workshops außer in der Einleitung nicht weiter auf die Bedingungen eingegangen, und wenn, dann scherzhaft. »Stellen Sie sich bitte in einen Kreis« wurde dann eher zu einem »Stellen Sie sich bitte in ein O«.

Man hätte sicher viel Zeit mit Klagen und Schimpfen zubringen können, doch das haben wir uns gespart und einfach den Workshop gemacht.

Torben: »Was ich total nachvollziehen kann, ist dieses Gefühl, nachlässig behandelt zu werden. Mir geht das manchmal so, wenn ich mal wieder kurzfristig den blödesten Raum im Hotel zugewiesen bekomme. Einmal hatte ich den Verdacht, dass man das eher mit mir macht als mit anderen Trainern, weil das entsprechende Hotelpersonal bei mir davon ausgeht, dass ich freundlich bleibe und manchmal eben zu Kompromissen bereit bin.«

Jürgen: »Sag's ruhig, Torben: weil du eben netter bist als die anderen Trainerdiven. Die machen dann nämlich einen tierischen Aufstand. Aus Sicht des Hotelpersonals würde ich auch eher dir eine solche schlechte Nachricht übermitteln als beispielsweise Albrecht.«

Albrecht: »Moment mal, so schlimm bin ich gar nicht!«

Jürgen: »War ein Spaß, Albrecht.«

Albrecht: »Ich würde das an deiner Stelle, Torben, aber trotzdem ansprechen. Ich hatte allerdings vor Kurzem selber einen Fall, den ich hier schildern will.«

Platz ist in der kleinsten Hütte

Albrecht Kresse

... zur Not auch im Heizungskeller

Kann man umgeben von Skeletten und ausgestopften Fischen trainieren? Geht alles, wenn man ein wenig improvisiert. Doch bei muffigen Kellerverliesen streike ich. Eine kurze Führung durch schreckliche Räume und was man tun kann, um sich den Horror zu ersparen.

Es war Mittwochabend. Ich hatte das Training in München beendet, das Material ins Auto gepackt und fuhr zum nächsten Seminartermin einmal quer durch die Republik. Mein Ziel war nämlich an der Ostsee und somit über 800 Kilometer entfernt. Unglücklicherweise sollte das Training am nächsten Tag auch noch relativ früh, nämlich um acht Uhr, in einer Klinik beginnen. Im angeschlossenen Hotel war die Rezeption spätabends nicht mehr besetzt. Den Schlüssel zum Seminarraum hatte man für mich deponiert. Denn egal, wie spät ich anreise: Wenn möglich, werfe ich vor dem Zubettgehen noch einen Blick in meinen Trainingsraum. In diesem Falle: mit gutem Grund.

Skelett

Das Training sollte in einem Ausbildungsraum für Physiotherapeuten stattfinden. Dort standen zwölf Massagebänke, die ich alle selbst zur Seite räumen musste. Ein Teil des Raums ließ sich mit einem Vorhang abtrennen. Dahinter verbarg ich die Bänke. Die Massage- und Sitzbälle störten mich weniger, die konnte ich in das Training integrieren. Das Skelett räumte ich nicht beiseite, sondern stellte es neben das Flipchart. Meine Teilnehmer waren diesen Anblick ja gewohnt, ich fand ihn höchst amüsant. Genau wie mein Kollegenkreis, der später das Foto sah.

Das Training war übrigens keines für Physiotherapeuten, sondern ein Gesprächstraining für Ärzte und Pflegepersonal – und der Raum längst nicht der schlimmste, den ich in all den Jahren erlebt habe.

Warum sind die Räume oft so ungeeignet?

Das hat vielleicht damit zu tun, dass in der Regel von Seminarräumen gesprochen wird. Wir brauchen aber Trainingsräume. Und hier sind die Anforderungen anders als in der preußischen Paukfabrik. Wir haben im Büro inzwischen eine recht aufwendige Checkliste für die Raumanforderungen. Dazu gehören ein Foto einer typischen Bestuhlung sowie genaue Angaben zu den erforderlichen Quadratmetern, zu Stühlen, Tischen, Steckdosen, Skirtings, Fenstern, Leuchten und Teppichbodenmustern.

Checkliste für Raumanforderungen

Die folgenden Punkte sollten Sie auf jeden Fall checken, bevor Sie einen Raum buchen:

- Platz pro Teilnehmer
- Mobiliar
- Belüftung
- Raumschnitt (möglichst keine Nischen)
- unverstellter Blick (keine Säulen im Raum)
- Belichtung (Tageslicht und Lampenart)
- Teppichbodenmuster
- Geruch
- Dekoration (möglichst wenig davon)
- Schallisolierung
- Aussicht (kein Parkplatz, Brandwand und Ähnliches)
- Deckenhöhe
- Akustik
- ausreichend Platz an den Wänden zum Aufhängen von Charts

Trotzdem stehe ich immer wieder in Räumen, die mich zur Verzweiflung bringen: zu klein, zu laut, zu dunkel, manchmal gänzlich ohne Tageslicht, eingebaute Monstertische, die sich ohne Schwerkran und Monteurbrigade nicht entfernen lassen. Kürzlich hatte ich einen Raum, der viel zu klein war und in dessen Mitte ein Baumstamm stand. Am Ende hatte ich den Baumstamm so fest in mein Training integriert, dass ich ihn in den nächsten Trainings sogar vermisst habe.

Was hilft gegen schlechte Räume?

Bessere Vorbereitung! Wir sollten von Trainingsräumen statt Seminarräumen sprechen. Checklisten alleine reichen nicht. Im Idealfall übernehmen meine Kollegen und ich die Organisationsabsprache mit dem Hotel selbst und rufen dort stets persönlich an. Mit den Ansprechpartnern klären wir die Quadratmeterzahl und die speziellen Raumanforderungen.

Manchmal geht es dennoch schief oder es gibt einfach keinen entsprechenden Raum. Dann heißt es improvisieren.

> Zwei meiner Kollegen führten kürzlich ein Training für 25 Teilnehmer in einer riesigen Hotelsuite mit zwei Etagen durch. Das erforderte viel Improvisationstalent und war ziemlich cool. Es gibt also auch positive Abweichungen von der Norm.

Oft sagt die Raumauswahl eine ganze Menge über die Wertschätzung aus, die ein Auftraggeber seinen Mitarbeitern entgegenbringt. Ich erinnere mich an einen Niederlassungsleiter, der ein Haus gemietet hatte, in dem einige Projektmitarbeiter zeitweise untergebracht waren. In diesem Haus gab es einen großen Heizungskeller. Ob man die Trainings nicht dort durchführen könnte? – Das fragte er allen Ernstes. Der Mann war ziemlich dominant und auch noch hartnäckig. Ich ließ mich sogar zu einem Besichtigungstermin überreden. Es handelte sich tatsächlich um einen Heizungskeller. Ich hatte aber angenommen, er sei zumindest ein wenig aufgehübscht worden. Weit gefehlt! Betonwände mit Rohputz, gefühlte Raumhöhe etwa 1,90 Meter, Rohre an der Decke, der Fußboden ebenfalls Beton, Tageslicht: Fehlanzeige. An diesem Ort zu trainieren konnte man nicht ernsthaft erwägen. Das war auch der Mitarbeiterin aus der Personalabteilung klar, die den Raum mit mir besichtigte. Wir landeten schließlich in einem Dorfhotel. Im viel zu kleinen Veranstaltungsraum hing, wie ich noch gut in Erinnerung habe, ein riesiger ausgestopfter Fisch an der Wand.

Jürgen:
»Der Fisch roch doch bestimmt noch!«

Sie merken, mich kann wenig schrecken. Doch bei wahren Gruselkabinetten nehme ich Reißaus.

Barbara: »Dann würde dich das Training, welches ich in der Kegelbahn eines profanen Altenheims durchführte, nicht schocken. Deine Feuerprobe klang schlimmer!«

Olaf: »Als ich noch an der Hochschule der Künste studierte, habe ich ein paar große Künstler kennenlernen dürfen. An einem Tag sollte ein Konzert mit einer berühmten Pianistin, Frau Edith Picht-Axenfeld, stattfinden. Ein Einspielraum wurde selbstverständlich zur Verfügung gestellt, damit die Meisterin ihre Zeit vor dem Konzert gebührend nutzen konnte. Die weltberühmte Künstlerin bekam einen Raum, in dem ein ziemlich schäbiger Flügel stand. Allen Organisatoren war das sehr unangenehm. Man könne doch der Meisterin nicht solch einen schlechten Flügel zur Verfügung stellen. Ich glaube auch, dass das nicht geht. Doch die Dame beschwichtigte mit den Worten: ›Beruhigen Sie sich. Der Flügel, auf dem ich spiele, ist gerade der beste Flügel.‹ So schlecht der Seminarraum auch sein mag, in dem Moment des Trainings ist er der beste. Räume werden von uns bespielt.«

Henning: »Das merke ich mir. Schöne Autosuggestion. Dieser Raum ist gerade der beste.«

Torben: »Hhm, Freunde, dann solltet ihr mal Zamyats Schlachthof-Geschichte hören.«

Suggestopädie im Schlachthof

Zamyat M. Klein

Räumliche Extremsituationen meistern

In manchen Seminarhotels kommt alles Schlimme zusammen. Das Beste wäre vielleicht, sofort wieder abzureisen und das Seminarhotel von der Liste der möglichen Tagungsorte zu streichen.

Als ich vor dem Tagungshaus aus dem Taxi stieg, hatte ich zum ersten Mal in meinem Trainerleben den spontanen Impuls, sofort wieder ins Taxi zurückzusteigen und zu verschwinden. Denn es wirkte einfach nur grau und deprimierend. Dennoch schnappte ich mir tapfer mein »kleines Zuggepäck« aus Koffer, Rucksack, Umhängetasche und Flipchartmappe und zwängte mich durch eine Gruppe Jugendlicher, die rauchend vor dem Eingang standen.

In der Beschreibung des Tagungshauses hatte auf der Webseite etwas von »ökologisch« gestanden, ich hatte mich also durchaus auf etwas »Alternatives« eingestellt und nicht auf ein 4-Sterne-Hotel. Aber alternativ im Sinne von gemütlich, mit Holz, freundlich – was auch immer.

Zuerst musste ich jemanden finden, der mir den Seminarraum und mein Zimmer zeigte, damit ich alles vorbereiten konnte. Was für Suggestopäden immer etwas aufwendiger ist.

Kurz zur Erklärung: Suggestopädie

Suggestopädie ist eine ganzheitliche Lehr- und Lernmethode, bei der es darum geht, den Lernprozess entspannt und spielerisch aufzubereiten, alle Lerntypen einzubeziehen, eine Umgebung zu schaffen, die wenig an vielleicht negative Schulerfahrungen erinnert, sondern eine inspirierende und positive Lernatmosphäre schafft.
Insofern hat auch der äußere Rahmen eine große Bedeutung und der Raum wird vorher schön gestaltet und dekoriert. Ein Stuhlkreis mit einem bunten Mittelpunkt in der Mitte (das können Blumen sein, Bilder, Tücher, was auch immer), bunten Plakaten und sogenannten Randstimuli an der Wand, Bücher und Spiele als Angebot auf Tischen, Musik.

Fabrikhalle oder Seminarraum?

Als ich dann den »Seminarraum« betrat, traf mich der Schlag:

- Eine große Halle, die mich sofort an eine Fabrikhalle erinnerte. Die Wände waren wohl weiß gestrichen, aber es waren Steinwände. Der Raum war riesig und in den Ecken standen Möbel, Geräte, Gerümpel.
- Im Raum verteilt waren große Pfeiler. An den Pfeilern und an der Decke hingen diverse Fleischerhaken, die mich an einen Schlachthof oder Schlimmeres denken ließen.
- Im hinteren Teil des Raumes war dann der Stuhlkreis vorbereitet, es gab auch ein Flipchart und eine Pinnwand.
- Alles andere – indiskutabel.
- Die Wände waren viel zu weit weg, um dort irgendein Plakat hinhängen zu können. Das hätte niemand lesen können. An dieser Art von Wand hätten die Poster und Flipchartbogen auch nicht gehalten.
- Wie sollte man hier eine behagliche Atmosphäre herstellen?
- Das Licht – auch ein sehr wichtiger Faktor für Atmosphäre und Wohlgefühl – passte sich natürlich dem ganzen Ambiente an. Grelle Neonröhren an der Decke, keinerlei Variationsmöglichkeit oder Dimmer.

Nun denn, dann wollte ich erst einmal aufs Zimmer, um meinen Koffer loszuwerden, mich vom ersten Schock zu erholen und meinen Kollegen aufzusuchen, denn diese Seminaren machten wir gottlob zu zweit.

In diesem Fall war die Teamzusammenstellung auch inhaltlich für mich lebenswichtig: Ich war für die Suggestopädie und die Methoden zuständig, mein Kollege Charly für die kaufmännischen Themen und Mathematik.

Eine Jugendherberge wäre Luxus dagegen

Nun war ich also gespannt auf mein Zimmer. Mir wurden zwei Alternativen angeboten. Das erste Zimmer war – na ja, ein Zimmer mit einem Bett und einem Tisch, aber ich bin ja genügsam. Nur dass in diesem Teil des Hauses die Heizung nicht funktionierte. Es war Dezember. Tja, dann könnte ich noch ein anderes Zimmer haben, da müsste ich mir aber das Bad mit meinem Kollegen teilen, das zwischen den beiden Zimmern lag. Eine witzige Konstruktion, mit Türen von beiden Seiten.

Frieren ist für mich so das Schlimmste überhaupt, also war das gar keine Frage. Ich würde mich mit Charly sicher prima einigen. Das »Zimmer« war dann ein sehr kleiner Verschlag, mit Dachschräge, dessen besonderer Charme sich erst mit der Zeit enthüllen sollte.

Rechts von der Tür ein kleines Waschbecken, links ein kleiner Tisch, weiter rechts dahinter das Bett, schon unter der Schräge – und das war alles. Aber wie angemerkt, die besonderen Überraschungen sollten sich erst noch enthüllen.

Nach diesen ganzen Aufregungen musste ich erst einmal auf die Toilette. Die Tür zu Charlys Zimmer von innen abschließen und entspannen. Doch damit war es schnell vorbei. Als ich ahnungslos die Spülung betätigte, bekam ich fast einen Herzinfarkt. Eine irrsinnig laute Häckselmaschine, die am Klo angebracht war, begann ihr lärmendes Werk, und das jedes Mal, wenn jemand die Toilette benutzte. Das sollte uns nächtens besonders freuen, wenn einer mal dorthin musste, während der andere gerne geschlafen hätte. Unmöglich.

Um gleich die Freuden des Zimmerchens hier abzuhandeln, ehe ich mich dem weiteren Seminar widme: Als ich mich kurz auf das Bett legte und relativ entgeistert ob der ersten Schrecken an die Decke starrte, erwartete mich die nächste Überraschung. Dort war eine Lücke. Es fehlte eine Deckenplatte, so dass ich freie Sicht hinaus aus meinem Zimmer hatte. Aber Menschen, die auf einer Ebene höher im Flur auf der Galerie standen, hatten einen ebenso freien Blick auf mein Bett. Das gefiel mir nicht wirklich.

Kreativ und praktisch, wie ich bin, stellte ich fest, dass ich eine andere Platte verschieben konnte, sodass niemand mehr auf mein Bett schauen konnte. Dafür war nun der Blick auf mein Waschbecken frei. Was für eine Alternative!

Das Wort »Intimleben« bekam eine ganz andere Bedeutung. Ich konnte weder unbemerkt auf die Toilette gehen, ohne dass mein armer Kollege aus dem Schlaf hochfuhr und sich zu Tode erschreckte. Ich konnte auch nicht unbeobachtet schlafen oder mir die Zähne putzen.

Weitere Überraschungen

Ich will nur am Rande erwähnen, dass das Essen grottenschlecht war. Das einzig Ökologische, was wir finden konnten, war ein teurer Kaffee aus der Dritten Welt, den wir extra bezahlen mussten. Das war mir aber schon egal, zumal ich keinen Kaffee trinke, sondern Tee. Aber die Teilnehmer waren darüber nicht erfreut, was die Gesamtstimmung auch nicht gerade verbesserte.

Es gab auch keinen Raum für Raucher, sie mussten in der Diele sitzen (unnötig zu betonen, dass diese eiskalt war). Da es aber – trotz oder wegen aller Schrecken – eine gesellige Gruppe war, saßen wir abends alle gemeinsam solidarisch frierend in der Diele.

Das Seminar

Das Wunderbare: Wir haben ein tolles Seminar hinbekommen. Noch heute möchte ich die Teilnehmer loben, mit welcher Souveränität sie mit uns gemeinsam diese merkwürdige Situation gemeistert haben. Wir kamen alle zu dem Schluss, dass wir das nur mit Humor und Gelassenheit ertragen können und mit viel Improvisation.

Das Seminar verlief inhaltlich sehr gut, die Teilnehmer nahmen die für sie zum Teil sehr neuen Anregungen offen auf, entwickelten selbst am Ende tolle Unterrichtseinheiten und die Stimmung war geradezu aufgekratzt. Da diese Seminare damals fünf Tage dauerten, hatten wir reichlich Zeit und Gelegenheit zu improvisieren.

Da ich nicht mit dem Auto und meinen diversen Taschen und Kisten an Requisiten angereist war, konnten wir an der Raumdeko nicht viel ändern, also haben wir es ignoriert.

Abends sind wir dann zu Fuß oder mithilfe diverser Autos in den nächsten Ort (das Haus lag auch noch ziemlich abgelegen) und dort gemeinsam ins Kino, zum Essen oder in eine Kneipe gegangen. Alles war besser als noch ein Abend in der eisigen Diele.

Die Teilnehmer, die in einem der ungeheizten Zimmer übernachten mussten, überlebten auch ohne abgefrorene Zehen.

Das Seminar war rundum erfolgreich, doch anschließend schrieb ich einen entsprechenden Bericht und eine Beschwerde an den Veranstalter, die dann dieses »Tagungshaus« auch nie mehr buchten.

Jürgen: »Gibt es unter Trainern eigentlich eine Black-List für Seminarhotels? Ich hätte da gern einmal eine. Man traut sich schon gar nicht mehr; seine Geheimtipps zu nennen, weil da sonst ganz schnell ausgebucht ist bei all den unperfekten Seminarhäusern.«

Abwärts …
und wieder rauf

- Fälle zu heftigen gruppendynamischen Effekten
- Die Specknerin
- Geballte Ladung Widerstand
- Keiner will mehr
- An die Heizung gefesselt
- Ich hab da mal eine Grundsatzfrage!
- Diesen Scheiß mach ich nicht mit!
- Misfit per Abstimmung

↗ 06

Fälle zu heftigen gruppendynamischen Effekten

In diesem Teil haben wir schwierige Situationen gesammelt, die – zumindest teilweise – auf ungünstige gruppendynamische Prozesse zurückzuführen sind. Irgendwie ist die Dynamik von Gruppen ja immer beteiligt. Hier jedoch wird beispielhaft aufgezeigt, wie sich das auswirken kann.

Gruppen sind ungeheuer stark. Sich als Trainerin oder Trainer gegen sie zu stellen ist deshalb so ungefähr das Dämlichste, was man machen kann. Wir alle lernen im Laufe unseres Weges, die Energie der Gruppe und jede sensible Veränderung darin zu erkennen, zu lenken und in eine Lernleistung zu überführen. Gruppen haben gleichermaßen das Potenzial, sich aufzuheizen und sich zu lähmen. Sich zu tragen oder sich zu beschweren. Sie bewirken und verhindern. Dabei sind wir selbst und unsere Teilnehmer Kräften ausgesetzt, ähnlich denen, die auf ein Boot im Sturm einwirken. Indem wir die Segel richtig setzen, Wellen abreiten, den Kurs so wählen, dass der Wind von der richtigen Seite kommt, versuchen wir die Kraft der Elemente für ein Fortkommen zu nutzen. Natürlich gibt es auch friedliche Gewässer und stille Seen, an denen wir den eigenen Hilfsmotor anwerfen, um überhaupt voranzukommen. Man fragt sich dann, was anstrengender ist. Der stramme Wind oder das stille Gewässer? Denn der Hilfsmotor, den wir in stillen Gruppen einsetzen müssen, frisst eine ganze Menge Trainerenergie. Wir *geben* Energie in die Gruppe, statt sie zu *lenken* oder zu *nutzen*.

Gruppen sind ungeheuer stark!

Wir alle kennen Kollegen, die sich im Laufe der Zeit dafür entschieden haben, eher mit Einzelnen im Coaching zu arbeiten. Denn das Arbeiten in Gruppen bedeutet auch immer, sich diesen Kräften auszusetzen. Sie erfordern einen anderen Fokus und eine andere Intensität der Interventionen als im Coaching. Und sie bergen an sich immer die Gefahr, sich mir nichts, dir nichts alleine einer nicht beherrschbaren Kraft gegenüberzusehen.

Die folgenden Fälle beschreiben, wie eine falsch gewählte Methode, eine fehlende Gruppenkohäsion oder negative Vorerfahrungen zu Gruppenweigerungen und Widerständen führen können. Und wie wir diesen in der Vergangenheit begegnet sind.

Die Specknerin

Barbara Messer

Eine missglückte Aufforderung zum Tanz

Dies ist ein Erlebnis, welches in der Schublade mit der Aufschrift »Finger weg – geheim halten!« liegt. Deshalb wundere ich mich umso mehr, dass ich es jetzt hier in diesem Buch finde. Denn es gehört zu den schmerzhaftesten Erfahrungen aus meinem Leben als leidenschaftliche Trainerin. Und nicht nur das, es gehört auch zu den Geschichten, durch die ich am meisten gelernt habe. Und es ist eine Erklärung, warum manche Kunden mich nicht mehr gebucht haben.

Es war einmal vor langer Zeit, mehr als zehn Jahre her. Als Trainerin in der Pflegebranche war ich schon eine ganze Weile bundesweit unterwegs. Getreu dem Rat meiner Mutter folgend: »Kind, mach das, was du am besten kannst«, tat ich das auch. Ich fuhr kreuz und quer durch die Republik, um die Pflegekräfte in stationären und ambulanten Pflegeeinrichtungen mit meiner Leidenschaft für das Thema Pflegeplanung anzustecken. Pflegeplanung ist etwas, was die meisten Pflegekräfte nicht mögen. Eine Pflegeplanung ist eine Art Analyse über den zu pflegenden Menschen. Seine aktuellen Fähigkeiten, Bedürfnisse, Anliegen und noch einiges mehr werden eingeschätzt, dann schriftlich zu Papier gebracht und zudem noch geplant, welche Interventionen und Maßnahmen nun sinnvoll für ihn sein könnten. Es verlangt eine ausgeprägte Reflexions- und Analysefähigkeit, zudem die Gabe, das in ausgewählten, neutralen Formulierungen zu Papier zu bringen. Neben der Planung der Pflege im Sinne des alten Menschen ist es zugleich ein wichtiges Werkzeug, um dem Medizinischen Dienst der Pflegekasse die richtige Pflegestufe zu begründen. Es geht also auch um Geld und eine Anpassung des Personalschlüssels.

Ich selbst liebte Pflegeplanungen von dem Tag an, als ich die erste schreiben musste. Mir macht es Freude, die Pflege im Sinne des alten Menschen zu gestalten, und ich mag es, mir diese professionelle Auszeit zum Denken und Schreiben zu nehmen.

Mir war es ein tiefes Anliegen, meine Schulungen methodisch und pädagogisch so zu gestalten, dass die Pflegekräfte sich wohlfühlen, neugierig und engagiert sind. Da ich mir selbst vieles nach dem Motto »Learning by Doing« beigebracht hatte, dachte ich, dass ein Pflegepädagogikstudium der richtige Weg für mich sei. Damit könnte ich punkten, vermutete ich. Ganz engagiert begann ich damit, erfuhr dann aber, dass ich diesen weiteren Spagat nicht mehr halten konnte. Die Herausforderung, als selbstständige Trainerin eine Familie zu ernähren, eine kleine Tochter zu haben und nun noch obendrauf ein Studium zu setzen, 200 Kilometer weit weg, das überforderte mich und auch meine Familie. Ich brach das Studium ab. Und wie so oft, wenn eine Tür zu ist, geht eine andere auf. Und genau so war es. Wie ein Zeichen des Himmels fiel mir ein Flyer für eine Grundausbildung Suggestopädie in die Hände. Nach wenigen Tagen hatte ich mich dafür entschieden und begann die Ausbildung in Hannover. Von der ersten bis zur letzten Minute saugte ich alles auf, berauschte mich am Transfer und genoss die Trainings, in denen ich alles Neue ausprobieren konnte. Gerade für die meist lernungeübten Pflegekräfte, die ja oft auch unfreiwillig zu Schulungen kamen.

In der Ausbildung kam ich selbst wieder sehr intensiv mit meiner alten, durch den Karriereweg verschütteten Kreativität in Kontakt. Es purzelte nur so aus mir heraus. Alles nahm ich gerne an. Das kreative Schreiben in der Ausbildung wie auch die Kreistänze. Ich fühlte mich jung, voller Kreativität und wollte ständig Bäume ausreißen.

Sicher haben Sie schon gedacht, es gibt gar keinen Bezug zur Geschichte. Doch, der kommt jetzt.

In der Ausbildung hatten wir einen ganzen Tag das Thema Kreistänze, hierfür wurde extra eine Tanzpädagogin und Kreistanzmeisterin eingeladen. In der klassischen Suggestopädie wird und wurde viel getanzt. Das Tanzen erfüllt viele Aufgaben: Es entspannt oder regt an, es verbindet die Menschen, es beschwingt, es fegt den Kopf leer und erfrischt ihn, es bringt die Menschen spielerisch zusammen. Der Tanz, der – aufgrund der festgeschriebenen Schrittfolgen – meist nicht auf Anhieb funktioniert, ist eine herzliche Einladung in eine positive Fehlerkultur. Passiert ein Fehler beim Tanz, wird meist erfrischend, albern, übermütig und spontan gelacht. Man nimmt den Tanz wieder auf, ohne auch nur nach dem Schuldigen zu schauen. Weiter geht's. Eine schöne Metapher für das Lernen, wie ich finde.

Mir hat der Tanztag gutgetan, und ich habe es danach oft gewagt, ein Training mit einem Tanz, zum Beispiel am zweiten Tag, zu starten. Meist kam das sehr gut an, da ich die Tänze in ein rundes, suggestopädisches Konzept aus ganz viel Freude, Kreativität und Fachkompetenz mit entsprechendem Stallgeruch eingebettet hatte. – Aber dann kam alles anders als gedacht.

Ich hatte eine zweitägige Schulung in Mecklenburg, war morgens noch am Schweriner See laufen und eine Runde zwischen den Schwänen geschwommen, ich fühlte mich klar und gestärkt. Es kann kommen, was will, dachte ich. Eine bunte, kompetente und neugierige Truppe an Pflegefachkräften aus ganz verschiedenen Einrichtungen kam zusammen, um zwei Tage lang intensiv zum Thema Pflegeplanung zu arbeiten und zu lernen.

Im wahrsten Sinne des Wortes büffelten wir intensiv. Die Teilnehmer forderten mich eifrig. Ich blühte aus vollster Seele und Begeisterung auf, wirbelte mit meinem Wissen nur so um mich, verpulverte mein ganzes Methodenfeuerwerk und schaffte es dennoch nicht, Erkenntnis in den Gesichtern der Teilnehmer zu finden. Ich dachte nach wie vor, dass ich dafür zuständig sei, sie zu motivieren, ihnen das Thema zu erschließen, und legte mich echt ins Zeug.

Aber, wie so oft, wenn wir etwas mit sehr viel Druck machen, dann klappt es nicht. Der größte Teil der Gruppe reagierte irgendwann mit Müdigkeit, Überforderung und schlussendlich mit Kopfschmerzen. Natürlich könnte ich dafür viele Gründe als Erklärung heranziehen. Zum Beispiel den Raum, das Thema, das ungewohnte Sitzen und Ähnliches.

Was sollte ich tun? Irgendetwas Bedeutsames musste her, da war ich mir ganz sicher. Ich nahm all meinen Mut und meinen damaligen Überschwang zusammen, machte ein extra freundliches Gesicht und stellte die Gruppe vor die Wahl: »Ein Lied oder ein Tanz.« Baff entschieden sie sich für das kleinere Übel, wie sie dachten, den Tanz!

Nun war also der große Moment gekommen, mit allen 18 Frauen diesen Kreistanz zu tanzen. Mit diesem Tanz meine ich den Specknerinnentanz, ein Tanz, den ich gut beherrschte und der an die Arbeit der Korbflechterinnen erinnert.

Der Specknerinnentanz

Diesem Tanz liegt eine englische Melodie aus dem 16. Jahrhundert zugrunde. Wie in vielen anderen alten Volkstänzen werden auf symbolische Weise Basiserfahrungen des menschlichen Lebens ausgedrückt: Es gibt ein Vorwärtsgehen mit Blick in die Zukunft, ein Zurückgehen mit Blick in die Vergangenheit; in der Mitte begegnen wir uns, gehen aber auch wieder auseinander, und beim Stillestehen halten wir inne. Die ruhig fließende Melodie begleitet Tänzerinnen und Tänzer durch diese Erfahrungen und verbindet sie miteinander.

Ab den ersten Sekunden wusste ich, dass dies eine komplett falsche Entscheidung war. In mir gab es nur noch einen Wunsch: Der Linoleumboden täte sich unter mir auf und würde mich verschlingen – auf Nimmerwiedersehen. Der Schlund im Boden möge mich für immer aus der Trainerwelt reißen und auch die Teilnehmerinnen erlösen. Nichts da – keine Erlösung. Was ich begonnen hatte, musste ich schließlich zu Ende bringen. Eine enorme Leistung für uns alle. Jetzt noch, Jahre später bewundere ich die Teilnehmerinnen, wie sie diese Aufgabe meisterten. Als wenn der Tag nicht schon schwer genug gewesen wäre, setzte ich noch etwas drauf. Die betretenen Gesichter der Menschen, die sich zum Ende der Musik klammheimlich auf ihre Plätze setzten, waren für mich schwer auszuhalten. Ich fiel aus allen Wolken, erst hochmotiviert, jetzt voller Scham.

Was lehrte mich diese Situation? Was hatte ich davon? Und warum ist sie mir immer noch so stark in Erinnerung, dass ich sie jetzt hier anführe.

Eine wesentliche Lernerfahrung war, dass nicht alles, was für mich gut ist, für andere ebenfalls gut ist. Schockerfahrungen braucht es auch nicht, vor allem wenn der Himmel über dem Seminar sowieso schon voller Vorbehalte hängt.

Meine Lektion saß, ab diesem Tag war es mir ein wichtiges Anliegen, mich wesentlich mehr mit einer inneren Haltung vor den Teilnehmern und ihrer Situation zu verneigen. Noch mehr zu beobachten, welche Bedürfnisse sie gerade haben. Seitdem erlaube ich mir manches Mal mehr, nachzufragen, wie es den Teilnehmern geht, was sie brauchen, und überprüfe meine Wahrnehmung.

Die Tänze? Die sind aus meinen Trainings verschwunden. Die Musik nicht. In der Grundausbildung Suggestopädie, da gibt es ab und an ein Tänzchen, und sonst gehört das auf eine Party oder in die Disco.

Zamyat: »Dazu muss ich natürlich auch was loswerden! Gerade den Specknerinnentanz habe ich über Jahre in jedem Seminar gemacht (und nicht nur den). Der wurde dann später durch den Indianertanz ersetzt und inzwischen habe ich meine Liebe zu mongolischem Kehlkopfgesang entdeckt und mir dazu wilde Bewegungen ausgedacht. Und ›Kalimba de Luna‹ ist immer noch ein Hit in jedem Seminar.

Den Specknerinnentanz haben wir vor allem bei den fünftägigen Lehrerfortbildungsseminaren zweimal gemacht. Am ersten Tag gleich nach der ersten Kaffeepause – und dann ganz am Ende des Seminars zum Abschluss.

Und ich fand es immer total spannend, wie unterschiedlich das dann lief, wie anders die Stimmung war. Am Anfang noch leicht scheue erwachsene Menschen unseres Kulturkreises sind Kreistänze nicht gewohnt, schon gar nicht, wenn man sich dazu noch an den Händen fasst. Aber es endete doch meist mit einem Lächeln.

Am Ende des Seminars hatte der Tanz einen ganz anderen Charakter. Manchmal war es sogar etwas wehmütig, weil gleich Schluss war und manche traurig darüber waren. Weil man als Gruppe zusammengekommen war.

Ich finde, dass Kreistänze eine ganz spezielle Wirkung haben, eine Gruppe wieder nach einer Pause oder verschiedenen AG-Arbeiten zusammenführen können, und dass es eine wunderbare Metapher ist, sich einmal etwas Ungewohntes zu trauen!

Musik und Tänze sind die ursprünglichsten Kommunikationsformen und Ausdrucksformen der Menschen, bei uns leider bei vielen sehr unterdrückt und verschollen. Ich habe zum Glück in vielen Seminaren erlebt, dass es geht und sich die Teilnehmer mit Freude darauf einlassen, nach einem ersten kleinen Schockmoment. Wenn das Timing stimmt, ist fast alles möglich.

Natürlich habe ich mich auch schon mal total verhauen. Nie vergessen werde ich die höchst peinliche Situation, als ich meine Massagetierchen aus Holz auspackte, mit denen wir uns jeweils zu zweit gegenseitig den Rücken massierten – zu leiser Säuselmusik. Kommt oft gut. Aber in dieser einen ziemlich kleinen Gruppe war schnell zu merken, dass es zumindest zwei Männern total peinlich war. Sie kicherten und quatschten nur herum (obwohl dabei nicht gesprochen werden soll). Ich habe es einfach nicht geschafft, das zu verstehen und zu akzeptieren, lachend abzubrechen und zu sagen: ›Na, das passt wohl gerade nicht so. Ihr habt offensichtlich nicht so einen Spaß daran!‹ Stattdessen zog ich auch noch die zweite Runde durch – und habe mich alles andere als entspannt dabei!«

Jürgen: »Zamyat, du sagst es: Das Tanzen muss zu dir selbst passen. Ich hab das schon ein paarmal bei dir erlebt und finde das da total passend und lustig. (Wobei ich mich beim Anfassen der Hüfte meiner etwas [nein, sehr] dickleibigen Nachbarin jedes Mal gefragt habe: »Was zur Hölle mache ich hier eigentlich?!« (Ich wusste auch gar nicht so genau, wo ihre Hüfte eigentlich war.) Aber das waren wildfremde Menschen (und ich bin introvertierter, als man denkt).

Ich weiß, du wirst zustimmen, Zamyat, dass man dazu stehen muss, solcherlei Übungen zu machen. Und ich stimme dir wiederum zu, dass man als Trainer viel zu oft denkt: ›Das finden die bestimmt total blöd‹ – und am Ende haben alle viel Spaß. So geht es mir mit Übungen wie beispielsweise Whiskeymixer und Wachsmaske, Obstsalat und Ohrenreiben. Ich finde, dass die Methode jeweils zu den Teilnehmern passen muss (fit). Ebenso zu Seminarthema, Trainer, Seminardauer, Kontext und so weiter. Wenn man zu dir geht, weiß man meist schon: Suggestopädin! Da erwartet man das vielleicht eher. Wir bei Bridgehouse schimpfen uns Eklektizisten, weil wir versuchen, unsere Methoden immer genau an das anzupassen, was uns erwartet. Also wiederum an Teilnehmer, Stil des Seminars, Auftraggeber … Und wir sorgen dafür, dass unser Spektrum so breit ist, dass wir für möglichst jeden das Passende dabeihaben. Kurz: Wenn (alle) Teilnehmer tanzen wollen, dann mache ich das.

Ich hab dir schon einmal gestanden – zuletzt auf dem Trainerkongress in Berlin –, dass ich dich unglaublich mutig finde. Ich selbst würde einen solchen Tanz von mir aus nie, nie, nie, niemals bei meinen derzeitigen Klienten einsetzen! Meine Teilnehmer (zum Beispiel Texter, Kreative oder Geschäftsführer in der Werbebranche) fänden mich total uncool. Fremd- und Eigenscham wären so sehr damit verbunden, dass das für das Lernen eher hinderlich wäre. Aber: Das ist es ja gerade, was uns Trainer unterscheidet und besonders macht. Das, was bei dem einen geht, ist bei dem anderen unmöglich! Widersprecht mir! Verdammt mich!«

Zamyat: »Klar widerspreche ich dir! Und klar gebe ich dir gleichzeitig vollkommen recht! Zuerst einmal das Widersprechen. Du sagst über mich: ›Wenn man zu dir geht, weiß man ja meist schon: Suggestopädin! Da erwartet man das vielleicht eher.‹ – Nein, meine Teilnehmer wissen in der Regel nicht, dass ich Suggestopädin bin. Im Gegenteil. In Firmen oder auch offenen Seminaren einer großen Akademie lesen die Teilnehmer vorher kaum die Seminarausschreibung und mich als Trainerin kennen sie auch nicht. Ich bin froh, wenn sie wenigstens wissen, um welches Thema es geht. (Auch das ist nicht immer der Fall – dazu könnte man ebenfalls tolle Storys erzählen.)

Also, die rechnen mit gar nichts, außer vielleicht mit einem Vortrag mit Beamer und PowerPoint. Und dann sehen sie beim Betreten des Seminarraums – oh, hier ist alles anders. Aber: Ich quäle und zwinge meine Teilnehmer nicht zu Sachen, die sie nicht wollen, und habe durchaus die Haltung, dass ich schaue, was passt gerade! Was mir nicht immer gelingt, siehe die Geschichte mit den Massagetierchen. Und ich traue mich auch nicht immer alles! Selbst wenn ich es gerade gut fände.

Aber: Wenn ich meine Teilnehmer vorher fragen würde: Wollt ihr tanzen? Wollt ihr durch die mongolische Steppe reiten? – dann käme ganz sicher ein Nein. Trotzdem vergewaltige ich sie nicht, wenn ich ihnen neue Erfahrungen ermögliche, indem ich sie ein wenig überrumple.

Im Übrigen erkläre ich das jeweils zu Beginn meines Seminars, dass ich zwischendurch immer sogenannte Energieaufbauübungen machen, und welchen Sinn und Nutzen sie für die Teilnehmer haben: nämlich wach und konzentriert zu bleiben. Dass es aber auch (gerade beim Thema Kreativitätstechniken) darum geht, etwas Neues zu wagen, über gewohnte ›Grenzen‹ zu gehen, Ungewöhnliches und Verrücktes zu tun. Denn Kreativität verlangt immer Mut zu Ungewöhnlichem.

Noch ein kleiner Einschub: Im ›Handbuch Kreativität‹ von Bernd Weidenmann fand ich eine großartige Übung, die ich noch als Blogaktion durchführen möchte: sich einen Kreativitätskalender (statt Adventskalender) zu basteln. Jeden Tag eine Handlung, die ›verrückt‹ ist, die eine Gewohnheit durchbricht, die vielleicht auch etwas Überwindung kostet. Dadurch wird Kreativität systematisch trainiert. Genau das kann ich im Seminar eben durch solche Spiele und Tänze erreichen.

Nun zur Zustimmung: Du sagst selbst, dass das Tanzen zu einem selbst passen muss. *Das* ist genau das, was ich Trainern vermittle: Zuallererst müssen sie sich selbst damit total wohlfühlen.

In diese Kategorie passt auch Christo Quiske, ein ganz ungewöhnlicher Toptrainer. Der erzählte strahlend, dass er auf einem großen Kongress mit über tausend Managern einen Vortrag gehalten hatte, aber auch – wie es seine Art ist – nachher mit allen den Kanon ›Früh, wenn der Bock schreit ...!‹ gesungen hat. Und Jahre später traf er einen der Teilnehmer, und der meinte: ›Sie sind das doch mit dem Bock!‹

Mir geht es darum, dass wir nicht zu früh den inneren Zensor einschalten. Wenn wir bei Trainerseminaren über dieses Thema reden, mache ich am Ende immer die Übung ›Stolpersteine zu Steigbügeln umwandeln‹. Da kommt fast *immer* das Thema Spiele und Tänze zur Sprache, wo bei den meisten innere Hindernisse vorhanden sind. Wir machen dann ein gemeinsames Brainstorming: Was kann der Trainer oder die Trainerin

tun, um diese zu überwinden? Häufig wird auch gefragt: Was mache ich, wenn die Teilnehmer das doof finden? – Aus der Erfahrung weiß ich, dass in 95 Prozent der Fälle es die Trainer sind, die Schiss haben.
Ich habe dafür bei ganz anderen Sachen Schiss, die meine Kollegen mit links machen.«

Bekenntnis 1 Ich habe danach noch ab und zu Tänze in Trainings durchgeführt. Durchaus unterschiedliche, mal wilde, mal zarte, gemischte …

Bekenntnis 2 Die Kreistänze in suggestopädischen Trainings stammen vermutlich von H.W., der sie aus Findhorn kennt. Und Findhorn ist kostbar.

Bekenntnis 3 Gerade gestern schwärmte ein langjähriger Freund und Ausbildungstrainer davon, wie er die Damen und Herren bei der Versicherung an den Abendveranstaltungen der Intensivtrainingstage über das Tanzen in einen Superprozess brachte.

Geballte Ladung Widerstand

Sabine Heß

Wir sind als Trainer manchmal ein guter Boxsack

Wenn eine Gruppe schweigt, kann das viele Gründe haben. Gründe, die Sie als souveräner, gelassener Trainer natürlich erst einmal nicht auf sich beziehen … Daher gehen Sie zunächst nicht auf dieses Schweigen ein. Wenn die Blicke der Mitglieder dieser schweigenden Gruppe aggressiv wirken, kann das viele Gründe haben. Damit verfahren Sie genau so. Sie ignorieren es. Wenn Schweigen und Aggression allerdings mehr als zehn Minuten lang anhalten, wird das Nicht-darauf-Eingehen irgendwann unmöglich …

Die Erfahrung liegt zwar schon einige Zeit zurück, ist mir aber nach wie vor unglaublich präsent.

Na gut, dann haben wir eben mal keinen Spaß!

Ich schaute in zwölf abschätzig blickende männliche Augenpaare über zwölf verschränkten Armen. Die nach vorn gestreckten Beine meiner Teilnehmer signalisierten ebenso Abwehr wie die verhärteten Münder. Meine Verzweiflung wuchs. Schon seit zehn Minuten mühte ich mich vor dieser Gruppe gestandener Kerle um eine gute Stimmung. Unser Zweitagestraining »Kundenorientierung für Servicetechniker« hatte gerade begonnen – und ich wollte nur, dass es auch sofort wieder endete. Was war hier los? Warum schauten die so? Was machte ich falsch?

Nach einem Dreivierteljahr Babypause war dies das erste Training, das ich leitete. Trotz der neun Jahre Trainererfahrung vor der Geburt meines Kindes ging es in mir hoch her: »Toll. Gerade jetzt, wo ich mich sowieso unsicher fühle. Ich wusste es, ich habe alles verlernt, ich kann das gar nicht mehr. Aber ich habe doch noch gar nicht viel gemacht?! Das ist nicht meine Schuld. Ausgerechnet jetzt muss ich so eine Gruppe vor mir haben. Ich hab denen doch nichts getan! Diese A***zensiert***. Das ist total unfair. Na gut, dann haben wir eben keinen Spaß! Ich kann auch anders. Wir müssen das hier nicht auf die nette Art machen ... So ein Quatsch, das passt doch gar nicht zu mir. Ich werde das jetzt einfach anders interpretieren: Die sind bestimmt nur cool ...! Das meinen die gar nicht böse. Ich mache einfach noch ein bisschen mehr Action hier vorne, dann wird das schon ...«

Aber es wurde nicht. Als mein nächster Schritt im Ablauf hieß »Jetzt stehen Sie bitte alle auf ...«, wusste ich: Wenn ich das sage, habe ich verloren. Denn aufstehen wird hier keiner. Also hörte ich endlich damit auf, mehr vom Selben zu tun. Also: Noch freundlicher zu lächeln, noch begeisterter zu erzählen, was wir alles Tolles machen werden, noch auffordernder jeden Einzelnen anzuschauen. Stattdessen besann ich mich darauf, dass ich in meiner Trainerausbildung einmal gelernt hatte: Bei totaler Irritation machst du am besten einen Schnitt und klärst, was denn los ist. Daher sagte ich: »Ich merke, dass irgendetwas hier nicht stimmt, weiß aber nicht, was es ist. Bitte, sagen Sie mir, was in Ihnen vorgeht.« Was dann folgte, war Schweigen. Gefühlte zehn Minuten lang. Real vergingen vermutlich höchsten zehn Sekunden, bis einer der Teilnehmer sich äußerte: »Na gut, ich sage Ihnen, was hier los ist. Wir hatten schon so ein Seminar, vor einem halben Jahr. Da sollten wir auch lernen, netter zu unseren Kunden zu sein. Dem Trainer haben wir erzählt, wie das bei uns im Büro so abgeht. Wenn morgens einer von uns reinkommt, dann brüllt der Chef quer durch den Flur: ›Ey, Ar***zensiert***, bring mir mal einen Kaffee rüber.‹ Und dann sollen wir raus zu den Kunden gehen und schön freundlich sein? Der Trainer damals hat gesagt, er wird sich für uns einsetzen, damit sich da etwas ändert. Und? Nichts hat sich geändert, gar nichts. Außer dass wir jetzt schon wieder in so einem Seminar sitzen.«

Uff, dachte ich. Ja, schön, dass gerade ich dieses Seminar leite ... Und jetzt? Im ersten Moment hatte ich eine schwarze Wand vor mir. Wie konnte der Trainer so etwas versprechen? Aber diese Frage half mir natürlich nicht weiter. Viel interessanter war: Was mache ich jetzt damit? Ich fing einfach an zu reden: »Also, ich verstehe sehr gut, dass Sie das total ätzend finden. Das würde mir genauso gehen. Die Versprechen wurden nicht eingehalten, Ihr Chef benimmt sich noch immer so und Sie werden wieder zu einem solchen Seminar geschickt. – Tja, und ich werde an dieser Situation mit Ihrem Chef sicher ebenfalls nichts ändern können. Wenn der andere Trainer das nicht geschafft hat, wieso sollte es bei mir anders sein. Also denke ich, wir gehen am besten davon aus, dass Ihr Chef Sie weiter so behandeln wird. Gleichzeitig haben wir jetzt zwei Tage miteinander. – Wie wäre es, wenn wir das Thema Chef als gegeben hinnehmen, also davon ausgehen, dass sich daran nichts ändern wird? Aber wenn Sie draußen sind bei Ihren Kunden, dann wäre es doch klasse, wenn Sie dort richtig Spaß haben, oder? Wenn die Kunden sich auf Sie freuen, nett sind, Sie zusammen lachen und beim nächsten Mal wieder gern dorthin fahren ...?! Was halten Sie davon, wenn wir unsere beiden Tage dafür nutzen, daran zu arbeiten, was Sie tun können, damit es draußen so läuft. Und das Thema Chef an der Seite liegen lassen, da wir sowieso nichts daran ändern können ...?«

Dann hielt ich den Mund. Nach wiederum gefühlten zehn Minuten, realen zehn Sekunden, erwiderte mein erster Gesprächspartner: »Na gut, wir können es ja mal versuchen.« – Bis heute wundere ich mich darüber, dass niemand die Gebirgswand zu hören schien, die mir vom Herzen fiel. Und ich bin unendlich dankbar, dass ich – woher auch immer – die Idee bekam, so vorzugehen.

Das Seminar lief in den zwei Tagen mit viel Gelächter und konstruktiven Diskussionen. Am Ende bekam ich übrigens ein Feedback, das bis heute das interessanteste Feedback meiner 24 Trainerjahre ist. Mein Gesprächspartner vom Anfang ergriff am Ende noch einmal das Wort: »Also, ich muss Ihnen jetzt mal was sagen, und das ist echt ein Kompliment ...« (»Uff«, sagte es in mir ...) »Das ist das erste Seminar, wo ich bis zum Schluss geblieben bin.«

Auch wenn die Situation sich zum Guten entwickelt hat, habe ich doch eine ganz große Lehre daraus gezogen: nämlich, wie wichtig eine gute Analyse ist. Hätte ich im Vorfeld Kontakt zu den Teilnehmern aufgenommen und nicht nur mit den Aussagen des Vorgesetzten gearbeitet, wäre ich völlig anders in diesen Auftrag hineingegangen. Das Seminar hätte wahrscheinlich mit den gleichen Inhalten und Methoden stattgefunden und ich hätte genau auf dieselbe Art versucht, die Teilnehmer zum Mitmachen zu motivieren – aber ich hätte mir viel Stress erspart, weil ich darauf vorbereitet gewesen wäre! Auch kannte ich zu diesem Zeitpunkt vor 16 Jahren noch nicht die tollen Möglichkeiten des systemischen Fragens … Gern hätte ich die Antwort des Chefs gehört auf die Frage: »Wenn ich Ihre Mitarbeiter fragen würde, was sie von Ihnen brauchen, um noch besseren Service zu leisten, was würden sie mir antworten …?«

Jürgen: »Klasse. Ich glaube, deine Intervention im Seminar heißt ›Pink Elephant‹. Da sitzt ein großer rosaroter Elefant in der Mitte des Seminarraums, und jeder tut so, als wäre er nicht da. Wenn eine absolut genaue Analyse vorher möglich ist, ist das natürlich eine gute Prävention. Manchmal machen solche Einblicke allerdings auch ein bisschen Angst. Das ist bei mir dann der Fall, wenn im Vorgespräch einfach schon zu viel über einzelne Teilnehmer gesagt wird. Vor allem zu viel Negatives! ›Bei Herrn Schmidtleiter machen Sie sich auf einiges gefasst! Der häutet Sie im Seminar!‹ In der Regel schlafe ich dann erst mal zwei Wochen schlecht.«

Gert: »So etwas hab ich auch manchmal: ›Herr Schilling, Sie haben ja morgen Herrn Soundso im Seminar, na dann viel Spaß!‹ Auf meine Gegenfrage bekomme ich die Erklärung geliefert: Hat noch jedes Seminar gesprengt, hoch anspruchsvoll, auf jeden Fall ganz schwierig. Man wünscht mir gute Nerven und lächelt dabei vielsagend. Als mir dies das erste Mal passiert ist, hatte ich vor lauter Aufregung – zum Glück – den Namen am nächsten Tag vergessen. Ich fragte mich während des ganzen Vormittags im Seminar: Wie war der Name? – Und vor allen Dingen: Wer soll das sein von den zwölf netten Teilnehmern, die ich hier im Seminar habe? Ich weiß bis heute noch nicht, vor welchem Herrn Soundso ich da gewarnt worden bin. Gutes Vorgespräch schön und gut, aber es ist wichtig, dies durch ein eigenes vorurteilsfreies Bild zu ergänzen.«

Henning: »Ja vielleicht geht es eher darum, gewarnt zu sein und sich trotzdem erst einmal ein eigenes Bild zu machen. Nennt Jürgen Habermas das nicht irgendwie den ›unschuldigen Diskurs‹?«

Jürgen: »Ich bin beeindruckt!«

Barbara: »Ich bin auch beeindruckt, Sabine. Deine Ehrlichkeit und Achtung ihrer Situation gegenüber waren sicher wie ein gutes Pflaster und Stück Schokolade auf den aufgeschlagenen Knien ihrer Seelen.«

Jürgen: »Packt man da Schokolade drauf?!«

Keiner will mehr

Ralf Besser

Gruppenweigerungen

Meine Trainerlaufbahn begann mit Fachtrainings, schließlich habe ich Nachrichtentechnik studiert. Nach einiger Zeit und vielen Erfahrungen kam das Thema »Führung« hinzu. Es gab ein Trainingskonzept für junge angehende Führungskräfte, in dem über zwei Wochen eine Palette von Führungsthemen bearbeitet wurden. Im Konzept lagen damals die Schwerpunkte auf den Inhalten, methodisch herrschte gähnende Leere oder maximaler Freiraum.

Meine Ausbildung für dieses Konzept bestand aus einer einmaligen Hospitation, die so kritisch verlief, dass die Teilnehmer sich am Ende des Seminars weigerten, ein Feedback zu geben.

So vorbereitet, wurde ich auf eine Gruppe von ungefähr 20 angehenden Führungskräften losgelassen. Allerdings nicht allein, sondern zusammen mit einer Trainerin, für die es ebenfalls das erste Mal war.

Hoch engagiert, voller innerer Überzeugung und Leidenschaft starteten wir beide das Seminar. Und das muss hervorgehoben werden: zwei Wochen an einem Stück, unterbrochen durch das Wochenende. Alles lief wunderbar, unsere Art und Weise, mit den Themen und den Menschen umzugehen, kam an. Wir hatten Tiefgang, Freude und viele wunderbare Lernsituationen. Dann aber, in der zweiten Woche am Mittwoch, ereignete sich der Bruch. Für uns beide vollkommen unvorbereitet.

Der Bruch

Alle, wirklich alle Teilnehmer weigerten sich, eine Minipräsentation mit den Nachrichten des Tages durchzuführen. Wie hatten wir das geschafft, so viel Widerstand zu produzieren? Ganz einfach, wir stellten hohe Anforderungen an die Aktivitäten der Teilnehmer. Ständig gab es Aufträge und andere Rollen im Seminar. Aktivität war eines unserer Strategien. Das reichte den Teilnehmern anscheinend irgendwann, das Fass war übergelaufen. Klassisch.

Da standen wir beide vor der Gruppe, die Stimmung kippte, es war keine humorvolle Verweigerung, sondern bitterernst. Der Raum war gefüllt mit Spannung, was nun geschehen würde.

Es war keine humorvolle Verweigerung, sondern bitterernst!

Und das wussten wir beide am wenigsten. Auf so etwas waren wir überhaupt nicht vorbereitet. Selbst das Thema »Konflikte« kannten wir nur aus unserer Lebenserfahrung, nicht aber aus einer systematisch aufbereiteten Perspektive. So in unseren Fähigkeiten entblößt, mussten wir die vielen Blicke, die auf uns gerichtet waren, aushalten. Mir fiel in der Situation nur (und im Nachhinein Gott sei Dank) ein, nachzufragen. Ich weiß noch, wie ich die wesentlichen Gründe auf der Tafel mitschrieb. Die genauen Gründe weiß ich heute nicht mehr, aber es wurde klar: Es reichte den Teilnehmern, immer wieder Aufgaben zu übernehmen. Wir hatten den Bogen überspannt. Der Konflikt wurde durch das Nachfragen eher deutlicher, als dass er sich entschärfte. Aus der Erinnerung heraus habe ich nicht argumentiert, sondern einfach nur zugehört.

Mit diesem weiterhin deutlichen Nein zogen wir beide uns zurück, raus aus dem Raum, hinaus ins Freie. Das kündigten wir an und baten die Teilnehmer, unsere Beratung abzuwarten. Wir wussten nicht weiter. Unsere Auszeit dauerte nicht lange, schnell waren wir uns einig, dass wir die Argumente nachvollziehen könnten, dass aber der Auftrag, den wir mit der Durchführung des Seminars übernommen hatten, überwiege. Sehr schnell entschieden wir uns, dass es genau so weitergehen werde wie bisher. Gerade um das Übernehmen von Aufgaben, Verantwortungzeigen, darauf kommt es auch in einer zukünftigen Führungsrolle an. So unser Argument.

Mit klopfendem Herzen verkündeten wir unsere Entscheidung. Ich glaube, dass wir sie noch nicht einmal diskutiert haben. Wir positionierten uns einfach, mit all unserer Unsicherheit, Unerfahrenheit und gleichzeitigen Überzeugung.

Wahrscheinlich hat es gerade diese Mischung ausgemacht. Unsere Entscheidung wurde »einfach« angenommen und die Aufgabe des »Nachrichtendienstes« wurde wieder aufgenommen. Augenblicklich.

Und das war noch lange nicht alles: Das Seminar »explodierte« nach dieser Grenzsituation förmlich. Eine unglaubliche Woge von Motivation und Bereitschaft entstand in den letzten beiden Tagen, die Themen mit unseren angebotenen Übungen zu bearbeiten. Es entstand eine Dichte, die ich in all den Jahren als Trainer kaum wieder erlebt hatte. Diese eine durchgestandene Situation ist in der Nachbetrachtung meine wesentliche Trainerausbildung gewesen. Sie hat in mir den Mut geweckt, an der Grenze zu arbeiten, ohne die Bedürfnisse der Teilnehmer aus den Augen zu verlieren.

Barbara: »Ralf, danke für diese Geschichte. Sie klingt ein bisschen anders als die Sache mit dem Kreistanz. Nur ging es bei dir gut aus. Die Ehrlichkeit von euch war bestechend und menschlich so einnehmend. Vor Kurzem arbeitete ich zwei Tage intensiv mit Führungskräften. Ganz unüberlegt und versonnen schlug ich neben meinen anderen Vorschlägen für »Do's and Dont's« (von Axel gelernt) im Seminar die Idee des Seminar-Dus ein. Oh Gott, hätte ich es nur nicht getan! Selten sah ich solch irritierte Blicke auf mich gerichtet. Einvernehmlich schwebte aus allen Köpfen zugleich eine Wolke auf mich zu, die sagte … Nein … das wollen wir nicht …
Peinlich, peinlich. Aber kurz danach durchaus in Ordnung, weil die Teilnehmer mir zeigten, dass Nähe und Vertrauen auch im ›Sie‹ zauberhaft erlebbar sind.«

Henning: »Knifflig. Ich hab das mit dem Seminar-Du in meinen Workshops früher immer ein bisschen artifiziell erlebt. Wenn das nicht zu ihnen passte. Und wenn sich die Teilnehmer dann im Alltag am Kopierer wieder begegnet sind, entstand für viele eine ein bisschen peinliche Situation, weil man jetzt wieder per Sie sein müsste. Ich sag meistens: ›Ich freu mich, wenn ihr Henning zu mir sagt.‹ Und überlasse das mit dem Du oder Sie den Teilnehmern untereinander.«

Sabine: »Das ist eine sehr ermutigende Geschichte, lieber Ralf. Die Kombination daraus, die Teilnehmer wahr-, an- und ernst zu nehmen (›dass wir die Argumente nachvollziehen können‹), euch die Zeit zu geben, darüber nachzudenken und dann zu eurer Entscheidung klar zu stehen, finde ich musterhaft. Dass eure Entscheidung gegen den Gruppenwunsch ausfiel – in Ordnung. Denn ihr hattet einen sinnstiftenden Grund für die Rolle der einzelnen Gruppenmitglieder. Klasse.«

Olaf: »Ralf, da sagst du meiner Meinung nach etwas sehr Wichtiges: an der Grenze arbeiten, ohne die Bedürfnisse der Teilnehmer aus den Augen zu verlieren. Eine unserer Hauptaufgaben besteht darin, Teilnehmer behutsam an ihre Gewohnheitsgrenzen zu führen, um Lernen möglich zu machen. Das Gleiche gilt für uns selbst: Statt nur in gewohnt bequemen Trainingsabläufen zu baden, kann die Gruppe, einzelne Teilnehmer oder können wir uns an unsere eigenen Grenzen bringen. Das ist für mich ein großer Reiz dafür, diesen Beruf auszuüben.«

An die Heizung gefesselt

Sandra Masemann

Männer und Frauen – von Platzhirschen und der Macht des Unterbewusstseins

Nicht immer sind Frauen die beste Wahl, um ein Training zu leiten. Was passiert nämlich, wenn zu viel weibliche Kompetenz auf männliches Revierverhalten trifft? Einige Antworten finden Sie in diesem Erlebnis.

Drei Trainerinnen – sechzehn männliche Vertriebsprofis. Ein von vornherein zum Scheitern verurteiltes Unterfangen? Eine geschätzte Trainerkollegin, die angestellt in einem Unternehmen arbeitete, fragte uns für eine innovative Trainingsmaßnahme an. Es sollten erfahrene Vertriebsmitarbeiter des Unternehmens auf eine neue Weise trainiert werden, mit ungewöhnlichen Methoden, da diese schon »alles durchhatten«.

Wir Trainerinnen waren also zu dritt. Eine zum Thema Stimme, eine zum Thema PowerPoint und ich zum Thema »Improvisation und Flexibilität im Verkaufsgespräch!«.

Da es einige Schwierigkeiten gab, ein Tagungshotel zu finden, landeten wir in einem Hotel, welches eine zünftige Kellerbierstube als Seminarraum titulierte. Die Voraussetzungen für effektives Arbeiten waren nicht gerade ideal.

Ich war im zeitlichen Ablauf als Letzte an der Reihe und mir war eigentlich bereits, als ich dazukam, klar, dass die Männer uns in unserer Rolle als Trainerinnen nicht wirklich ernst nahmen.

Machosprüche und derbe Witze

Und vom technischen Metier verstanden wir aus ihrer Sicht schon einmal gar nichts. Die beiden anderen Trainerinnen hatten sich sehr bemüht, während die Teilnehmer auf einer ganz anderen Ebene unterwegs waren. Sie wollten zeigen, wo der Hammer hängt, und übertrumpften sich gegenseitig mit Machosprüchen und derben Witzen.

Und dann kam mein Part. Mein Thema »Improvisation«, bei dem das Unterbewusstsein sich ungebremst den Weg vorbei am inneren Polizisten im Kopf bahnt. Wir machten einige Übungen aus dem Improvisationstheater, in denen man aus dem Moment heraus im Team Geschichten erfindet, in Situationen spontan agiert und auf das Gegenüber eingeht. Eine wesentliche Regel, damit die gemeinsame Improvisation gelingt: »Sag Ja zur Idee des anderen und gib etwas dazu!« Ich hatte in diesem Setting vor allem mit den drei folgenden Herausforderungen zu kämpfen.

Herausforderung 1 Die männlichen Teilnehmer hatten als oberstes Ziel, sich gegenseitig zu übertrumpfen und klar zu markieren, wer hier der Größte auf dem Platz war. Ideen aufnehmen und etwas dazugeben passte nicht in das bestehende Verhaltensmuster. Eine der grundlegenden Improregeln wurde also von Anfang an torpediert. Zwischendurch fielen untereinander immer wieder beeindruckende Verkaufszahlen und es war für die Interessierten kaum möglich, sich ehrlich zu öffnen.

Amelie: »Tut mir leid, Jungs, ich muss es mal sagen: Ist doch auffallend, dass es immer wieder die Männer sind …«

Henning: »Glaub uns, Amelie, wir sind ganz anders! Wir gehören da nicht dazu!«

Herausforderung 2 Zugleich waren sie mit uns als Frauen beschäftigt und es kamen lauter Szenen aus der Kategorie »Verbotenes und Sex!«. Die Krönung war eine absolut frauenfeindliche Szene, bei der eine Frau an den Heizkörper gefesselt wurde und … mehr mag ich nicht verraten.

Einige wollten mich knacken, mich aus der Reserve locken. Herausfinden, wie weit sie mit mir gehen könnten.

Herausforderung 3 Viele von ihnen waren zudem zutiefst von sich selbst überzeugt und der Meinung, niemand könne ihnen noch etwas beibringen. Ihr Zweifel uns gegenüber war groß. Dementsprechend wollten sie bei jeder Übung, dass wir ihnen erst einmal zeigten, wie es geht. Wir sollten den Beweis liefern, dass wir auch selbst in der Lage waren, es richtig gut hinzubekommen. Wir mussten praktisch jedes Mal in Vorleistung gehen und zeigen: »Wir haben es drauf!«

Interventionen

So gingen wir drei Trainerinnen dann mit den Herausforderungen um: Wir nutzten die Mittagspause, um miteinander zu reflektieren. »Was passiert hier?« Wir tauschten unsere Wahrnehmungen aus und widmeten uns der Frage: »Was sind die dahinterliegenden Bedürfnisse der Teilnehmer?«

Uns wurde schnell klar, dass das Mann-Frau-Setting bei dieser Zielgruppe bestimmte Verhaltensweisen provozierte. Darüber könnten wir uns aufregen oder aber auch einfach »Ja« zu diesem Spiel sagen und es mit Humor tragen. Zugleich versicherten wir uns gegenseitig, für die Zukunft zu einem solchen Auftrag »Nein« zu sagen und deutlich zu formulieren, dass es zumindest auch männliche Trainer mit im Boot geben müsse.

Uns wurde bewusst, dass der improvisatorische Rahmen für einige Teilnehmer ein sehr unsicheres Parkett war, auf dem sie sich nicht auskannten und sie zugleich vor den Kollegen auf keinen Fall das Gesicht verlieren wollten. Wir veränderten den Ablauf in der Form, dass wir im zweiten Teil uns mehr an echte Verkaufssituationen heranwagten. Zugleich veränderten wir die Verkaufsprodukte und Orte. So waren die Teilnehmer in Bezug auf das Thema Verkauf auf sicherem Terrain und mussten dennoch ihre Strategien auf ganz neue Produkte anwenden, wie zum Beispiel einen Kinderwagen im Dschungel zu verkaufen.

Während wir den Vertrieblern sehr viel Wertschätzung und Anerkennung in Bezug auf das Thema Verkauf zusprachen, machten wir deutlich, dass wir die Profis in der Improvisation seien, und was sie davon für ihre beruflichen Situationen nutzen könnten. Uns lag daran, beides zu verbinden – von Profi zu Profi.

Wir konnten so auf einmal effektiv miteinander arbeiten. Es wurde leichter und zugleich ernsthafter. Das Kräftemessen wurde weniger und wir konnten wirklich einsteigen. Viele der Teilnehmer nahmen für sich mit, dass zu einem guten Verkaufsgespräch das Zuhören und Eingehen auf das Gegenüber der Schlüssel zum Erfolg sind.

Amelie: »Ich hatte ein paar Seminare mit Meistern. Wurde im Vorfeld irre hoch aufgehängt. Huuuh, da sind ganz Schwierige dabei, die wollen nicht, verweigern sich … ›Ach Gott, und dann auch noch eine Frau als Trainerin!‹ Ich war dann einfach nett zu den Meistern. Wertschätzend. Interessiert an ihren Ideen und Erfahrungen. Da waren sie auch nett zu mir.«

Ich hab da mal eine Grundsatzfrage!

Amelie Funcke

Auf die Schnelle das ganze Seminar umstellen

Wenn wir an entscheidender Stelle eine wichtige Kleinigkeit außer Acht lassen, kann uns ein Workshop entgleiten. Manche Versäumnisse lassen sich auch später nicht mehr nachholen – der Zug ist dann einfach abgefahren.

Mit meiner Freundin und Kollegin Eva Havenith hatte ich vor einigen Jahren einen Auftrag von einer Kreisverwaltung. Es sollten Zielvereinbarungsgespräche eingeführt werden. Und wir sollten in einer Art Crashkurs alle Führungskräfte über ZV-Gespräche informieren und das Vorgehen mit ihnen trainieren. Es waren drei eintägige Veranstaltungen vereinbart, mit je 30 Teilnehmern. Wir hatten ein Superprogramm konzipiert – einen abwechslungsreichen, lebendigen und dynamischen Galopp durch die Thematik – einen Workshoptag mit allen wichtigen Informationen und einem hohen Übungsanteil.

Der erste Veranstaltungstag lief sehr gut. Die Teilnehmenden nahmen den Workshop gut an, waren interessiert, engagiert, aktiv, humorvoll und gingen das hohe Tempo freudig mit. Das Tagesfeedback war klasse – beflügelnd! Eva und ich fuhren in Höchststimmung nach Hause. Wir fanden uns und unser Konzept ziemlich genial und freuten uns schon auf den nächsten Tag.

Man ahnt es schon – da wurde alles anders.

Wunschkonzert

Schon zu Beginn des zweiten Tages, direkt nach der Präsentation des Vorgehens meldete sich ein Teilnehmer und stellte mit gewichtigem Habitus das ganze Vorhaben wortreich infrage. Zwei andere Personen meldeten sich – und unsere leise Hoffnung auf Gegenrede wurde enttäuscht: beide Personen hängten sich an den Vorredner dran.
Im Nachhinein denke ich, dass Eva und ich nun einen Fehler machten: So wie es sich für empathische, prozessorientierte Trainerinnen gehört, griffen wir nämlich die Bedenken auf, gingen bereitwillig darauf ein, fragten nach, gaben Raum und erklärten schließlich, dass wir eine kurze Kaffeepause dazu nutzen wollten, das Konzept wunschgemäß zu verändern. Was wir auch taten.

Leider erholte sich der ganze Tag davon nicht, nun stimmte es einfach vorn und hinten nicht. Letztendlich ging niemand zufrieden nach Hause – am wenigsten wir Trainerinnen.

Was war schiefgelaufen?

Wir besprachen es schon auf der Fahrt nach Hause: Wir hatten es schlichtweg versäumt, die übrigen Teilnehmer zu fragen. Wir hatten das Programm des ganzen Tages vorschnell aufgrund der Bedenken dreier Personen auf den Kopf gestellt. Natürlich kann man fragen, warum sich der Rest der Gruppe nicht gewehrt hat. Es war wohl noch zu früh – die meisten waren noch nicht »warm« genug, um sich aus ihren Ecken zu wagen und sich zu positionieren. Hinweise gab es erst ab mittags. Einige äußerten uns gegenüber, dass wir doch einfach das geplante Programm hätten durchziehen sollen. Schließlich sei es so auch ausgeschrieben gewesen …

Für den nächsten Tag nahmen wir uns fest vor: Das passiert uns nicht noch einmal! Bedenken gerne – aber bevor irgendetwas verändert wird, werden wir auf jeden Fall klären, was der Rest der Gruppe dazu meint.

Und wieder kam es anders. Denn wir wurden nicht noch einmal auf die Probe gestellt. Der dritte Tag verlief ähnlich wie der erste.

Aber ich habe dieses Erlebnis in meiner weiteren Arbeit nicht vergessen. Es ist mir inzwischen in vielen Situationen ein wertvolles Korrektiv gewesen …

Gert: »Super Amelie, das kann ich nur unterstützen. Ich muss mich auch jedes Mal bremsen, wenn eine Kritik zur Vorgehensweise von einem Teilnehmer kommt, dass ich nicht sofort wie ein aufgescheuchtes Huhn alles umstelle und davon ausgehe: Wenn keiner etwas sagt, geht es allen so.«

Diesen Scheiß mach ich nicht mit!

Sandra Masemann

Türen knallen und Gläser bersten

Der folgende Fall illustriert, dass manche – sehr nützliche – Trainingsergebnisse erst durch einzelne – sehr heftige – Gefühlsausbrüche und Störungen überhaupt ermöglicht werden. Die eigentlichen Themen und Aufgaben bleiben leider allzu oft im Verborgenen.

Dieser Fall ereignete sich im Rahmen eines eintägigen Teamtrainings. Die Stimmung im Team war schlecht, das war bereits zu Beginn des Tages spürbar. Es gab einige in der Runde, für die allein schon die Tatsache, gemeinsam im Kreis zu sitzen, sich anzuschauen und miteinander zu reden, Stress bedeutete. Die Leitung des Teams war mit in der Runde. Hätte ich ihren Namen vorher nicht gewusst, hätte ich sie definitiv nicht als Führungskraft erkannt. Sie war sehr zurückhaltend, teilte von sich kaum etwas mit und beteiligte sich wenig am Gespräch. Dies ärgerte einige der Mitarbeiterinnen, die sich von diesem Tag auch eine klarere Positionierung und Verantwortungsübernahme seitens der Teamleitung wünschten. Immer wieder gab es Situationen, in denen die Teamleitung gefordert war, sich einzubringen, voranzugehen, es aber nicht tat. Zudem gab es sehr ungebildete und unreflektierte Mitarbeiterinnen im Team, die Schwierigkeiten hatten, Arbeitsaufträge zu verstehen, oder aber nicht über sich selbst reflektieren wollten. Sie waren froh über die Zurückhaltung der Teamleitung, hieß es doch: »Es ist okay, einfach nur körperlich anwesend zu sein.« Der Unmut bei denjenigen, die diesen Tag für sich als Team nutzen wollten, wuchs.

Es kam der Zeitpunkt, wo wir uns mittels einer Übung der Frage widmeten: Was läuft gut im Team? Wo ist noch Potenzial? Hierfür stellte ich das Modell der zwölf Erfolgsfaktoren nach Kathrin Heckner und Evelyne Keller vor.

Ausraster

Die Teilnehmerinnen sollten eine persönliche Einschätzung abgeben, was aus ihrer Sicht im Team gut lief und was die größten Baustellen seien. Es ging darum, Position zu beziehen. Die Erfolgsfaktoren hatte ich auf dem Boden ausgelegt und die Teammitglieder verteilten sich entsprechend ihrer Einschätzung auf die jeweiligen Punkte. Eine der Mitarbeiterinnen stand gar nicht erst von ihrem Stuhl auf. Als ich sie bat, ihre Sicht mitzuteilen, rastete sie regelrecht aus. Sie sprang von ihrem Stuhl auf und bollerte ungehalten in die Runde: »Diesen Scheiß mach ich nicht mit!« Wutentbrannt verließ sie den Raum und riss dabei noch Gegenstände in der Raummitte mit sich. Ein volles Glas schoss über den Boden, kippte um und ergoss sich auf die Materialien.

Es wurde still im Raum. Einige Augenpaare blickten in Richtung Teamleitung in der Erwartung, dass sie doch jetzt endlich handeln müsse. Die Teamleiterin blickte ins Leere und wartete ab. Einige wandten sich fragend an mich. Ich entschied weiterzumachen und vertraute darauf, dass die Mitarbeiterin nach einem Moment »frische Luft schnappen« schon wiederkommen würde. Und ich vertraute darauf, dass mithilfe des Modells genau an diesem Thema gearbeitet werden könnte. Im nächsten Schritt ging es darum, in Kleingruppen an jeweils einer der Baustellen zu arbeiten.

Eine Gruppe nahm sich das Thema »Führung und Steuerung« vor. Eine weitere »Umgang mit Kritik« und eine dritte das Thema »Leistungsstandards im Team«. Die geflüchtete Mitarbeiterin kam nach einiger Zeit wieder zurück und gesellte sich schweigend und mit ernstem Gesicht zu einer Gruppe.

Im Anschluss präsentierte jede Gruppe ihr jeweiliges Thema. Dafür hatten sie folgende Fragen diskutiert und beantwortet: Was genau ist das Problem? Wie sieht eine mögliche Lösung aus? Was kann ich persönlich zur Lösung beitragen?

Die Betroffenheit der zuvor eskalierten Situation erwies sich in diesem Fall als Katalysator. Endlich wurde im Team offen angesprochen, welche Herausforderungen es im täglichen Miteinander gab. Das vorliegende Modell bot einen entsprechenden Erlaubnisrahmen.

Eine Kleingruppe äußerte klar und deutlich, was viele dachten: »Wir erwarten von einer Führungskraft mehr Verantwortung und Vorbild. Das fehlt uns bei dir! Wir haben den Eindruck, dass du gar nicht führen möchtest und uns als Team damit überforderst!« Die Teamleiterin konnte an diesem Punkt nicht mehr ausweichen, das Tabu war ausgesprochen.

Als Trainerin bestärkte ich die Mitarbeiterinnen in ihrem Wunsch und Bedürfnis nach Führung. Zugleich entlastete ich die Führungskraft. Ich machte deutlich, dass es sein könnte, dass sie in die Rolle der Teamleitung gekommen sei, ohne wirklich ein »inneres Ja!« dazu gegeben zu haben. Etwas, was häufig vorkommt. Nicht selten werden Mitarbeitende zu Führungskräften gemacht, weil sie schon lange im Unternehmen sind. Auch das kommunizierten wir in der Runde und dass es möglicherweise eine Lösung sei, die Führungsrolle an jemanden anderen abzugeben, um wieder mehr von dem tun zu können, was einem besser liegt.

Auch wenn die Teamleitung an diesem Tag dazu keine Stellung bezog, kam ein Prozess in Bewegung. Wie bisher konnte es nicht weitergehen, denn die Mitarbeiterinnen hatten ihre Erwartungen offen angesprochen und sie hatten zugleich deutlich gemacht, was sie zur Lösung beitragen konnten.

Auch die Mitarbeiterin, die den Raum verlassen hatte, musste sich dem Thema »Umgang mit Kritik« stellen. Zum Ende des Tages wurden Umgangsformen miteinander verabredet und auf Flipcharts dokumentiert, die im Dienstzimmer ihren Platz finden sollten.

Henning: »Irgendwie das Beste, was einem passieren kann: dass – wenn auch ruppig – das Eigentliche zutage tritt.«

Torben: »Ja, und man dann allerdings noch ausreichend Zeit hat, um das Zutagegetretene gründlich zu behandeln.«

Misfit per Abstimmung

Torben Schacht

Mehrheiten erzeugen Minderheiten

An vielen Stellen im Seminar ist es sinnvoll, die Gruppe an einer Entscheidung partizipieren zu lassen oder diese sogar ganz in die Hände der Teilnehmer zu legen. An manchen Stellen jedoch eindeutig nicht. Mehrheiten erzeugen immer Minderheiten.

Als *Misfit* bezeichne ich die Nichtpassung einer Methode im Training. Etwas passt nicht zusammen. Zum Beispiel Teilnehmer und Methode, Trainer und Methode oder Inhalt und Methode. Von einem solchen Misfit will ich berichten: Im vorigen Jahr erhielt ich den Auftrag, im Kundenservice eines mittelständischen Pharmaunternehmens mit etwa 100 Mitarbeitern Teamtrainings durchzuführen. Im Verlauf der letzten sechs Jahre war es bereits das dritte Mal, dass ich in diesem Unternehmen Teamentwicklungsworkshops durchgeführt hatte.

In diesen vorangegangenen Teamtrainings gab es für mich als Trainer ehrlich gesagt keine Medaillen zu gewinnen. Die »Teams« sind in Wahrheit eher räumlich zugeordnete Arbeitsgruppen, in denen jeder relativ eigenverantwortlich den gleichen Job macht. Das Miteinander war weitgehend unauffällig, die Leistung gut, schwierige Situationen im Team eher die Ausnahme. Für mich als Trainer reduzierte sich der Auftrag auf so eine Art Reiseleitung. Zwei kurzweilige, arbeitsfreie Tage gestalten und im besten Fall bewusst machen, warum die Zusammenarbeit so gut klappt. Nun gut, Drachen töten kann man nicht an jedem Tag.

Alles anders

Dass sich die Ausgangssituation dieses Mal dermaßen krass geändert hatte, war mir im Vorfeld nicht klar: Grüppchenbildung, Feedback über Dritte, Zurückhalten von Informationen, Hilfsverweigerungen, Mobbing – das reine Chaos!

Ein echter Klassiker der Teamentwicklung ist die »Teamuhr« mit ihren Phasen: Forming, Storming, Norming und Performing:, aus Tuckmans Modell. In diesem Team stand die Uhr zurzeit ganz dick auf Storming. Mir lachte das Trainerherz. Es gibt etwas zu tun! Dieses Team brauchte diesen Workshop und meine Arbeit bot die Chance, wirklich einen Unterschied zu machen und Menschen zu unterstützen, wieder mehr Zufriedenheit, Motivation und Erfolg im Job zu haben. Juchei!

Wir haben uns dann zunächst einmal hinreichend viel Zeit genommen, um wahrzunehmen und zu reflektieren, was im Moment eigentlich alles passiert, welches die Intentionen der Handelnden sind und welche Wirkungen dadurch bei den Beteiligten entstehen. Mein Job bestand darin, die Teilnehmer behutsam zu öffnen, Beiträge wertzuschätzen, unterschiedliche Perspektiven aufzuzeigen und einzuordnen – ohne an dieser Stelle bereits Lösungen anzubieten oder einzufordern.

Im nächsten Schritt stellten wir uns die Frage, was denn nützlich wäre, um zukünftig wieder reibungsfreier miteinander klarzukommen, und erarbeiteten bereits »Spielregeln« für die künftige Zusammenarbeit im Team.

Alles nach Plan

Alles lief nach Plan. Nein, sogar besser, denn Teilnehmer, die eben noch wütend mit Vorwürfen aufeinander eindroschen, feilten jetzt konstruktiv in Zweierteams an der Formulierung von Maßnahmen für die Zusammenarbeit. Ich muss wohl ein Held sein! (*Zwinker)

Das Angenehme mit dem Nützlichen verbinden

Draußen strahlte die Sonne. Es war ein Bilderbuchsommertag in den Alpen, nahe der Grenze zu Österreich. Die majestätischen Berge thronten über einem satten Grün und draußen duftete es nach frisch gemähtem Gras. Kein Wunder also, dass zwei Teilnehmer am Nachmittag fragten, ob wir nicht eine kleine Wanderung zu einer Hütte etwa 30 Minuten entfernt unternehmen könnten, um das Wetter an diesem herrlichen Tag noch zu nutzen.
Vielleicht war es das selbstgefällige Gefühl, gerade in Drachenblut gebadet zu haben, vielleicht ein kurzer Moment der Unachtsamkeit oder der eigene Wunsch, beim

Wandern das Angenehme mit dem Nützlichen zu verbinden – ich weiß es nicht. Auf jeden Fall stellte ich die Frage einfach so, ohne professionelle Abwägung, ungefiltert in den Raum – zur Abstimmung!

Ich weiß nicht, welche Erfahrungen Sie in Ihrer Laufbahn mit demokratischen Meinungsbildungen in Trainings haben – meine sind schlecht. Selbstverständlich gibt es zahlreiche Situationen, in denen es nützlich, notwendig oder heilsam sein kann, der Gruppe die Verantwortung für Gestaltungsprozesse zu geben. In meinem Fall war es meistens – und so auch dieses Mal – das Rezept für eine lupenreine Lose-lose-Situation.

Dazu ein Beispiel: Stellen Sie sich mal vor, man hätte Ihnen Drogen gegeben, und plötzlich rutscht Ihnen, dämlich grinsend, mitten im Training mit einer durchschnittlich kritischen Gruppe folgende Frage raus: »Wollen wir jetzt mal zur Auflockerung ein Spiel spielen?« Natürlich geht das schief, denn es widerspricht einer der wirksamsten Präventionen schwieriger Seminarsituationen. Die Rede ist natürlich von »bit-by-bit«. Als Trainer geben Sie immer jeweils nur eine Anweisung, lassen diese ausführen, geben die nächste und so weiter. Auf diese Weise wird kein Teilnehmer überfordert, der Prozess läuft geordnet ab und die Teilnehmer erleben eine Aktion, die bei kritischer Abwägung vorab jede Menge Barrieren heraufbeschworen hätte.

Zurück also zu meiner Abstimmung und den sich formierenden Schweißperlen auf meiner Stirn: Nach einer bereits lähmenden Diskussion entscheidet sich die Mehrheit für die Wanderung, die Minderheit fragt sich, ob wir, vor dem Hintergrund der kritischen Teamphase, die kostbare Zeit tatsächlich übrig haben, zwei Teilnehmer stellen den Antrag, sich stattdessen kurz ausklinken zu dürfen, und plötzlich waren sie wieder da: dieselben Grüppchen wie vor Beginn des Workshops … (*Arrgghhh*)

Als Trainer hat man in diesem Kontext auch so schon nichts hinzuzugewinnen, aber die Geschichte geht noch weiter. Leider.

Bergauf

Denn kaum haben wir den Wanderweg erreicht, beginnt für Meike, eine Teilnehmerin, eine echte Strapaze: Der Weg ging bergauf, wurde zunehmend steiler und Meike hatte eine Körpermasse hochzustemmen, die wohl mindestens dreimal größer war als die der anderen. Meike gab alles, und doch blieb sie immer weiter zurück. Anfänglich nahmen einige noch Rücksicht, aber der Tross zog sich immer weiter auseinander. Ich machte mich derweil auf, die »Gipfelstürmer« einzufangen, um auf eine alternative Route ohne Steigung umzuschwenken. Doch zu spät, Meike war das total unangenehm. Sie machte sich Vorwürfe, wollte die Hütte doch im Team erreichen, suchte Ausflucht in den falschen Schuhen und wurde zunächst wütend auf sich selbst und dann so traurig, dass sie weinte. – Gäbe es so was wie einen Trainerführerschein, wäre ich meinen Lappen jetzt wohl los. Tiefpunkt.

Als mein Trainerausbilder mir als Nachwuchstrainer das Konzept der »Misfits« in der Auswahl von Trainingsmethoden erklärte, berichtete er einmal von einer einarmigen Teilnehmerin, die er zum Klatschen aufforderte (!). Damals lachte ich und dachte schmunzelnd: »Du Schussel« … Jetzt lande ich wohl mit meinem Fauxpas in derselben Liga.

Um wieder in den Spiegel schauen zu können, hat mir einer meiner Glaubenssätze geholfen: »Ein Fehler ist ein zukünftiger Nutzen, dessen Wert im Moment der Ausübung oft noch nicht messbar ist.« Also konnte ich zwei Dinge daraus lernen:

- Erstens: Abstimmungen nur in absoluten Ausnahmefällen. Besser eine Pause nutzen, um hier und da mal informell ein Stimmungsbild einzufangen. Dann selbst die Entscheidung treffen und die Aktion affirmierend, bit-by-bit in den Ablauf einpassen.
- Zweitens: Wenn Abstimmung, dann nur zwischen Alternativen, die keine Misfits beinhalten.

Im Abschlussfeedback bedankte sich Meike beim Team dafür, dass wir die Wanderung gemeinsam im Ort statt am Berg fortgesetzt hatten. Viel mehr als sonst im Büro hatte sie das Gefühl, Teil eines Teams zu sein.

Jürgen: »Ich weiß nicht, mir kommt gerade ein sonderbarer Gedanke: In der Demokratie lässt man auch nicht über jeden Umstand das ganze Volk abstimmen. Nicht weil das unpraktisch wäre. Sondern weil das zu nicht verfassungskonformen Ergebnissen führen würde. So wäre zum Beispiel vielleicht längst die Todesstrafe in unserem Land wieder eingeführt (und damit ein Schritt in Richtung dumpfes, dunkelstes Mittelalter getan!) oder aber es fehlten die für den Ausgang der Entscheidung notwendige Kompetenz und Neutralität. Wie soll ein Volk beispielsweise seine eigenen Abgaben bestimmen? Ich finde, als Trainerin oder Trainer bewegen wir uns in einem ähnlichen Spannungsfeld. Wir müssen – wie im Falle der Didaktik – manchmal besser beurteilen können, was gerade gut für die Gruppe oder den einzelnen Teilnehmer ist. Aufgrund unseres Expertenwissens in Sachen Gruppendynamik, Pädagogik und aktuelles Seminarthema sollten wir tatsächlich manchmal selbst entscheiden, statt die Entscheidung in die Hände der Gruppe zu legen.«

Tiefpunkte

- Wenn Trainern der Strom ausgeht
- Ich bleibe einfach im Hotelzimmer
- Lapsus Linguae
- Guten Appetit!
- Stimme weg!
- Wie heißt du noch mal?!
- Bis zum Morgengrauen
- Murder Your Darlings!
- Die »Entzauberung« des Trainers
- Du sollst nicht langweilen

↗ 07

Wenn Trainern der Strom ausgeht

Wir alle haben unsere Tiefpunkte, Momente, in denen wir uns die Frage stellen, ob wir noch im richtigen Beruf arbeiten, in der richtigen Branche, auf dem richtigen Planeten. Zweifel gehören zur Reifung. Im Laufe der Jahre lernen wir, mit diesen Zweifeln besser umzugehen, daraus Entscheidungen und Taten abzuleiten, die uns zurück ins Licht, zurück in den Trainerhimmel leiten. Mit jeder dieser Entscheidungen festigt sich die Gewissheit, am richtigen Ort zu sein. Und im richtigen Beruf.

Wir Autoren glauben, dass wir Trainerinnen und Trainer die meisten Anlässe für Störungen im Seminar (und drum herum) bieten. Da die meisten von uns überwiegend allein unterwegs sind, gibt es (zu) viele Dinge, die wir mit uns selbst ausmachen müssen. Das folgende Kapitel beschreibt Fälle, in denen wir allein agieren und uns buchstäblich wie Münchhausen am eigenen Schopf aus dem Sumpf ziehen müssen.

Gleich im ersten Fall von Sabine Heß werden Gemütszustände und Gedanken angesprochen, über die unter Trainern viel zu selten gesprochen wird. Dann nämlich, wenn wir selbst Durchhänger haben, Fehler machen, so gelangweilt sind, dass wir immer wieder auf die Uhr schauen und innerlich flehen: Bitte, lass diesen Tag zu Ende gehen. Es erscheint in gewisser Weise ehrenrührig, solche Dinge zuzugeben. Zumal wir selbst mit unseren Teilnehmern an solchen Dingen trainieren und insofern Vorbild sein sollten. Es gibt sie aber, die müden Tage. Die peinlichen Fehler und Notsituationen, die wir in der Regel nur mit uns allein – wie ein Steppenwolf in den einsamen Weiten – lösen müssen.

Ich bleibe einfach im Hotelzimmer

Sabine Heß

Und wer motiviert den Trainer?!

Wir arbeiten unter anderem dafür, dass es anderen noch besser geht. Dass sie mit steigender Begeisterung ihrem Beruf nachgehen. Probleme leichter lösen oder akzeptieren, ihre Energie gut verteilen und, und, und ... Aber was passiert, wenn wir als Trainer einmal selbst in ein Motivationsloch fallen?

Unendlich müde

»Nur noch einen ganz kleinen Moment ...« – »Du musst aber noch was vorbereiten. Und die Fotos machen. Und die Charts aufhängen.« – »Ja, ich geh ja auch gleich, nur noch eine Minute ...«
Manchmal streiten sich in der Mittagspause im Hotelzimmer mein Engelchen und mein Teufelchen miteinander – während eine bleierne Schwere meine Glieder befallen zu haben scheint. Und das, obwohl ich kerngesund bin. Nur halt müde. Einfach nur müde ... unendlich ... müde.

Nicht, dass mir das Seminar, das ich gerade gebe, keinen Spaß machen würde. Im Gegenteil. Es läuft gut. Eine nette Gruppe, wir haben schon viel gelacht. Dennoch fehlt mir dieser Sog, dieser Drang, dieser Antrieb, den ich für meine Rolle als Trainerin unverzichtbar finde. Schließlich ist das nicht irgendein Job ...

Vielleicht doch noch einmal etwas ganz anderes machen?

Seit über 20 Jahren bin ich mit Leidenschaft Trainerin. Ich liebe die Arbeit mit immer neuen Menschen, das gemeinsame Wachsen, das Entdecken und Entwickeln. Dennoch beschleichen mich in diesen Momenten der Müdigkeit schwere Zweifel. Ist das wirklich die richtige Wahl gewesen? Trainerin zu sein? Ist es gut, dies auch nach so langer Zeit weiterzumachen? Oder sollte ich mir etwas Neues suchen? Was ganz anderes tun? Vielleicht ein Café eröffnen? Mit Leseecke … und Coachings, To-go sozusagen … Oder einen Blumenladen? Oder ein Hotel? Ein besonderes, andersartiges … wo Trainer gern hinkommen?

Doch dann schüttle ich die Gedanken ab, rapple mich auf, öffne die Hotelzimmertür, lächle, noch nur mit dem Mund und nicht mit den Augen, gehe in den Seminarraum, mache Fotos, hänge die Charts auf und bereite den nächsten Schritt vor. Und schon nach wenigen Momenten im Training, bei denen ich spüre, dass eine Teilnehmerin einen Aha-Effekt hat, oder ich dabei bin, wenn ein Teilnehmer begeistert etwas Neues ausprobiert, lächeln auch meine Augen wieder. Ich fühle mich wach und erfüllt – und gar nicht mehr schwer. Bis zum Abend, wo ich oft den Drang habe, mich früh zurückzuziehen. Nicht mehr zu reden. Mich einfach in mein Hotelzimmer zu setzen …

Ursachen und Zweifel

Nun lassen sich viele Ursachen für solche Momente abwägen. Vielleicht habe ich davor einfach ein bisschen zu viel trainiert. Zu wenig Vor- und Nachbereitungsphasen eingeplant. Oder es war einfach auch drum herum zu viel los. Privat. Und im Unternehmen. Oder ich hatte lange keine Auszeit mehr. Keine Momente ohne Anforderungen, in denen ich die Seele baumeln lassen kann. Ja, manchmal kommen solche Augenblicke der Schwere in solchen Phasen. Aber nicht nur …

Lange, sehr lange kamen in mir immer wieder Zweifel an der Wahl meiner Profession auf. Wenn ich mich doch häufig von den Menschen zurückziehen möchte, mit denen ich glaube so gern zu arbeiten – ist das denn dann wahr mit diesem Gefühl der Berufung? Oder rede ich mir das ein? Schließlich habe ich ja bisher nicht viel anderes gemacht. Habe ich nur Angst, dass ich gar keine Alternative habe zum Trainerdasein? Halte ich die Café- und Hotelideen in Wahrheit für nicht realisierbare Spinnereien?

Bisher habe ich immer gute Wege gefunden, weiterhin prima zu »funktionieren«. Noch nie (glaube ich zumindest) hatte ein Teilnehmer den Eindruck, dass ich keine Lust habe. Die Lust kam ja auch immer wieder, nachdem ich sie einen Augenblick lang gut gespielt hatte. Indem ich mir vor Augen geführt habe, wie spannend diese Menschen in meiner Gruppe sind. Und wie viele Möglichkeiten sie haben, mit den Dingen, die ich ihnen anbiete, künftig noch glücklicher zu leben und zu arbeiten. Wie schön es ist, Teil eines Entwicklungs- und Wachstumsprozesses zu sein. Einen Beitrag zu diesen Schritten zu leisten ...

Nichtsdestotrotz kamen die Zweifel wieder. Mal mit kleineren, mal mit größeren Abständen. Und dann: die Wendung. Denn ich habe ein Buch gelesen. (Ja, na klar, ich habe auch vorher schon Bücher gelesen. Manche waren einfach nett, andere haben in mir etwas bewegt. So wie dieses Buch ...) In den Beispielen, die dort beschrieben sind, habe ich mich oft wiedergefunden. An einigen Stellen entwich mir ein lautes »Ja, genau!«. Die Lektüre handelt von introvertierten und extravertierten Menschen. Keine neue Idee für mich, diese Unterscheidung. Arbeite ich doch selbst mit Persönlichkeitsmodellen, bei denen dieser Unterschied eine der Orientierungen ist. Aber selbstverständlich zählte ich mich zur Kategorie der Extravertierten. Dieses Rampensau-Gen war doch wohl durch ein deutliches Zeichen zu erkennen.

Die Autorin des angesprochenen Buches geht aber von einer für mich zu diesem Zeitpunkt neuen Betrachtung aus. Sie fragt: Woher holen Sie Ihre Kraft? Aus der Begegnung mit anderen Menschen oder aus der Ruhe? Tanken Sie auf, wenn Sie in Gesellschaft anderer sind, fühlen Sie sich danach energiereicher? Oder suchen Sie dann die Stille, auch wenn Ihnen die Gesellschaft noch so viel Spaß gemacht hat?

Stille oder Gemeinschaft ?!

Bingo, da war sie, meine innere Irritation. Das war also eine mögliche Erklärung. Ich hole mir meine Kraft aus der Ruhe. Und gleichzeitig liebe ich es, mit Menschen zusammen zu sein … Ich brauche den Wechsel. Das ist auch eine Erklärung dafür, dass mir manche Geräusche einfach zu viel sind. Dass ich es total erholsam finde, ab und zu im Auto das Radio abzuschalten und nur die Geräusche des Motors und der Straße zuzulassen. Und dann wieder laut mitsingend einen Song nach dem anderen konsumiere. Die Autorin nennt solche Menschen »Flexintros«. Und es gibt andere, die sich ihre Kraft aus dem Zusammensein mit Menschen holen. Wahrscheinlich sind diejenigen in unserer Profession häufiger anzutreffen (obwohl ich mir da gar nicht so sicher bin). Diese Trainer gehen abends mit den Teilnehmern essen, dann an die Bar und quatschen und lachen bis in die frühen Morgenstunden. Und am anderen Morgen stehen sie frisch und munter auf und starten den zweiten Seminartag. – Beides ist okay.

Warum schreibe ich das in einem Buch über Horrorsituationen, die uns Trainern begegnen können? Weil ich es lange als eigene, innere Horrorsituation erlebt habe, diesen Zweifel immer wieder zu spüren. (Na ja, vielleicht war es nicht gleich blanker Horror, aber doch sehr unangenehm.) Und weil ich wieder einmal erlebt habe, dass ein Teil der Lösung im Annehmen liegt. Anzunehmen, dass dies bei mir so ist. Den scheinbaren Widerspruch nicht als Anlass für Zweifel und kritische Selbsthinterfragungen zu nutzen.

Vielleicht fragen Sie sich, lieber Leser, die ganze Zeit: »Warum macht die da so ein großes Ding draus? Dann ist sie halt mal müde, na und?« Danke, dass Sie trotzdem bis hierher meinen Worten gefolgt sind. Für Sie ist es vielleicht einfach interessant, dass es solche Typen wie mich gibt.

Wenn Sie sich aber in meiner Schilderung wiedererkannt haben, das eine oder andere Mal »Oh ja, das kenne ich …« dachten, dann interessiert Sie vermutlich, welches Buch ich denn gelesen habe. Es ist »Leise Menschen« von Dr. Sylvia Löhken.

Amelie: »Hey, Schwester! Ich kenne dieses Phänomen auch schon lange. Meine Mitmenschen sind immer wieder überrascht, weil sie mich ganz anders einschätzen. Ich brauche den Rückzug und viel Schlaf, gehe gerne irre früh ins Bett, habe nie Einschlafprobleme – und auch nicht das Gefühl, irgendetwas zu verpassen. Ich habe in meinem Leben genau zwei Nächte durchgemacht, war beide Male eine Quälerei. Aber man muss es zumindest einmal machen, zum Mitreden … Den Morgen beginne ich am liebsten mit ›Dämmerungsstarren‹ – Kaffee, sitzend auf dem Sofa (alleine) und in die Gegend schauen, ohne an irgendetwas zu denken, am liebsten eine halbe Stunde lang. Danach bin ich total fit.«

Zamyat: »Oh ja, das kenne ich auch. Und meine Zweifel waren noch viel stärker. Burniemäßig verstärkt. Danke für den Buchtipp, ich habe immer gedacht: Das ist kein Buch für mich. Ich bin ja auch so was von extrovertiert … Aber es scheint in der Tat eine gute Erklärung zu sein. Denn auch ich tanke Kraft in der Ruhe. Ich glaube, es ist wichtig, das eben nicht als Widerspruch zu sehen, sondern zu sehen: Mal genießen wir es, auf der Bühne und unter Menschen zu sein. Oft ist es auch so, dass ich noch die letzten Reserven aus mir heraushole, und kein Teilnehmer merkt, wie erschöpft ich eigentlich bin. Manchmal brauchen wir einfach den totalen Rückzug. Ich schaue inzwischen immer ganz konkret: Wonach ist mir jetzt? Als Pflichtnummer mache ich die Abende mit Teilnehmern schon lange nicht mehr. Aber ich gehe auch nicht automatisch aufs Zimmer. Sondern schaue, was gerade passt.«

Jürgen: »Hhm, ich dachte immer, ich sei damit allein! Weil ich so viel Spaß mit Gruppen habe und auf Bühnen recht in Fahrt kommen kann, war ich auch jahrelang der festen Überzeugung, ich sei ein eher extravertierter Mensch. Man sagt mir zudem nach, ich neigte zum Frohsinn. Ich wunderte mich zwar über heftige Höhlensyndrome – so nenne ich die einer Entzündung nahekommende Niedergeschlagenheit und Maulfaulheit nach längeren Seminartouren. Ich dachte in solchen Fällen jedoch immer, das sei eher der physischen Erschöpfung zuzuschreiben. Bis zu dem Tag, an dem ich in einem MBTI-Workshop – Myers-Briggs-Type-Indicator – auf die Erkenntnis traf, dass Intro- und Extravertiertheit nicht allein danach beurteilt werden, ob man eher ein stiller oder eher ein lauter Typ ist. Es wird im klassischen Sinne vielmehr danach beurteilt, in welchen Situationen man seine Kraft sammelt. Unter Menschen oder allein. Meine Kraft ziehe ich definitiv aus dem absoluten Alleinsein. Irgendwo am Rand von Schottland. In Gedanken, Literatur (oder in Selbstgesprächen) vertieft.
Das ändert nichts an dem Umstand, dass man dann in einer Gruppensituation auf *offen* umschalten kann oder Show macht. Zu dieser Adaption ist auch nicht unbedingt jeder Introvertierte in der Lage. Susan Cain nennt diesen Typus in ihrem famosen Buch ›Still‹ ambivertiert. Entscheidend ist, dass man als Introvertierter oder ambivertierter Mensch ausreichend Gelegenheit zum Alleinsein hat. Da Teilnehmer sich wünschen, möglichst viel gemeinsame Zeit mit uns zu verbringen, was für den Lernerfolg von

Bedeutung ist und zudem Spaß macht, müssen introvertierte Trainerinnen und Trainer eher darauf achten, präventiv genug Zeit für sich selbst zu haben. Ich stimme dir, Zamyat, zudem hundertprozentig zu, dass man in der Situation selbst entscheiden sollte. Rückzug oder mittenmang!
Ich habe gute Erfahrung damit gemacht, *präventiv* alleine zu sein. Das heißt zum Beispiel, in der Mittagspause eben nicht mit den Teilnehmern essen zu gehen. Neben den Vorteilen, dass man Zeit zum Reflektieren und Vorbereiten des Nachmittags hat, die Teilnehmer auch einmal über den Trainer quatschen können, ohne dass der ständig dabei ist, gibt es zumindest für eine Stunde mal Stille zum Regenerieren. Ich führe dann selten Telefonate. Maximal eines mit meiner Assistentin. Ich lese keine E-Mails, sondern schalte ab. Auch dann, wenn ich gut drauf und voll motiviert bin. Als reines Sammeln von Kraft, um nachmittags und abends bis spät in die Nacht voll und ganz für die Teilnehmer da sein zu können (und mich mit deren Gedanken und Lebensgeschichten vollzusaugen wie ein durstiger Vampir).
Und noch ein Letztes fällt mir dazu ein: In einem lange zurückliegenden Gespräch mit einem renommierten Neurophysiologen, warf dieser die These auf, dass unser Gehirn mit Abwehrsymptomen reagiere – ähnlich wie bei einer Entzündung –, wenn wir zu lange und zu dicht in Kommunikation mit anderen Menschen stehen. Die Nähe zu diesen Menschen ist ja unser Job – und auch das Schöne daran. Wenn man etwas bewirken will, muss man sie, ihre Werte, Antreiber, Ängste genauer kennen. Ohne die dazugehörige Nähe geht es nicht im Training, erst recht nicht im Coaching. Irgendwann, so der Neurophysiologe jedenfalls, reagiere unser Organismus mit Abwehr, weil unser Gehirn nicht mehr ausreichend zu unterscheiden vermag: Wer bin ich und wer ist der andere? Wo ist die Membran zwischen uns? Das Gehirn will sich sozusagen selbst wiederfinden. Was haltet ihr davon?«

Torben: »Klingt in meinen Augen plausibel. Zumindest habe ich noch keine bessere Erklärung gehört. Und es fühlt sich tatsächlich wie eine Entzündung an, wenn man nach einem intensiven Dreitagetraining auf die Party eines guten Freundes geht und schon nach fünf Sekunden das Gefühl hat: Ich muss hier ganz schnell wieder weg!«

Barbara: »Oh, wie ich das kenne. Die Teilnehmer wissen gar nicht, wie mühsam manches ist. Ich ziehe mich sehr gerne nach dem Seminar zurück, lasse auch die Meetings an den Abenden aus. Kraft hole ich mir aus dem Laufen, der Natur und dem Draußensein. Wo immer es möglich ist, schnüre ich mir vor dem Training die Laufschuhe unter und hole mir Kraft aus Mutter Natur und aus meiner Bewegungsmeditation. Dabei kann ich meine eigene Kraft spüren, die Stille, und manch ein Eindruck vom Vortrag bekommt durch den Perspektivwechsel eine andere Sicht. Eigentlich sollte ich mir danach die Tagungsorte aussuchen, geht aber nicht immer.«

Henning: »Im Trainerhimmel schon!«

Lapsus Linguae

Jürgen Schulze-Seeger und Albrecht Kresse

Wenn Unbedachtes aus uns sickert

Lapsus Linguae, verbale Fehlleistungen. Vor unüberlegten, dämlichen Ausrutschern sind auch wir Rhetoriktrainer nicht gefeit. Bei der Menge der gesprochenen Sätze müsste man eigentlich davon ausgehen, dass dies täglich, wenn nicht gar stündlich geschieht! Bei manchen von diesen Versprechern würde man im Nachhinein viel Geld dafür zahlen, sie vergessen zu machen oder wahlweise für immer im Boden versinken zu dürfen. Aber was macht man nun als Trainer wirklich, nachdem es geschehen ist? Entschuldigen? Büßen? Schwamm drüber?

Jürgen Eine ganz doofe Bemerkung, für die ich mich wahrlich heute immer noch schäme, entglitt mir während eines hochkarätigen Führungstrainings in Berlin. Es stellte sich heraus, dass einer der Teilnehmer aus einer Familie mit 14 Geschwistern stammt. Ich weiß wirklich nicht, was mich geritten hat! Vor allem nicht, weil das, was ich in Bezug darauf von mir gegeben habe, überhaupt nicht meiner Einstellung entspricht! Weil ich mir das zudem total lustig und lebendig vorstelle, ich liebe Kinder und große Clans über alle Maßen! Weil ich also eine total positive Einstellung dazu habe. Trotzdem: Ich weiß, das nützt alles nichts, wenn ich Ihnen gleich gestehe, was ich am Morgen des zweiten Tages verbal verbrochen habe (das »v« im Verb kann man auch weglassen).

Nicht asozial

In der morgendlichen Runde, in der jeder drei Dinge nennt, über die er sich an diesem Morgen gefreut hat, plapperte ich munter drauflos, dass ich mich an diesem Morgen mit meiner Frau über die Teilnehmer unterhalten habe. (*Schriller Alarmton! Erstes No-Go! So viel zur Einhaltung der ehernen Trainerregel: »Alles, was in diesem Seminar geschieht, bleibt unter uns!«) Ich schilderte ungeniert, dass ich meiner Frau erzählt hatte, dass einer meiner Teilnehmer 13 Geschwister habe, und ihr gegenüber im gleichen Atemzuge bemerkt hatte: »Und der ist wirklich nicht asozial!« *krawumms.

Mann, wie dämlich war das denn?! Wahrscheinlich sollte das irgendwie witzig oder ironisch sein. War es aber ganz und gar nicht. Ich sah, wie einige zwar grinsten, andere jedoch zunehmend versteinerten. Ich weiß noch, dass ich danach versucht habe, zu retten, was zu retten ist, indem ich dem Teilnehmer versicherte, wie klasse ich große Familien fände. Aber ich fürchte, das waren alles nur lahme Rechtfertigungen mit leicht durchschaubarer Absicht. Um es beim Namen zu nennen: Ich hatte verschissen! Zu Recht. Nach der Mittagspause nahm mich der Inhaber des Unternehmens, der ebenfalls am Führungstraining teilnahm, beiseite und sagte: »Es gab während der Mittagspause am Tisch Diskussionen, wegen deiner Äußerung heute Morgen. Ich würde mir wünschen, dass du dich noch einmal vor allem bei dem Kollegen entschuldigst.« Gott, schoss mir die Röte ins Gesicht. Man hatte über mich geredet! Und bestimmt nicht sehr positiv! »Shit!« Ich hab mich dann tatsächlich vor der Gruppe für meine dumme Bemerkung entschuldigt und dem Teilnehmer später noch einmal unter vier Augen dafür gedankt, dass er mir verziehen hat. Daraufhin grinste er mich an und sagte: »Jürgen, du glaubst ja gar nicht, wie oft ich im Laufe meines Lebens solche Bemerkungen gehört habe. Ich war nur überrascht, sie ausgerechnet von dir zu hören. Jetzt ist aber auch gut damit. Alles in Ordnung.« Mann, war ich erleichtert.

Heute frage ich mich manchmal, wie viele dämliche Bemerkungen ich möglicherweise mache, ohne dass mir das dabei gewahr wird. Oder, anders gefragt, wie oft merke ich gar nicht, wie meine Worte bei einzelnen Teilnehmern ankommen. Ironische Sticheleien jedenfalls versuche ich nach wie vor für mich zu behalten. Zumindest so lange, bis ich sicher bin, eine Gruppe mit dieser Art Humor vor mir zu haben. Solange dem nicht so ist, gibt es noch andere Möglichkeiten zum Lachen. Und das am besten gemeinsam.

Die Lektionen sind ziemlich klar

- Erstens: Halte dein loses Mundwerk. Überlege vorher genauer, was du sagen willst.
- Zweitens: Ironische Bemerkungen können leicht nach hinten losgehen.
- Drittens: Wenn schon ironisch, dann besser selbstironisch.

Albrecht Einerseits ist von Harald Schmidt der Satz überliefert, für eine gute Pointe kenne er keine Verwandten. Andererseits gibt es die alte Weisheit, dass man niemals schlecht über andere reden sollte. Ich gebe zu, manchmal halte ich mich eher an Harald Schmidt. Wenn ich mit Kollegen zusammenarbeite, sprechen wir uns häufig ab, verteilen unsere Rollen absichtlich durchaus klischeebeladen und erlauben uns, im Training jeweils den einen oder anderen Gag auf Kosten des anderen zu machen. Dagegen ist nichts einzuwenden.

Im konkreten Fall war ich aber nicht mit einem Kollegen im Training, sondern ganz alleine, und die Geschichte, die ich erzählte, war eigentlich harmlos, schon hundertmal erzählt. Ich war gefragt worden, wie ich denn im Trainerberuf gelandet sei, und ich erzählte die Geschichte, wie ich als Student in Berlin auf der Suche nach einem besser bezahlten Job war und schließlich im Vertrieb landete. In der Zeitung hatte ich eine Anzeige gelesen: »Rhetorisch versierte Studenten für telefonische Stammkundenbetreuung gesucht.« Es handelte sich um einen telefonischen Vertrieb. Nach wenigen Tagen war ich, obwohl ich keinerlei Fachkenntnisse besaß, einer der besten Verkäufer im Unternehmen – und dennoch verließ ich nach einer Woche den Betrieb, denn das Geschäft war doch zu unseriös und der Geschäftsführer hatte ein ernstes Alkoholproblem.

Der schwankende Chef

Ich schilderte im Seminar ausgiebig, wie dieser Geschäftsführer meist schon gegen Mittag leicht schwankend und mit ziemlich undeutlicher Artikulation neben meinem Schreibtisch stand und versuchte, noch ein halbwegs ernsthaftes Gespräch zu führen. Eigentlich war diese Stelle immer sehr lustig, und wie immer lachten die Teilnehmer. Das Training verlief wie gewohnt. Aber diesmal hatte ich bemerkt, dass eine Teilnehmerin irgendwie deutlich verschlossener war als zu Beginn des Trainings. Sie kam schließlich in der Pause auf mich zu und befragte mich nach dem Unternehmen. Es stellte sich heraus, dass ihre Befürchtung stimmte: Der betrunkene Chef, über den ich so herrlich hergezogen hatte, war ihr Vater. Sie bat mich eindringlich, doch bitte nie wieder diese Geschichte zu erzählen.

Ich hatte den Namen des Unternehmens nicht genannt, und ich denke, keiner im Raum hatte eine Ahnung, um welches Unternehmen es sich handelte. Interessanterweise fand das Training auch gar nicht in Berlin statt. Die statistische Wahrscheinlichkeit, einen Verwandten des Menschen im Training zu haben, über den ich eine nicht gerade schmeichelhafte Geschichte erzähle, und dass dieser seinen Verwandten wiedererkennt, obwohl ich das Unternehmen gar nicht nenne, ist eigentlich verschwindend gering. Und dennoch war es passiert und bescherte mir einen der peinlichsten Momente meiner ganzen Trainerkarriere.

Was habe ich daraus gelernt? Ich mache keine schlimmen Witze mehr auf Kosten von Menschen, die nicht anwesend sind, und frage mich lieber einmal zu viel, ob ich diesen Gag wirklich so erzählen darf.

Barbara: »Oder lerne, über dich selbst zu lachen! (Achtung – ich weiß, wovon ich spreche.) freudsche Versprecher & Co. sind doch wunderbar für die Teilnehmer, sie dürfen hinter unserer Fassade mehr Licht und Mensch sehen!«

Olaf: »Es gibt ein Grenze zwischen Seminar und Kabarett. Das sind zwei unterschiedliche Aufträge. Im Kabarett zahlen die Menschen dafür, dass man ihnen die Bretter vom Kopf nimmt, sich eine Bühne daraus bastelt und wie ferngesteuert kleine Bomben im Publikum hochgehen lässt. Ironie, Sarkasmus und zynische Spitzen sind hier eher erwünscht. Das Publikum lacht über sich selbst, schüttelt sich und geht wieder nach Hause. Im Seminar brauchen wir sehr viel mehr Fingerspitzengefühl, um nicht in diverse Fettnäpfchen zu tappen.«

Guten Appetit!

Albrecht Kresse

Eine weitere peinliche Begebenheit

Selten denken wir Trainer daran, dass unsere Teilnehmer auch in den Stunden vor und nach dem Seminar präsent sein können. Der Eindruck, den sie von uns als Trainer erlangen, ist von einer dortigen Begegnung leider nicht zu lösen. *Leider* nicht.

Kennen Sie das? Das Training ist vorbei. Irgendwie haben Sie in der Mittagspause nichts Vernünftiges zu essen bekommen, und Sie haben unglaublichen Hunger. Vollkommen banal. Das Problem ist eigentlich einfach zu beheben: Man kauft sich irgendwo ein Brötchen, und alles ist gut. *Eigentlich.* Im beschriebenen Fall war es Samstagnachmittag. Ich hatte mich von meinen Teilnehmern verabschiedet. Es war ein tolles Training gewesen. Alle waren begeistert. Ich hatte alles zusammengepackt, saß im Auto und hatte Hunger. In einer kleinen Bäckerei erstand ich ein sehr appetitlich aussehendes Baguette. Es sah allerdings so üppig belegt aus, dass eigentlich klar war: Das kann man unmöglich mit einer Hand und während der Fahrt essen. Ich hatte aber solchen Hunger, dass ich sofort hineinbeißen wollte. Gleichzeitig war es Samstag, und ich wollte schnellstmöglich nach Hause zu meiner Familie. Ich tat also das, was Männer ohnehin nicht wirklich gut können, ich tat zwei Dinge gleichzeitig: Baguette essen und Auto fahren. Das ist normalerweise kein Problem. Aber mit einem Baguette, das, wie sich herausstellte, dick mit Remoulade beschmiert war, darauf Gurkenscheiben, Tomaten, Salatblätter und alles, was zu einem leckeren Baguette dazugehört, erwies es sich doch als schwieriger, als gedacht.

Kurzum: Als ich aus dem Ort raus war, stellte ich fest, so kann ich nicht weiterfahren. Inzwischen waren bereits größere Teile des Belags plus Remouladensoße auf meinen Anzug getropft.

Rechts ran

Und aus Verzweiflung – es war eine kleine norddeutsche Landstraße – fuhr ich rechts ran und dachte: Der Anzug ist sowieso ruiniert, also iss in Ruhe dein Baguette auf. Plötzlich hielt hinter mir ein Auto. Ich sah es im Rückspiegel. Etwas sehr Unerwartetes geschah. Wieder etwas statistisch nicht wirklich Wahrscheinliches. Eine Teilnehmerin aus dem Training hatte mein Auto mit dem Berliner Kennzeichen am Straßenrand gesehen und dachte: Wahrscheinlich hat sich unser Trainer verfahren, da werde ich ihm doch einfach einmal helfen. Eigentlich eine gute Idee. Ich aber hatte gerade gefühlte zwei Pfund Baguette, Salat, Remouladensauce, Tomaten, Käse und Salami im Mund. Die andere Hälfte des Baguettes war gleichmäßig auf Hemd, Sakko und Hose verteilt. So war ich zu einer ordentlichen Konversation nicht wirklich in der Lage. Sie klopfte an mein Fahrerfenster. Ich ließ die Scheibe herunter, konnte aber nicht wirklich sprechen, weil ich noch so viel Baguette im Mund hatte. Eine extrem skurrile Situation. Sehr kompetent sah es auch nicht aus. Und ich nehme an, dass ich in diesem Moment einen großen Teil des Respekts, den ich mir in zwei Tagen erworben hatte, zumindest bei dieser Teilnehmerin schlagartig verloren hatte. Es war einfach absurd. Ich versuchte nur irgendwie zu erklären – mit vollem Mund immer noch –, warum ich angehalten hatte. Das Schlamassel war ja deutlich sichtbar. Die Teilnehmerin verabschiedete sich und ich dachte: Oh Gott, wie peinlich.

Was habe ich daraus gelernt? Ich predige unseren Nachwuchstrainern immer, sie sollen sich bewusst sein, dass ihr öffentlicher Auftritt, wenn sie zu einem Training kommen, deutlich früher beginnt als bei der Eröffnung im Training. In kleinen Orten mit nur wenigen Hotels, wenn man für einen örtlichen Mittelständler ein Training macht, der dann auch das Hotel reserviert hat, muss man damit rechnen, dass man schon vor dem Einchecken eine öffentliche Person ist. Man sollte sich also bewusst sein, dass man eine öffentliche Person ist, wenn man den Ort erreicht. Mein kleines Baguette-Schlamassel hat mir gezeigt: Das gilt gleichermaßen für die Abreise. 50 Kilometer entfernt vom Trainingsort wäre die kulinarische Panne zwar immer noch ärgerlich, aber nicht so peinlich gewesen. Und noch etwas anderes habe ich gelernt: Ich kaufe keine Baguettes mehr mit Remouladensauce.

Jürgen: »Oh, Albrecht. Ein ganzer Sturm von Peinlichkeiten zieht vor meinem inneren Auge auf! Hatte ich vollkommen verdrängt. Es sind nämlich manchmal die *kleinen* Maleurs. Und du hast vollkommen recht: Das Seminar beginnt eigentlich vor dem Seminar und endet weit danach. Ich bin einmal nachmittags in einem Seminarhotel in Hessen angekommen. Ich war seit drei Tagen ungeduscht, weil ich direkt aus Schottland kam, hatte eine fleckige Hose an, verschlammte Schuhe ... Du ahnst sicher schon, was kommt: Im Fahrstuhl auf dem Weg nach oben, stieg eine Dame im Bademantel zu und war sichtlich verlegen, weil sie so halb unbekleidet vor mir in dem engen Fahrstuhl stand, während ich zuvor zwei Etagen lang Zeit hatte, das bisschen Luft in der Kabine in die über einer Büffelweide zu verwandeln. Mit einer Hand hielt sie das Revers ihres Bademantels, um ihn vor dem Dekolleté zusammenzuziehen. Peinliches Schweigen. Mit der Wucht eines ins Rückgrat geklemmten Starkstromkabels erkannte ich meine Auftraggeberin: »Oh, guten Abend, Frau Döbel-Schneekrämer.« Sie errötete. Wir gaben uns verschämt die Hand. »Hatten Sie eine gute Anreise?« »Äh, ja. Und selbst?« »Prächtig, prächtig.« Irgendwo öffnete sich erlösend eine Fahrstuhltür. Sie entschwand. »Na dann bis morgen zum Seminar!«, rief ich hinterher. Vielleicht sollte man doch besser darauf eingestellt sein, dass man einigen der Teilnehmer am Vorabend schon begegnet. In diesem Falle stellte sich das dann hinterher als nicht so schlimm heraus, und wir lachen bis heute über diese – unsere erste – Begegnung. Seitdem aber bemühe ich mich darum, einigermaßen ›landfein‹ auf die Reise zu gehen.«

Barbara: »Oh Gott, was könnte ich an Geschichten beitragen. Merke jedoch, dass es mir mit dem Älterwerden immer besser gelingt, diese beiden Welten Trainerin/Speakerin und Privat-Barbara miteinander zu vereinen. Schämen lohnt sich nicht.«

Olaf: »Es soll ja Trainer und Trainerinnen geben, die in Hotels in die Sauna schlurfen, auch auf die Gefahr hin, dass sich dort auch eine Teilnehmerin oder ein Teilnehmer aufhalten könnte. Absolutes No-Go für mich.«

Torben: »Ja, auch wenn man am Vorabend im Restaurant des Seminarhotels sitzt, sollte man sich umschauen, wer von den Teilnehmern vielleicht ebenfalls schon da ist ... und dann besser Messer und Gabel benutzen.«

Stimme weg!

Barbara Messer

Eine Panne ist manchmal das größte Geschenk

Wie aus Notsituationen manchmal die Geburt einer neuen Methode werden kann, zeigt der folgende Fall.

Das Trainerleben mit einem Co-Trainer oder einer Co-Trainerin bringt viele bunte Geschichten mit sich. Von Anfang an hatte ich immer wieder Kooperationen mit projektartigen Phasen der Zusammenarbeit. Aus einem dieser Projekte möchte ich etwas berichten, weil ich diese Situation für typisch halte.

In meinen Augen gibt es viele Ebenen, auf denen wir – wenn es einmal nicht klappt – Ursachen finden können. Ich möchte dazu eine ganz bestimmte Geschichte auswählen, die ich vor mehr als acht Jahren erlebt habe und die vielleicht eher selten ist. Sie macht außerdem deutlich, wie hilfreich eine Co-Trainerin sein kann.

Es war eine Train-the-Trainer-Veranstaltung auf einem großen Kongress. Thema »Glaubenssätze«. Der Workshop hieß »Glaube versetzt Berge«. Die Co-Trainerin und ich hatten bis dahin wenig zusammengearbeitet, hier wagten wir einen Workshop zu zweit. Die Zusammenarbeit war schon im Vorfeld Gewinn und Genuss zugleich. Unsere gegenseitige Ergänzung war famos. Sie ganz aufgehend in der Detailplanung – ich ganz versessen auf meine gewohnte Portion Improvisation.

Eine perfekte Mischung, die störungsfrei lief. Was sollte uns – die wir sogar im Hotelzimmer am Abend vorher noch alles Schritt für Schritt durchgegangen waren – schon passieren? Selbst die aufwendige Lernlandschaft – eine meiner Lieblingslernmethoden aus dem Methodenset der Suggestopädie – hatten wir komplett zwischen Bett, Stuhl, Papierkorb und Sitzecke ausgebreitet. Alles war klar, es konnte also nur gut gehen. Dachten wir beide. Voller Optimismus und Vorfreude auf den nächsten Morgen tauchte ich am Abend vorher noch in das Kongressgeschehen ein. Nach einigen Stunden Tanzen ging ich dann deutlich vor Mitternacht ins Bett. Eine gute Zeit für einen Workshop am nächsten Tag. Leicht irritiert war ich lediglich darüber, dass meine Stimme anders war, als ich sie kenne. Hatte ich Halsschmerzen? Ja, die hatte ich. Überhaupt war ich schwach auf der Brust, das war mir vorher noch gar nicht bewusst gewesen. Doch, wenn ich ehrlich war, hatte ich schon seit ein paar Tagen einen gesteigerten Vitamin-C-Bedarf bemerkt. Egal, es gab kein Zurück mehr.

Ton weg

Mein Zustand besserte sich über Nacht nicht! Am Morgen, zwei Stunden vor unserem Workshop, war ich überhaupt nicht mehr bei Stimme. Ich brachte keinen Ton mehr heraus. Keine Stimme – nichts mehr da. Die erste Hürde war, beim Frühstück meiner Co-Trainerin gegenüberzustehen und ihr die Wahrheit zu offenbaren. Ein kleiner Vorteil war es doch, dass gleich deutlich wurde, was los war. Ich brauchte also nicht lange um den heißen Brei herumzureden.

Wie ging es weiter? Unser Thema war Glaubenssatzarbeit. Beide waren wir mittelmäßig begeistert, selbst am Thema Glaubenssätze zu arbeiten. Wir hatten doch alles so schön vorbereitet. Wie ging es weiter?

Es war wie ein Wunder! Alles ging so, wie wir es geplant hatten. Keinerlei Abweichung, bis auf eine: Die Co-Trainerin – ein etwas ältere und wesentlich routiniertere Profifrau als ich – stellte sich, wenn meine Redeanteile kamen, direkt hinter meinen Stuhl, schaute keinen Menschen an, sprach allerdings für mich meine Worte und meine Texte in einer anderen Stimmlage als der ihren. Ich bewegte mich genau so, als wenn ich sprechen könnte, nutzte meine Körpersprache umso mehr und brachte meine blauen Augen zum Einsatz. Sobald ihr Part an der Reihe war, wechselte sie wieder in ihre Position. Ein gutes Hin und Her.

Und, oh Wunder: Der Workshop wurde tausendmal schöner, als wir gedacht hatten. Es gab zahlreiche witzige Situationen, so viel ungezwungene Situationskomik, solche vertiefenden Aspekte zum Thema Glaubenssätze. Fazit: Dadurch, dass wir es wagten, zur Panne zu stehen, hatten wir das wahrlich Allerbeste daraus gemacht!

Diejenigen, die damals dabei waren, werden das bestätigen. Eine Panne kann also durchaus ein großes Geschenk sein.

Jürgen: »Sehe ich auch so, Barbara. Trotzdem erschrecken wir meistens erst einmal wie vor dem Leibhaftigen. Vorletztes Jahr habe ich mir beim Snowboarden die Schulter gebrochen. Fragt mich nicht, wie! Das Röntgenbild meines rechten Oberarmgelenks sah jedenfalls aus wie ein 3-D-Puzzle. Na toll! Und wie bemalt man jetzt Flipcharts mit links? Alle Seminare absagen? Niemals! Mein eigener Vater hat im Rollstuhl trainiert, als er sich bei einer Performance auf einer Wasserrutsche zwei Zehen gebrochen hatte. Da kann ich jetzt nicht kneifen. Schon aus Dynastieehre! Nun: Klar, dass ich dann monatelang die Teilnehmer gebeten habe, die Flips zu malen. Und wer hätte das gedacht: Das kam so gut an, dass ich das heute immer noch manchmal mache. Weil die Teilnehmer dadurch die Inhalte noch einmal selbst verinnerlicht haben. Manchmal allerdings musste ich damals selbst ran, um ein paar Dinge live zu erklären. Das wurde dann immer die totale Slapsticknummer am Flipchartständer. Ich vermute, einige Teilnehmer erinnern sich ausschließlich an diesen Teil der Seminare.«

Henning: »Wenn das Leben dir Zitronen schenkt, mach Limonade draus! Ich kann diesen Lehrspruch eigentlich nicht leiden, aber oftmals sind es tatsächlich gerade die Dinge, die schiefgegangen sind, die den Teilnehmern bis heute im Gedächtnis haften geblieben sind. So etwas kann man leider nicht simulieren oder wirklich gut inszenieren. Auf jeden Fall aber sollten wir nicht jedes Mal gleich so erschrecken. Irgendetwas lässt sich schon daraus schmieden.«

Wie heißt du noch mal?!

Henning Gerstner

600 Namen und 600 Menschen

Schon wir »normal« beschäftigten Trainer haben teilweise über 600 Teilnehmer im Jahr. 50 Veranstaltungen à zwölf Teilnehmer. Die Keynotes und Workshops mit 50 oder 100 Teilnehmern lassen wir jetzt mal weg. Darin wollen wir den Teilnehmern das Gefühl geben, dass sie individuell gemeint sind und wir nicht etwa unsere Standardshow abspulen. Wir brauchen Nähe. Und hierfür ist es ungeheuer wichtig, Teilnehmer persönlich und mit ihrem Namen anzusprechen. Aber wie in Gottes Namen soll man sich all die Namen merken?

»Say My Name« heißt ein sehr erfolgreicher Titel der amerikanischen Band »Destiny's Child«. Eine junge Frau wünscht sich darin, ihren Namen zu hören, um damit zu überprüfen, ob ihr (Heartbreaker-)Gegenüber überhaupt weiß, wie sie heißt. Vorweg. Es ist völlig normal, dass wir uns manchmal Namen nicht merken können. Seit Jahren taucht in meinem beruflichen und privaten Umfeld dennoch immer wieder die manchmal fast verzweifelte Frage auf: »Ich kann mir keine Namen merken, was soll ich tun?«

Lange Zeit konnte ich über diese Frage nur schmunzeln, denn es fällt mir leicht, mir Namen einzuprägen. So dachte ich zumindest. Ich bin halt talentiert. Und was passiert, wenn man fest davon überzeugt ist, dass man etwas im Schlaf beherrscht? Richtig. Man wird nachlässig. Man hört auf, diese Fähigkeit zu trainieren, und automatisch legt man den Fokus nicht mehr auf dieses Thema.

Der Satz »Das wird schon gut gehen« ist in solchen Momenten allgegenwärtig. Achtung, der folgende Erfahrungsbericht zeigt, dass die Fähigkeit, sich »Namen merken zu können« kein Talent ist, sondern eine Frage ständigen Übens und Trainierens.

Warnschuss

Der Warnschuss folgte sofort. In einer Phase mit sehr vielen Trainings am Stück kam ich zu einem Kommunikationstraining mit dem Titel »Professionelle Kommunikation« in dieses wunderbare 5-Sterne-Hotel, mit großartigem Zimmer, einem unglaublichen Frühstück und einem sensationellen, lichtdurchfluteten, luftigen Seminarraum mit Blick über die Stadt. Was soll passieren?, dachte ich. Zwei Tage Training und dann ab nach Hause. Mit anderen Worten: Ich war nachlässig. Meine Gedanken »Es sind ja nur acht Teilnehmer und das Thema kenne ich in- und auswendig« hätten mir eine Warnung sein sollen.

Ich habe also nicht, wie ich es sonst tue, alle Namen von der Teilnehmerliste handschriftlich in mein Notizbuch übertragen. Deshalb habe ich mir auch keine Merkhilfen für die Namen zurechtgelegt. Ich habe nicht darauf geachtet, ob in der Gruppe besondere oder außergewöhnliche Namen vorhanden sind.

Schon im Small Talk mit den nacheinander eintrudelnden Teilnehmern merkte ich, dass ich mir die Namen nicht wirklich merken konnte. Ich hatte in einzelnen Gesprächen zwar immer eine vage Vermutung. Ich war mir aber bei keiner einzigen Person mit dem Namen sicher. Ich wechselte in die Anrede mit Du. »*Du* hast noch eine Frage? Bitte erzähl doch, was ist *dir* in deiner Situation aufgefallen?« Ich nenne das den »Berlin-anonym-Modus«. Das Gefühl, das sich aber mit jeder weiteren Anrede mit einem lapidaren »Du« einstellte, kann ich im Nachhinein nur mit einem Wort beschreiben: katastrophal. Zu meiner großen Erleichterung entdeckte ich, dass sich zumindest die Namen von zwei Teilnehmern in meinem Kopf festgesetzt hatten. Jetzt hatte ich das nächste Problem. Ich sprach nun nur diese Teilnehmer mit ihrem Namen und vor allem öfter an. Schließlich wusste ich ja die Namen. Der nächste Teufelskreis. Aus Teilnehmersicht musste hier die Botschaft ankommen: Der Trainer hat hier Lieblinge.

Und wie nicht anders zu erwarten, kam dann der Moment, dessen mögliche Auswirkungen mir so richtig erst in der auf diesen Tag folgenden Nacht wirklich bewusst wurden. Nämlich dann, als ich mitten in der Nacht schweißgebadet aus einem Albtraum erwachte, in dem ich erlebte, wie mir das Training um die Ohren geflogen ist.

Wie heiße ich denn?!

Die Situation im Training war wie folgt: Wir waren kurz vor der Mittagspause und ein Teilnehmer, dessen Namen ich nicht wirklich wusste setzte zu einer Frage an. »Du, Henning, mir fällt auf, dass du Daniel und Elke immer beim Namen nennst und uns andere nie.« So weit noch ohne Probleme. Doch dann kam der Hammer. Ich war durchschaut! Denn er fuhr fort: »Wie heiße ich denn?« – BÄMMMM. Das saß.

In meinem Traum spielte mein Gehirn nun alle erdenklichen Szenarien durch und malte mir in den buntesten Farben – ich glaube sogar in Technicolor – aus, was alles hätte passieren können. Hier nun die drei Alternativen aus meinem Drehbuch des Schreckens.

Erste Szene: Der Hilflose »Du, Henning, mir fällt auf, dass du Daniel und Elke immer beim Namen nennst und uns andere nie. Wie heiße ich denn?« – »Äh, ja. Also wenn ich ehrlich sein soll: Ich weiß es nicht. Ihr müsst verstehen: Ich bin gerade so viel unterwegs und es sind so viele Teilnehmer.« (Au, Au, Au!)

Was in meinem Traum nun folgte, war eine Kettenreaktion: aufgebrachte Teilnehmer. Sätze wie: »Der will uns was über Kommunikation erzählen? Der weiß es ja selbst nicht. Respektlos. Lass uns gehen. Das bringt hier nichts.«

Und schon stand ich alleine in diesem wunderbaren Raum. Im Traum war dann da noch eine Eiseskälte zu spüren und jene absolut düstere Musik, wie sie in Horrorfilmen üblich ist, erklang.

Fazit: Ich war wenigstens ehrlich. Aber eben auch nicht vollkommen. Ich rechtfertigte mich. Sie mussten mich doch verstehen. Mir war das alles zu viel. Alles wahr, aber aus Sicht der Teilnehmer überhaupt nicht relevant für ihr Training. Und vor allem alles andere als interessiert und wertschätzend. Es musste so ankommen, als wären mir diese Menschen egal.

Zweite Szene: Der Coole »Du, Henning, mir fällt auf, dass du Daniel und Elke immer beim Namen nennst und uns andere nie. Wie heiße ich denn?« – »Gut, dass du mich fragst, ich wollte an dieser Stelle demonstrieren, was passiert, wenn man die Namen nicht nennt. Und der Effekt wurde gerade deutlich. Wir kommen nach der Mittagspause zu Techniken, wie man sich Namen besser merken kann, um solche Situationen zu vermeiden.« Ich kann mich an mein triumphierendes Lächeln in meinen Traum erinnern. Gerade als ich aufstand, um in die Pause zu gehen, hörte ich folgenden Satz: »Ja, aber wie heiße ich denn?« – Mist, ich hatte mich gerade selbst mit Vollgas in die Sch… geritten. Und zwar bei vollem Bewusstsein. Kein Weg aus der Sackgasse zu erkennen.

Die Reaktion der Teilnehmer war in dieser Szene sogar heftiger als in der ersten. Die Konstanten im Traum waren nur diese Eiseskälte und diese Musik. Aber etwas war anders: Ich sah mich auch aus der Vogelperspektive. Ich lag in diesem Raum, krümmte mich vor Schmerzen. Ich fühlte mich geschlagen. Verletzt. In meiner Erinnerung steckte dieses lange Schwert noch in meiner Brust und dunkles dampfendes Blut quoll aus dieser pulsierenden Wunde. – Ja, ein bisschen übertrieben, aber man wird doch im Traum, auch einmal dramatisch sein dürfen.

Aber die Szene, die mich schließlich aufwachen ließ, war die folgende:

Dritte Szene: Der Fighter »Du, Henning, mir fällt auf, dass du Daniel und Elke immer beim Namen nennst und uns andere nie. Wie heiße ich denn?« – »Das ist doch hier egal. Es geht hier nicht um Namen, die ich mir merken kann, sondern es geht darum, dass ihr Techniken lernt, wie ihr euch Namen merken könnt. Ich zeige euch dann nach der Pause, wie das geht, damit ihr das dann endlich mal versteht.«

Hier wusste ich sogar schon in meinem Traum, dass das schiefgeht. Ein Frontalangriff. Ohne Deckung, ohne bewaffnet zu sein. Ein Bluff. Mal abgesehen davon, dass Angriffe auf Teilnehmer in den meisten Fällen schiefgehen, war hier alles noch schlimmer. Noch im Seminarraum, ihr wisst schon, der jetzt ganz dunkel, eiskalt, mit dieser Musik und plötzlich auch noch voll von diesen schwarz gekleideten Wesen von der dunklen Seite der Macht war, klingelte mein Telefon.

Mein erster Gedanke: »Wieso hab ich eigentlich mein Telefon nicht ausgeschaltet?« Dann die Verwunderung darüber, dass dieses Telefon rot glühte.

Der Personalvorstand des Unternehmens, für das ich gerade arbeitete, rief an. Er wolle mir nur sagen, dass er gerade gehört habe, was passiert sei. Er befinde sich gerade auf der »Zukunft Personal« in einem wichtigen Meeting mit vielen, sehr vielen anderen Personalentscheidern. Meine Reaktion im Training war wohl gerade länger Diskussionsgrundlage gewesen, und die einhellige Meinung der Anwesenden war, dass ich wohl auch in den Unternehmen der anwesenden Entscheider nie wieder einen Fuß auf den Boden bekommen würde. Schade. Dann legte er auf.

Jetzt heulte ich sogar. Ich war wach. Schweißgebadet mit Tränen in den Augen. Und mir wurde klar: »Puh. Ein Traum!«

Aber was war tatsächlich passiert?

Die Szene, so, wie es sich in Wahrheit zugetragen hat: »Du, Henning, mir fällt auf, dass du Daniel und Elke immer beim Namen nennst und uns andere nie. Wie heiße ich denn?« – Alles auf eine Karte. Mit einem Lächeln drehte ich mich um. Ging in meiner vagen Erinnerung an die morgendliche Vorstellungsrunde schnell alle Namen im Kopf durch und setzte alles auf eine Karte: »Frank, (dramaturgische Pause) lass mich überlegen … Ich weiß es nicht.« An seiner Reaktion konnte ich sehen. Ich hatte getroffen. Er hieß Frank. Ich hatte die Situation mit verdammtem Glück gemeistert. Aber es hätte auch schiefgehen können. Und zwar so richtig. Im Traum hatte ich ja die Alternativen erlebt.

Ich bin seit diesem Erlebnis wieder sensibilisiert für diese vermeintlichen Kleinigkeiten und weiß, dass ich eine solche Situation nicht mehr erleben will. Ich trainiere und übe wieder. In Restaurants merke ich mir Kellnernamen, auf Partys und Empfängen merke ich mir Namen von Menschen, sogar von denjenigen, mit denen ich nur kurz spreche, nur um diese später am Abend mit Namen ansprechen zu können. Achtung also, wenn ihr mich auf einer Party trefft.

Selbst bei meinen Hobbys lasse ich keine Möglichkeit zum Üben aus. Meine Teampartner in dem Rennradteam, in dem ich fahre, haben mir im letzten Jahr sogar verboten, während der Rennen andere Teilnehmer anzusprechen. Beim Blick auf die Startnummer habe ich mir oft die Vornamen der Teilnehmer eingeprägt, um die vollkommen überraschten Kontrahenten mit ihren Vornamen anzusprechen. In Verbindung mit den Rennrädern konnte ich die anderen Teilnehmer in den kommenden Tagen, teilweise sogar in den darauffolgenden Jahren noch, mit ihren Namen ansprechen. Das Gute daran: Mich kannten alle im Feld. Ich kannte alle und trainierte mein Namensgedächtnis.

Ich halte mir noch oft einen Satz meiner Oma vor Augen. »Jeder Hund wird bei seinem Namen gerufen. Also sollten Menschen erst recht mit dem Namen angesprochen werden.«

Sollte es mir dennoch in einem Training wieder passieren, dass ich mir einen oder mehrere Namen nicht merken kann, habe ich mir etwas vorgenommen: Ich frage nach, und zwar zeitnah. Zeitnah heißt in diesem Fall für mich immer sofort. Rein in den Schmerz. Umgehend. Es wird nicht besser, wenn ich warte, sondern eher schlimmer. »Entschuldigen Sie bitte, wie ist Ihr Name?«, oder: »Sorry, sagst du mir bitte deinen Namen noch mal?«

Übrigens: jetzt nicht in Hektik ausbrechen. Oft wird die Namensnennung überbewertet. Niemand muss einen Namen so und so oft nennen. Es gibt in meinen Augen nicht *den* Königsweg in der Form: Du musst deine Teilnehmer in den ersten zehn Minuten dreimal mit Namen angesprochen haben oder Ähnliches, was ich in so manchem Trainerhandbuch gelesen habe.

Es ist mehr eine Haltung. Denn die Namensnennung soll euren Teilnehmern zeigen, dass ihr Interesse habt, dass ihr genau diese Person und nicht irgendjemand Beliebigen meint. Oft hilft es, die Namen zu nennen, auch deshalb, weil dies dazu beitragen kann, eine vertrauensvolle und gute Stimmung zu schaffen. Dann lernen Menschen, und zwar gerne. Ihr haltet eure und die Aufmerksamkeit der Teilnehmer hoch.

Wenn das mit dem Namen mal nicht klappt, hilft euch also ab jetzt neben der einen oder anderen Technik eine entscheidende Trainereigenschaft: Interesse. Echtes Interesse an den Menschen, die euch gegenübersitzen. Habt echtes Interesse an diesen Menschen, und wenn es passt, sprecht die Teilnehmer mit ihrem Namen an. Dann werdet ihr als authentisch und offen wahrgenommen und meist klappt das dann auch mit »Say my name, say my name«.

Barbara: »Ja, das gefällt mir. Und es nimmt den Druck. Der Rapport kann durch so viel anderes gelebt werden. Da reicht ein tiefer Blick in die Augen oder eine Berührung.«

Jürgen: »Es gibt mittlerweile so viele großartige Techniken, um sich Namen besser merken zu können. Allein in der Trickkiste der Mnemotechnik finden sich Dutzende davon. Ich selbst schreibe mir die Namen der Teilnehmer gerne in deren Gesichter. Nicht sehr fein, aber für jemanden mit visueller Vorstellungskraft eine recht einfache Technik.«

Bis zum Morgengrauen

Amelie Funcke

Die Dunkelheit ist kein guter Ratgeber

Nächtliches Hin- und Herwälzen gehört hin und wieder zum Trainerleben dazu. Aber muss man sich so quälen? Lieber gleich duschen gehen!

Vor vielen Jahren trainierte ich zwölf Führungskräfte (nur Männer) in einem viertägigen, rein erfahrungsorientierten Führungs- und Kooperationstraining. Das Ganze nach einem sehr speziellen, festgelegten Konzept ohne jeglichen inhaltlichen Input. Die Teilnehmer machen darin praktische Übungen. Diese werden analysiert und ausgewertet. Und es werden jeweils Schlussfolgerungen für die nächste Übung erarbeitet. Aus den Erfahrungen entwickeln sich die Teilnehmer nach und nach ein eigenes »Kooperationsmodell«. So weit, so gut.

Zwei Tage lang verlief das Training jedoch schleppend und zäh. Das war sehr anstrengend – sowohl für die Gruppe als auch für mich als Trainerin.

Sie machen Ihren Job nicht!

Am Abend des zweiten Tages waren einige der Teilnehmer deshalb sehr unzufrieden und die Stimmung der ganzen Gruppe wendete sich gegen mich. Noch wurde nichts offen auf den Tisch gelegt – aber ich fühlte und ahnte genau, was am nächsten Tag in der Morgenrunde passieren würde: »Es liegt an Ihnen …«, »Sie sind schuld …«, »Sie sind unfähig …«, »Sie machen Ihren Job nicht …«, »Sie geben uns nicht, was wir brauchen …«, »Wir sind enttäuscht von Ihnen …«.

Während die Teilnehmer vor Ort im Seminarhaus blieben, suchte ich den Abstand und fuhr mit einem unguten Gefühl 80 Kilometer nach Hause.

Abends sorgte Rotwein für Entspannung und die nötige Bettschwere, dafür war nachts ab zwei Uhr an Schlaf nicht mehr zu denken. Befürchtungen haben die Eigenschaft, sich im Dunkeln riesengroß aufzublähen – und so wälzte ich mich und meine schweren Gedanken ruhelos hin und her. Ich fühlte mich unwohl, flau im Magen. Ich erwog, einfach krank zu werden, ich hoffte sehnlichst auf einen plötzlichen dramatischen Wintereinbruch (ganz Köln eingeschneit!). Ich malte mir ein Ereignis aus, das es nötig machen würde, das Seminarhaus zu evakuieren … (Alles vergebens, wie sich herausstellte.)

Jürgen: »Ich hab auch schon einmal gedacht: Vielleicht könnte man ja einen UFO-Angriff als Entschuldigung anführen, nur um da nicht mehr hinzumüssen!«

Dann jedoch folgte eine zweistündige nächtliche Erörterung mit meinem Freund, in der wir die Sache sortierten, besprachen und mögliche Situationen durchspielten. Ich erkannte mühsam,

- dass ich mit der Gruppe an einen Punkt gekommen war, an dem es mir schwerfiel, weiter hinter dem Seminarkonzept zu stehen. Ein bisschen theoretischer Input, etwa die Präsentation eines Modells (zum Beispiel Eisbergmodell oder Teamentwicklungsphasen), hätte helfen können, das Geschehen in der Gruppe besser zu verstehen.
- dass dennoch die Unsicherheit blieb, ob mein Impuls, Input zu geben, eher der Gruppe dienen sollte oder mir selbst zu meiner »Rettung« und Entlastung.
- dass ich nicht mehr trennen konnte zwischen Berufsrolle und Person.

Bis zum Morgengrauen spielten wir dann unterschiedliche mögliche Situationen durch (wenn …, dann …), schließlich kochte ich mir Kaffee und ging duschen. Dort unter der Dusche fand dann wundersamerweise so etwas wie eine innere Sortierung statt – die Knoten im Kopf entwirrten sich nach und nach, lösten sich auf und flossen an mir hinunter. Ich wusste nun sehr klar, was ich tun und sagen würde. Anschließend setzte ich mich ins Auto und machte mich auf den Weg.

Auf der Fahrt über die Autobahn ging das Gefühl grenzenloser Erschöpfung über in ein Gefühl grenzenloser Gelassenheit. Was konnte schon passieren?

In der Morgenrunde kam dann, was ich erwartet hatte – aber ich war vorbereitet! Ich sagte der Gruppe sinngemäß, ich könne verstehen, dass sie sich in einer verunsichernden Situation Führung im Sinne von »klare Ansagen« und »Wissensvermittlung« wünschten, dass das aber in diesem besonderen Seminar nicht meine Aufgabe sei. Sondern dass es ihre Aufgabe sei, sich gemeinsam wieder herauszuarbeiten, und dass ich volles Vertrauen hätte, dass ihnen das auch gelingen werde. Ich gab jedem einen Stift in die Hand und damit symbolisch ihre Verantwortung zurück. Alle nahmen an … Das Seminar wurde dann noch richtig gut.

Später habe ich in ähnlichen Lagen anders, offensiver gehandelt. Zum Beispiel habe ich meine Eindrücke von mir aus morgens angesprochen. »Gestern Abend fuhr ich nach Hause – und ich möchte Ihnen gerne erzählen, was mir dabei durch den Kopf und den Bauch ging …« Immer habe ich mir dabei vorher sehr gut überlegt, was genau ich sagen wollte, was lieber nicht, und wie ich meine Gedanken aufbauen und formulieren würde.

Was habe ich aus dieser Situation gelernt?

Erstens: Traue deinem Bauchgefühl!

Zweitens: Wenn du für den nächsten Morgen nicht weiterweißt, sprich darüber! – Ich habe seitdem gegenseitige Vereinbarungen mit einigen gleichgesinnten Kolleginnen und Kollegen. In solchen Fällen rufen wir uns abends an und beraten einander. Manchmal weiß ich nach einer solchen Beratung weniger als vorher. Ich habe aber gelernt, darauf zu vertrauen, dass die Dinge sich sortieren …

Drittens: Bereite Worte und Formulierungen vor. Das ist nicht ehrenrührig! Treffende Formulierungen lassen sich eher abrufen, wenn sie ein paarmal ausgesprochen sind.

Aus dieser Erfahrung abgeleitet, habe ich einfache Satzanfänge für schwierige Situationen gesammelt und auf Karten notiert. Zum Beispiel:

- »Ich habe jetzt gehört, dass …«
- »Wenn ich Sie richtig verstehe …«
- »Sie legen also Wert auf …«

Denn: Ob im Train-the-Trainer-Seminaren, im Moderationstraining oder im Gesprächsführungsseminar – immer wieder geht es um den Umgang mit »schwierigen Situationen«. Was tue ich, wenn …? Was sage ich, wenn …? Die Teilnehmer sind immer dankbar für diese Satzanfänge.

Viertens: Die für mich wichtigste Botschaft: Entspann dich, lass die Dinge sacken und geh beruhigt schlafen … Morgen unter der Dusche wird dir schon etwas einfallen! Dies betreffend habe ich mich noch nie getäuscht …

Gert: »Ich gehe in solchen Fällen immer eine Runde laufen. Und bisher hat mir mein Unterbewusstsein immer eine Lösung beschert. Es ist etwas passiert, ich bin lockerer geworden und es tauchten neue Ideen auf, um die Situation positiv zu verändern. Damit versuche ich mich im Vorfeld zu beruhigen – und es gelingt meist.«

Barbara: »Ich laufe auch, siehe weiter vorn. Oder ich schreibe: Satzfetzen, Gedichte, Thesen, Postulate. Frage geheime Ratgeber um Rat. Was würden die mir jetzt sagen?«

Albrecht: »Ich wünschte mir dieses Urvertrauen in die heilsame Wirkung der Dusche. Ich neige in solchen Fällen dazu, den kommenden Tag wieder und wieder neu zu planen, und stehe dann manchmal mit viel zu vielen Varianten vor der Gruppe. Mein eigenes ungutes Gefühl rechtzeitig anzusprechen hat sich fast immer ausgezahlt. Dass der Trainer eine Störung anmeldet, ist für viele Teilnehmer schon einmal eine große Überraschung. Meist passiert dann irgendetwas, was der Sache und dem Verlauf des Trainings hilft. Was mir aber am meisten helfen würde, ist mehr Vertrauen in den guten Ausgang. Dann könnte ich mir manch schlaflose Nacht ersparen. Also gehe ich demnächst gleich unter die Dusche.«

Ralf: »So wie Amelie ist es mir ähnlich auch schon einmal widerfahren. Mein erster Workshop über die Methoden in meinem Buch ›Transfer – Damit Seminare Früchte tragen‹ (2004) ist mir fast komplett entglitten. Was war passiert? In meiner Leidenschaft habe ich die Teilnehmer mit den im Buch enthaltenen etwa 50 Methoden förmlich überschüttet. Ich hatte sie unsortiert präsentiert, ohne sie in irgendeinen Rahmen oder eine Logik einzubinden. Die Teilnehmer waren unzufrieden, ihnen fehlte jeglicher rote Faden und sie äußerten das dann auch lautstark. Das Seminar drohte zu kippen, einige Teilnehmer wollten schon abreisen. Ich weiß nicht mehr, warum, aber am Abend des ersten Tages hatte ich einfach keine Idee, wie ich das verändern beziehungsweise noch retten konnte. So gefrustet ging nicht nur ich ins Bett.
Als ich am nächsten Morgen aufwachte, hatte ich die Lösung komplett vor meinem inneren Auge präsent: ein Bild, wie sich all die Interventionen untereinander in einem Schema sinnvoll verbanden. Komplett. Also zeichnete ich die Übersicht, band darin alle Interventionen ein und der Workshop kippte abermals, nun zu einer konstruktiv-positiven Seite. Der Rest des Tages verlief wunderbar. Die Teilnehmer waren angetan, wie ich den Dreh doch noch hinbekommen habe.
Häufiger als gedacht, wissen wir intuitiv mehr, als wir bewusst wahrnehmen. Das hatte ich in dieser Situation erfahren. Eigentlich wusste ich alles, aber mein Intellekt hielt diese Erkenntnis in mir verborgen. Zum Glück war das Buch im Verlag noch nicht in den Druck gegangen, sodass ich diese Übersicht noch einbinden konnte. Dank dem Frust und dem heftigen Feedback am ersten Tag.«

Henning: »So einer Gruppe müsste man eigentlich viel Geld dafür zahlen, dass sie einem bei solchen Erkenntnissprüngen als Trampolin bereitstehen.«

Murder Your Darlings!

Jürgen Schulze-Seeger

Vom Umgang mit dem Wiedergänger

Was tun, wenn Teile Ihres Seminars einzelnen Teilnehmern schon bekannt sind? – Wenn Übungen mit wichtigem (und überraschendem) Erkenntnisgewinn von einzelnen Teilnehmern schon einmal irgendwo anders erlebt wurden und daher nicht mehr zu verwenden sind? – Und was tun, wenn einzelne Teilnehmer sogar genau dieses Seminarprogramm, das Sie für die kommenden drei Tage geplant haben, schon einmal exakt so und in gesamter epischer Länge bei Ihnen erlebt haben?

»Ich habe wahrscheinlich wieder nicht so genau hingehört«, dachte ich, nachdem die erste Adrenalinschwemme versickert war. Im telefonischen Briefing vor zwei Monaten muss bestimmt irgendwann der Satz gefallen sein: »Zwei der Teilnehmer waren schon einmal in Ihrem Führungstraining, Herr Schulze-Seeger!« Na toll! Nun ist es zu spät. Die beiden stehen gerade vor mir. Es ist zehn Minuten vor Seminarbeginn. Ich hatte diesen Umstand offensichtlich weder geschnallt, als ich per E-Mail die Teilnehmerliste durchsah, noch als meine Assistentin mir die Zertifikate zur Unterschrift vorlegte. »Michael Schneider« und »Claudia Hoffmann«. Ich bitte Sie! Das sind so weitverbreitete Namen, die können schon mal zwischen Netzhaut und Großhirnrinde verloren gehen. »Lex Cushler« oder »Trixi Tornado«, ja, bei den Namen wäre mir das nicht passiert!

Zu Tode langweilen

Wie auch immer, es helfen keine Ausreden, denn ich schüttelte an diesem Morgen gerade einem von beiden die Hand. In diesem Moment sprang dann mein Namensgedächtnis wieder an wie ein stotternder Schiffsdiesel. »Guten Morgen, Michael!« Gleichzeitig stürmte eine Flut von Bildern auf mich ein. Bilder von einem Seminar vor einiger Zeit. Wieder Adrenalin. Hilfe! Exakt dieser Mensch war vor exakt zwei Jahren Teilnehmer in exakt diesem dreitägigen Führungsprogramm. Er kennt damit jede dramaturgische Pointe, jede Übung, jeden Satz. Ich werde ihn zu Tode langweilen und mich selbst gewiss als Routine-Schwengel enttarnen!«

Dass Teilnehmer ein Seminar bei Ihnen ein zweites Mal besuchen, kommt vor. Ich nenne diese Teilnehmer »Wiedergänger«. Wie immer, wenn wir in dieser Fallsammlung bestimmten Teilnehmerstereotypen vereinfachende Namen geben, ist das auch dieses Mal vollkommen verallgemeinernd, wertend und ungerecht! In diesem Fall sogar extrem ungerecht. Der Begriff des Wiedergängers stammt nämlich aus Mythen und Sagen und beschreibt ein Lebewesen, das nach dem Tod wieder unter den Lebenden erscheint – und wie im Fall des Werwolfs oder des Vampirs erhebliche Gräuel verursacht. Das alles hat natürlich – außer der Tatsache der Wiederkunft – nichts mit unseren Teilnehmern zu tun! Die vage Parallele, die mich dazu veranlasst hat, bei diesem Namen zu bleiben, ist die, dass uns bei ihrem unvermittelten Auftauchen zu Beginn eines Seminars ein durchaus vergleichbarer Horror überfällt. Stereotype bewirken außerdem, dass Sie und ich wissen, wovon die Rede ist. Nun also zum »Wiedergänger«.

»Langweilig ist, wer ein paar alte Gedanken hat, die ihm alle Tage neu einfallen.«
Marie von Ebner-Eschenbach

Die Gründe, aus denen heraus Teilnehmer zum zweiten (oder dritten!) Mal im selben Seminar auftauchen, sind mannigfaltig: Ihre Teilnehmer wechseln zum Beispiel ihren Arbeitgeber. Sie haben als Trainer mit demselben Seminarprogramm bei dem vorigen Arbeitgeber des Teilnehmers gearbeitet und nun sehen Sie sich in einem neuen Unternehmen wieder. Die Teilnehmer weisen die Personalentwickler des neuen Unternehmens meist darauf hin, dass sie dieses Training bei diesem Trainer schon einmal besucht haben. Die Personalentwickler erwidern daraufhin jedoch beispielsweise, es sei wichtig, »dass alle Führungskräfte dieses Führungsprogramm gemeinsam durchlaufen«, weil dadurch alle über das gleiche Wissen verfügen, auf gemeinsame Erlebnisse zurückgreifen und sich im Seminar zudem abteilungsübergreifende Netzwerke bilden. Andere Ursachen liegen darin, dass das Programm Voraussetzung für eine bestimmte interne Zertifizierung ist. Alles gute Gründe.

Mehr als einmal hatte ich den Fall, dass eine Teilnehmerin selbst genau wusste, dass sie vor einigen Jahren genau dieses Seminar bei mir besucht hatte. Als Antwort auf meine verdutzte Frage, weshalb Sie dasselbe Programm noch einmal durchlaufen wolle, sagte sie: »Kann ja nicht schaden.« Und auch da ist natürlich was dran. Auch Michael und Claudia sagten an diesem Morgen etwas Ähnliches. »Wir freuen uns auf die drei Tage, das wird ein super Refresher!« Und Claudia ergänzte: »Das hat damals einfach tierisch Spaß gemacht!« Letzteres ist zwar schmeichelhaft, stellt Sie als Trainer aber nun vor eine ganze Reihe von Problemen.

Die Wiedergänger kennen Ihre Übungen Manche davon sind zudem so konstruiert, dass sie eine überraschende Erkenntnis bereithalten. So zum Beispiel »Easy Lift« (Es ist nicht ein Einzelner. Es sind wir alle zusammen!), das »Neun-Punkte-Problem« (Off-the-Box-Denken). Natürlich können Sie in solchen Fällen immer noch intervenieren, ohne gleich die Übung aus dem Programm zu streichen. Sie können den Wiedergänger in diesem Fall zu Beginn der Übung bitten, passiv mitzumachen, aber den übrigen Teilnehmern keine Hinweise zu geben, wie die Sache funktioniert. Das kann aus Sicht des Wiedergängers sogar ganz spannend oder lustig sein. So zum Beispiel bei »Das australische Schwebholz« (Ziegler 2012, S. 82), wenn einzelne Teilnehmer nach ein paar gescheiterten Versuchen, das Schwebholz auf ausgestreckten Zeigefingern am Boden abzulegen, damit beginnen den wissenden Wiedergänger bestechen zu wollen, um doch noch einen Tipp zu bekommen. Als Ausnahme kann man das einmal machen. Aber nicht bei jeder Übung im Seminar. Zur Not kann man dem Wiedergänger die Rolle eines Beobachters zuordnen, ihn mit einer Sonderaufgabe versehen oder ihn zum Co-Trainer machen. Alles Möglichkeiten. Aber auch auf Dauer nur Krücken.

Manche Rollenspiele und Fallbearbeitungen sind zudem darauf angelegt, die Teilnehmer in kontrolliertes Scheitern zu führen. Kontrolliertes Scheitern erhöht in der Regel das Maß der Selbstreflexion und die Relevanz der anschließend vermittelten Tools. So, wie es die emotionale Intensität von Lerninhalten erhöht, wenn Sie wie in jedem guten Thriller vor ein großes »Aha!« zuvor ein »Häh?« in die Köpfe der Teilnehmer gesetzt haben. Wenn die ganzen »Häh?«- und »Aha!«-Momente bei Wiedergängern nun wegfallen, werden Ihr Seminarprogramm und Ihre Dramaturgie für Wiedergänger so spannend wie das Zusehen beim Trocknen von Wandfarbe.

So spannend wie das Zusehen beim Trocknen von Wandfarbe

Die Wiedergänger kennen Ihre Inhalte Zwangsläufig macht sich Langeweile breit, wenn drei Tage lang die gleichen Inhalte auf die gleiche Weise wie beim letzten Mal behandelt werden. Zudem gilt »The first cut is the deepest«. Oder erinnern Sie sich noch an Ihren zweiten Kuss im Leben? Ich selbst war einmal Wiedergänger eines Seminars, von dem ich beim ersten Mal absolut begeistert war. Beim zweiten Mal fragte ich mich eher, was mich bitte schön beim ersten Mal so eingenommen hatte? Das Ganze kam mir schal vor wie aufgewärmter Kaffee. Natürlich können manche Dinge auch beim zweiten Anschauen noch spannend sein. Bei Filmen beispielsweise wissen wir: »Der war gut«, sehen ihn erneut an und hoffen gleichzeitig, dass wir seit dem letzten Anschauen möglichst viel vergessen haben. Es gibt Filme, die kann man trotzdem zehnmal sehen und entdeckt immer wieder ein neues Detail. Oder man sieht sie, weil das mit dem Anschauen verbundene Grundgefühl angenehm ist. Für Filme alles schön und gut, aber Sie werden für Lernzuwächse, für Praxistransfer bezahlt. Nicht für Seminartourismus an Wellness-Themen-Ressorts.

Die Wiedergänger kennen Ihre Pointen. Sollten Sie anders als Facilitator oder Moderator eher experimentell an Themen herangehen, droht diese Gefahr bei Ihnen weniger. Diejenigen unter uns Trainern aber, die in Teilen ihrer Seminare durch choreografierte Elemente wie kleine Theaterstücke, Kabarett, Slapstickeinlagen, Storys, Anekdoten und Gags eingebaut haben, laufen Gefahr, die Nähe zu Wiedergängern zu verlieren. Aus Sicht des Wiedergängers wirkt nun nämlich alles recht einstudiert, was beim letzten Male noch spontan und einzigartig wirkte. Der Wiedergänger entlarvt, dass Sie offenbar bei jeder Gruppe die gleiche Show abziehen. Mir selbst bereitet das Scham.

Sie sollten deshalb als Trainer unbedingt intervenieren. Am Besten wäre es natürlich, es käme erst gar nicht dazu, dass Ihre Wiedergänger wirklich dasselbe Seminar erwartet wie beim letzten Mal. Das bedeutet, dass Sie – sofern Sie rechtzeitig von diesen Teilnehmern erfahren – Ihr gesamtes Seminar umbauen. Angepasst an die heterogenen Vorerfahrungen Ihrer Teilnehmer. Dabei dürfen Aufbau und Inhalte durchaus immer noch ähnlich sein. Wie ein anderer Song zum selben Inhalt. Bekannte Übungen ersetzen Sie jedoch durch unbekannte. Sie wählen andere Einleitungen, ergänzen durch gleichwertige zusätzliche Inhalte für Ihre Wiedergänger und lassen dafür ein paar redundante weg. Derselbe Inhalt, durch eine andere Methode präsentiert, kann schon wieder spannend sein. Stellen Sie andere Aspekte in den Mittelpunkt. Setzen Sie andere Beispiele und Charts ein. So wie eine Neuverfilmung eines bekannten Stoffs mit neuen Schauspielern, Schauplätzen und Teilaspekten der Vorlage.

Das ist natürlich ganz schön aufwendig. Außerdem ist das Seminarprogramm, das Sie ohne den Wiedergänger durchgeführt hätten, ein bewährtes, über Jahre gereiftes – ja, ein lieb gewonnenes Seminar. Deshalb meine Empfehlung: Zerstören Sie Ihr lieb gewonnenes Seminar, also »Murder Your Darlings«. Der Ausspruch »Murder your Darlings« wird übrigens Arthur Quiller-Couch zugeschrieben (Quiller-Couch 1916/2006), der angehenden Autoren damit empfiehlt, diejenigen Stellen in ihren Werken zu eliminieren, denen sie mit der größten Zuneigung begegnen. Denn diese Stellen entlarven sich meist als Selbstverliebtheiten und Schriftstellergeschnörkel, die dem Leser aber vollkommen schnuppe sind und dem Fluss der Story eher schaden. Letztlich bleiben Ihnen ohnehin nur wenige alternative Möglichkeiten zum Umgang mit Wiedergängern: Es kommt gar nicht erst zum Wiedergänger. Sie ändern rechtzeitig (oder spontan) das Programm. Sie verbinden dem Wiedergänger Augen und Ohren. Sie reisen ab. Ich halte die ersten beiden für die besseren.

Besser es kommt erst gar nicht zum Wiedergänger!

Ich spreche jetzt nicht von Knoblauch, Holzpflöcken und Silberkugeln. Ein wesentliches Hilfsmittel zur Prävention von Wiedergängern ist ein solides Teilnehmermanagement nebst einer akribisch gepflegten Teilnehmerdatenbank! (Was? Sie haben so etwas nicht?! Dann beginnen Sie damit. Heute!) Vorausgesetzt, der Prozessablauf vor Beginn Ihrer Seminare sieht das vor, klingeln in Ihrem System bei Eingabe der Teilnehmernamen alle Alarmglocken. Sie erfahren, wann und wo der betreffende Teilnehmer schon einmal bei Ihnen war und was genau dort behandelt wurde. Letzteres beispielsweise durch die angehängte Fotodokumentation und den dazugehörigen Leadersguide – die detailgenaue Agenda Ihres Seminars.

Bei weitverbreiteten Namen wie »Michael Schneider« oder »Claudia Hoffmann« sollten Sie lieber nochmals nachhaken, ob es sich wirklich um ein und dieselben Menschen handelt, die auch in Ihrem System gespeichert sind. Zum Beispiel, indem Sie auf einer Netzwerkplattform wie Xing oder

Linkedin nachsehen, Fotos mit damaligen Gruppenfotos vergleichen oder aber mit dem Teilnehmer selbst oder der Personalabteilung sprechen. In diesem Gespräch käme es zu Ihrer letzten Möglichkeit, den Wiedergänger zu verhindern, ohne Ihr gesamtes Seminarprogramm umstellen zu müssen. Fragen Sie nach, wie die Erwartungen des betreffenden Teilnehmers aussehen. Weisen Sie darauf hin, dass das Programm in Teilen oder aber als Ganzes dem zuletzt besuchten Seminar entspricht. Sollte Ihr Teilnehmer sich dennoch entscheiden, an Ihrem Seminar teilzunehmen, so tut er dies zumindest offenen Auges und schraubt seine Erwartungen dahingehend herunter, dass Ihr Seminar genauso aufregend, erkenntnisreich und überraschend wird wie beim letzten Mal.

Wichtig finde ich das Signal des Trainers an den Teilnehmer: »Ich habe dich gerne dabei!« Und dass Sie als Trainer in diesem Gespräch nicht ängstlich oder gar abwehrend wirken. So etwa, als habe man Sie bei irgendeinem Etikettenschwindel erwischt. Nur weil das Seminar hier anders heißt als woanders und dennoch dieselben Ingredienzien enthält. Das passiert nämlich wirklich ab und zu. Ein Seminar des gleichen Inhalts heißt im Programm des einen Unternehmens »FIT – Führung im Team«, im nächsten »Praise Diversity – Teammanagement« und im dritten schlicht »Führung, Stufe 3«. Dass sich Teilnehmer die in der Einladung aufgeführten Inhalte durchlesen, kann man nicht unbedingt erwarten. Sie können präventiv zumindest dafür sorgen, dass die Inhalte und Ihr Name als Trainer überhaupt kommuniziert werden. Und: auf welche Weise dies geschieht.

Was aber machen wir als Trainer, wenn alle Präventionen ins Leere greifen? Wenn uns der Aufwand, wegen eines Teilnehmers ein gesamtes Seminar umzustellen, zu groß erscheint? Wir bleiben bei unserem bewährten Ablauf, verwenden jedoch zu Beginn des Seminars weitere Präventionen, um schwierigen Seminarsituationen vorzubeugen.

Schon während der Begrüßung weihen Sie den Wiedergänger ein: »Hallo, Michael, schön dich wiederzusehen!« *Er* weiß jetzt, dass *Sie* wissen! Dass Sie ihn erkannt haben! Und dann, nach ein bisschen Small Talk: »Du weißt, dass du dieses Seminar vor drei Jahren schon einmal besucht hast. Vieles von dem, was wir hier machen, wird dir bekannt vorkommen. Oder zumindest wirst du dich daran erinnern, dass wir das damals gemacht haben. Ich hoffe, das ist in Ordnung für dich und bietet dir Gelegenheit zu Auffrischung und Vertiefung. Wenn du mal zu viele Déja-vus hintereinander hast, sag mir Bescheid. Ich will, dass du dich hier nicht langweilst.« Beinahe jeder

Wiedergänger in meinem bisherigen Trainerleben, war an dieser Stelle froh, dass es ausgesprochen war, und hat an dieser Stelle signalisiert: »Kein Ding, ich freu mich drauf!« Nur einige wenige waren an dieser Stelle selbst überrascht, dass sie dasselbe Programm erwartet. Das lag dann meist an dem Umstand, dass ihnen das intern anders angekündigt worden war. Aber niemand ist deshalb stehenden Fußes wieder abgereist. Die Botschaft »Es kann sein, dass du dich an ein paar Stellen im Seminar ein bisschen zurückhalten musst, weil du die Ergebnisse einzelner Übungen schon kennst!« ist eine wichtige Prävention. »Ich gebe dir dann manchmal ein Zeichen. Ansonsten aber nutze die Gelegenheit, zu trainieren, genauso wie die anderen auch. Ich schau mal, dass ich für dich ein paar Spezial-Spezialisten-Tricks mit einbaue, damit du hier auch mit neuem Wissen rausgehst.«

Im Sport trainiert man Fähigkeiten, indem man dieselben Übungen wieder und wieder macht. Wieso sollte das für Teile unserer Trainings nicht gelten?

Machen Sie aber, was das Neue betrifft, nicht zu viele Versprechungen. Vor allem nicht solche, die Sie nicht halten können. Überraschen Sie Ihren Wiedergänger eher damit, dass wider Erwarten am Ende doch ganz viel Neues dabei war. Vieles aus dem letzten Seminar ist tatsächlich in Vergessenheit geraten und wird nun neu gehoben. Am Ende wird Ihr Wiedergänger zufrieden sein. Fragen Sie deshalb auch im Abschlussfeedback oder beim Verabschieden noch einmal nach. »War das auch beim zweiten Mal okay für dich?« Sie werden erstaunt sein, wie positiv das Feedback ist, wenn Sie zuvor gezeigt haben, wie wichtig Ihnen der Lerneffekt für Ihren Wiedergänger ist. »Das war eine klasse Auffrischung und es war auch viel Neues für mich dabei!«

Während Ihrer Seminareröffnung können Sie genauso wirksam die Methode des Gedankenlesens (Schulze-Seeger 2013, S. 147 f.) oder die Prävention des Pink Elephant (Schulze-Seeger 2013, S. 321 f. und 369) anwenden, indem sie ansprechen, was Sache ist. Vereinbaren Sie Spielregeln mit den Wiedergängern. Zum Beispiel eben jene, dass sich der Wiedergänger auf Ihr Zeichen hin an manchen Stellen ein wenig zurückhalten muss, um den übrigen Teilnehmern nicht den Lerneffekt zu rauben. So viel zu den Präventionen.

Im Verlauf des Seminars aber gilt nun das Postulat »Murder Your Darlings«. Sooft Sie können. Ist einem Teil Ihrer Teilnehmer eine Übung bekannt, eliminieren Sie diese. Lassen Sie sie weg oder ersetzen sie durch eine andere, verwandte Übung (davon gibt es zuhauf!). Wenn Sie Axel Rachows

Spielbar-Reihe nicht dabei (oder im Kopf) haben, telefonieren Sie mit einem Trainerkollegen. Aber egal, was Sie stattdessen machen, eine simple Diskussionsrunde, einen Impulsvortrag, eine Geschichte zu einem angeschnittenen Randthema – alles ist besser als eine Wiederholung derselben Show. Bedenken Sie auch, dass Sie als Trainer bei der einhundertsten Wiederholung eines bestimmten (Lieblings-)Themas, bei der einhundertsten Erzählung einer (Lieblings-)Story auf Formulierungen zurückgreifen, die zwar spontan klingen sollen, es aber (schon lange) nicht mehr sind. Diese kristallisieren sich im Laufe der Zeit einfach heraus. Und immer, wenn Sie vor einer neuen Gruppe stehen, funktionieren sie auch. Wenn man Sie als Wiedergänger jedoch dabei ertappt, exakt dieselben Formulierungen zu verwenden, leidet Ihre Glaubwürdigkeit. Ich danke an dieser Stelle einer Teilnehmerin, einer Wiedergängerin, die genau das so in ihrem schriftlichen Feedback formuliert hat: »Die teilweise einstudierten Episoden in Jürgens Training machten es schwer, Nähe zu entwickeln.« Danke.

Es gibt auch noch einen weiteren Aspekt: Wenn nämlich der Zeitpunkt, an dem der Wiedergänger Ihr Seminar zuletzt besucht hat, länger zurückliegt, könnte der Eindruck entstehen, der Trainer (also Sie) habe sich überhaupt nicht weiterentwickelt: »Der Trainer erzählt ja immer noch dieselben ollen Kamellen!«

Sollten Sie zudem mit anderen Trainern synchronisiert arbeiten, das heißt, mehrere Trainer arbeiten im gleichen (bis ins Detail ausgearbeiteten) Programm, kann es passieren, dass Trainer A Pointen raushaut, die Trainer B zuvor schon gebracht hat. Auch an dieser Stelle leidet Ihre Glaubwürdigkeit als Trainer. (Mein Trainerkollege Torben Schacht und ich hatten deshalb schon mal ernsthaft die Idee, unsere Seminargags durchzunummerieren!).

Erweitern Sie Ihr Repertoire.

Murder Your Darlings!

Ein weiterer Grund, warum ich an das Postulat »Murder Your Darlings« glaube, liegt darin, dass ich erst Jahre später begriffen habe, dass ein großer Teil der Erweiterung unseres Methodenkoffers daraus entsteht, dass wir in der Not spontan zu uns unbekannten Übungen greifen mussten. Diese Notwendigkeit bestünde nicht, wenn wir ein und dasselbe Programm mit immer wieder neuen Gruppen und Unternehmen durchziehen. Das Bewährte wird dadurch natürlich immer weiter verdichtet und durchdrungener. Nehmen Sie sich jedoch nicht selbst die Möglichkeit, frische Lernerfahrungen zu machen, indem Sie wie ein altes Zirkuspferd – von der Premiere bis zum Gnadenbrot – wieder und wieder die alten Nummern vorführen. Erweitern Sie Ihr Repertoire. Murder Your Darlings!

Im Laufe der Zeit gewöhnt man sich als Trainer ohnehin an, für jede Übung in der Vorbereitung immer zugleich ein Backup zu entwerfen. Für den Fall, dass jemand eine Übung aus einem anderen Seminar kennt oder sich als einer Ihrer Wiedergänger entpuppt. Das verdoppelt natürlich Ihren Aufwand, halbiert jedoch den Schmerz, den es mit sich bringt, eine lieb gewonnene Übung während des Seminars abschießen zu müssen.

Wenn Sie einmal kein Back-up zur Hand haben, machen Sie spontan eine kurze Seminarpause. »Zwei von euch kennen die Übung schon, gebt mir fünf Minuten, dann bereite ich schnell eine andere vor.« Selbst wenn Sie gerade eine Viertelstunde zuvor schon eine Pause gemacht haben. Sie demonstrieren damit, dass es Ihnen wichtig ist, das Richtige für Ihre Gruppe zu tun. Dass Sie nicht an Routinen haften. Dass Sie Ihre Programme auch spontan, aber immer maßgeschneidert, an die Voraussetzungen Ihrer Teilnehmer anpassen. In der Pause schauen Sie in Ihre gut sortierte Methodensammlung (oder schauen Sie auf der Suche nach einer passenden Ersatzübung in Ihrem Gedächtnis unter jedem Stein nach). Rufen Sie wiederum Ihre Trainerkollegen aus Ihrem Netzwerk an »Hast du spontan eine Ersatzübung für das Kantinenspiel?« Der Angerufene kann dann wesentlich überlegter als Sie eine Ersatzübung vorschlagen. Auf jeden Fall hat er in dieser Situation viel weniger Adrenalin im Blut als Sie, nachdem Sie im Seminar kurz zuvor den Satz »Das kennen wir schon!« gehört haben.

Ein letzter Spezialfall des Wiedergängers noch: Mitunter sagen Teilnehmer von sich aus nicht Bescheid, dass sie eine bestimmte Übung schon kennen. Manchmal aus Höflichkeit. Manchmal, weil die Übung zuletzt anders eingeführt oder anders genannt wurde. Als Trainer registrieren Sie das Wiedererkennen Ihrer Teilnehmer an verhaltenen Reaktionen und Augenbewegungen. Bei entscheidenden Übungen habe ich mir deshalb angewöhnt, grundsätzlich zu fragen: »Kennt das jemand?« Ist nämlich blöd, wenn jemand den Trick kennt und seine Gruppe dann mit einem Satz zum Ergebnis führt. Wenn auf meine Frage hin dann jemand sagt: »Ja, kenne ich«, kann ich immer noch schnell entscheiden, die Übung durch eine andere zu ersetzen. Das wirkt übrigens wahnsinnig geschmeidig, so als hätten Sie mal eben Tausende von diesen Übungen parat. (Schön wär's!)

Wie souverän das wirkt, können Sie sich übrigens in einem YouTube-Mittschnitt einer der früheren Steve-Jobs-Präsentationen ansehen. Während der Vorstellung eines neuen Apple-Betriebssystems und der dazugehörigen Features, geschah es, dass das Programm abstürzte. Der schlimmste anzunehmende Fall. Live vor zweitausend Zuschauern. Darunter in der ersten Reihe Erzrivale Bill Gates. Aktienabsturz! Steve aber sah kurz auf den eingefrorenen Bildschirm, legte einen Schalter um und sagte schmunzelnd: »That's why we have backups here!« Das Publikum tobte. Steve hatte einfach auf einen Ersatzrechner umgeschaltet und machte weiter, als sei nichts gewesen. Die Aktien blieben stabil. Machen Sie es genauso. Legen Sie den Schalter um und machen Sie die Ersatzübung. Murder Your Darlings. »Deshalb haben wir ein Back-up hier!«

Die »Entzauberung« des Trainers

Gerd Kalmbach

Oder: Der wahre Experte ist wohl der Teilnehmer

Manchmal beschleicht einen als Trainer das mulmige Gefühl, dass einer der Teilnehmenden eigentlich der bessere Seminarleiter wäre – weil er mehr Erfahrung hat, eine bessere Ausbildung, schon viel länger in dem Job arbeitet oder was auch immer an sich hat, was ihn irgendwie überlegen macht. Dass diese Konstruktion nur in unseren eigenen Köpfen stattfindet, spielt in Bezug auf ihre Wirksamkeit keine Rolle – der Trainer ist verunsichert und das Schicksal nimmt seinen Lauf.

Ich habe das Vergnügen (und das ist meist wirklich eines), für einen großen Kunden regelmäßig Trainings in Sachen Moderation durchführen zu dürfen. Meine Zielgruppe ist dabei zwar fachlich heterogen, aber immer guten Willens und neugierig. Es handelt sich normalerweise um Mitarbeiter, die sich freiwillig darum bemühen, neben ihrem eigentlichen Job auch noch firmenintern Moderationen übernehmen zu können. Das heißt für mich, sie sind engagiert und motiviert. Seeeeeehr angenehm. In einem Aufbautraining (welches ich recht neu konzipiert hatte) kam es dazu, dass sich neben der eben beschriebenen Art von Teilnehmenden auch ein hauptberuflicher interner Moderator in mein Seminar »verlaufen« hatte. (Ich muss gestehen, bis dahin gar nicht auf dem Radar gehabt zu haben, dass mir das in diesem Training auch passieren kann! – Achtung: defizitäre Zielgruppenanalyse – böser Fehler).

20 Jahre Moderationserfahrung

Jedenfalls ging ich (wie immer) hochmotiviert und neugierig auf meine Teilnehmer zu und begann nach meiner Vorstellung mit einer soziometrischen Aufstellung. Ein Profitrainer will ja auch etwas über seine Zielgruppe erfahren und hat dafür so seine Tricks … Bei der Frage »Wie lange sind Sie schon interne Moderatoren?« stellt sich mein Kandidat doch glatt bei 20 Jahren auf und fügte hinzu, dass er das jetzt seit bestimmt 15 Jahren hauptberuflich macht. »Ups«, schoss es mir durch den Kopf, »ich bin erst seit zwölf Jahren als Trainer tätig und ›Moderation‹ ist nicht hundertprozentig mein Kernthema – außerdem mache ich nicht dauernd von einem Auftraggeber georderte Moderationen! – Was will der hier? Was genau kann der noch von mir lernen?«

In diesem Moment hat sich meine normalerweise sehr stabile, selbstbewusste und bestimmt auch souverän wirkende Persönlichkeit gewandelt. Ich fühlte mich ein bisschen an damals erinnert, als mich mein Physiklehrer an der Tafel nach den newtonschen Gesetzen gefragt hatte. Ich hatte keine Ahnung, wovon er sprach …!

Na ja, clever, wie wir Trainer sind, habe ich dann versucht, meine spontan aufkommende Verunsicherung mit einem koketten Scherz zu kaschieren: »Na, da müssten Sie ja eigentlich hier vorn stehen.«

Aber das gelang freilich nur bedingt. Die Unsicherheit dieser Person gegenüber war da – wenn auch nur als Konstruktion in meinem verwirrten Trainergehirn, das einerseits genau weiß, dass ich den Teilnehmern nicht »überlegen« sein muss, das aber andererseits genau das will.

Exkurs: Ob diese ambivalente Haltung ein Wesensmerkmal aller konstruktivistisch denkenden Trainer ist oder sein muss, weiß ich nicht. Bei mir ist es definitiv so: Ich fühle mich dann sicher, wenn ich mich inhaltlich überlegen fühle und gleichzeitig die Karte der gleichberechtigten Meinungen und Ansichten spielen darf. Dieser Teilnehmer forderte mich deswegen auf eine sehr spezifische Art und Weise, wie es wirklich sehr selten vorkommt. Erwartungsgemäß war dann auch sein (sehr konstruktiv und wertschätzend gegebenes) Feedback am ersten Abend des dreitägigen Seminars.

Er habe zwar nichts Neues gelernt, weil er eben schon sehr erfahren sei, aber es habe durchaus Spaß gemacht. Für den zweiten Tag wünsche er sich noch mehr Theorie, Erklärungsmodelle aus der Wissenschaft oder Ähnliches – er arbeite eben gerne mit Modellen, die Dinge steuerbar machen.

Oh herrje, hätte er doch einfach nur gemeckert – aber nein, er gibt auch noch ein sehr professionelles Feedback. Und zack – er demaskiert mich »gefühlt« als entertainenden Trainer, der keinen theoretischen Tiefgang hat, der nur mit vorgefertigten Rollenspielen agiert, der keine Erklärungsmodelle liefert, der keine Rezepte und Methoden anbietet … So raste es mir jedenfalls durch mein aufgewühltes Gehirn – obwohl er das vermutlich nie so gemeint hatte.

Aber gut, ich möchte mich freilich nicht lumpen lassen … Er will Stoff? Ich werde liefern! Also lasse ich mir abends mithilfe eines Kollegen via E-Mail noch einige Hinweise für rhetorische Finessen in komplexen Moderationssituationen zukommen, baue den folgenden Seminartag noch etwas um und versuche das, was ich selbst als die Quadratur des Kreises wahrnehme: sowohl Praxisübungen für alle Teilnehmer und gleichzeitig theoriegeleitete Diskussionen über schwierige Situationen in der Moderation (ich selbst war in diesen drei Tagen bestes Beispiel dafür).

Das Feedback am zweiten Tag war (trotz meiner Bemühungen) im Prinzip identisch, nur mit noch etwas mehr Nachdruck ausgesprochen – es fehlen Erklärungsmodelle! Blöderweise kam dieses Mal zusätzlich noch unterstützender Zuspruch von anderen Teilnehmern hinzu, die gerne Theorie speziell aus meiner Disziplin, der pädagogischen Erwachsenenbildung, hören wollten. Das sei doch bestimmt spannend, was die Erziehungswissenschaft zu sagen habe. Der Druck im Kessel stieg an – ich wurde immer unsicherer.

»Erwachsenenbildung? Modelle für Moderationen? Wovon reden die überhaupt?« Mir lief es heiß und kalt den Rücken rauf und runter … Da es für mich aber nichts Wichtigeres gibt als das Zufriedenstellen der Teilnehmer, im Idealfall *aller* Teilnehmer, hieß das für mich, ich musste mir für den dritten Tag etwas einfallen lassen, und ganz praktisch also: Überstunden.

Bis 23:00 Uhr entstand unter Zuhilfenahme von Internet und gleichzeitigem Rückgriff auf fast verschollenes Wissen aus dem Studium eine logische Abfolge von Gedanken, eine spannende Präsentation mit einer heuristischen Erklärung dazu, warum es Menschen so schwerfällt, sich zu verändern, warum Lernen mit so vielen Widerständen behaftet ist – und warum deshalb Verweigerungen in Workshops völlig logisch zu erklären sind …

Jürgen: »Irgendwie komme ich im Nachhinein nie umhin, dieser Art Teilnehmer dankbar zu sein. Ohne ihren hohen Anspruch nämlich würde ich viel seltener den Allerwertesten hochbekommen, mein Wissen wirklich zu vertiefen und auf den neuesten Stand zu bringen. Auch wenn das manchmal lange Nächte sind und wir unseren Teilnehmern eigentlich immer nur einen Tag voraus sind.«

Gerd: »... das ist absolut richtig. Die Teile des Trainings, die ich da nachts recherchiert habe, haben direkt einen festen Platz in diesem Training bekommen und sind dank des Teilnehmers jetzt im Repertoire.«

Henning: »Ich frage mich eigentlich nur, was wir in diesen Situationen *früher* gemacht haben – ich meine: ohne Internet!

Puh, dieses Mal war das abendliche Feedback (fast) ganz in meinem Sinne: Ich hätte bewiesen, dass ich eine fundierte Ausbildung und eine theoretische Tiefe habe ... Aber dann kam doch noch eine kleine Einschränkung. Die ganzen Namen von denjenigen, die ich zitiert habe, wären nicht nötig gewesen ... – Aha, also Zitieren ohne Quelle wäre in Ordnung gewesen ... So ein Stoffel! Das geht nun aus meiner Sicht heraus wieder nicht. Ergo: Manchmal ist es eben schwierig, es allen recht zu machen ...

Rückblickend waren das in Summe mit die drei härtesten Seminartage, an die ich mich derzeit erinnere – nicht nur, weil sie bis spätabends mit Recherchearbeit verbunden waren. Schließlich wollte/musste ich etwas liefern. Das Herausfordernde war eher, dass ich mich als Trainer selbst so dermaßen unter Druck gesetzt habe, etwas Kluges und Gutes liefern zu müssen, dass es nicht mehr gesund war und dass mir diese Situation sogar Angst vor dem Teilnehmer und seinem Urteil gemacht hat.

Wohlgemerkt: Das spielte sich alles in meinem Kopf ab. Ich hatte noch ein abschließendes Vieraugengespräch mit dem Teilnehmer. Er war zufrieden, wir haben zusammen gelacht. Alles war gut. Aber er war wirklich eine Herausforderung. Auch hier gilt wie so oft: Der Trainer lernt mindestens so viel wie die Teilnehmer! Das ist wirklich ein geiler Beruf!

Zamyat: »In abgeschwächter Form habe ich das auch schon erlebt. Der Wunsch nach mehr Theorie. Meist sage ich schon vorweg, dass ich vor allem Praktikerin bin. Bei meinen Themen geht das meist gut. Wobei ich bei

Moderation nie auf die Idee gekommen wäre, dass da einer Modelle und wissenschaftliche Hintergründe wissen will. Furchtbar!
Und diese Nachtsessions, das kenne ich. Wenn dann noch dies und das gefordert wurde und ich meine, noch hier und da etwas nachlesen oder telefonieren zu müssen. Meist kommt das nicht gut, es stresst mich noch mehr, ich bin nicht ausgeschlafen – aber das Schlimmste ist wirklich die Verunsicherung. Oje, was wollen die? Wie mache ich es ›richtig‹? (Das ist ein weiterer Vorteil von Onlineseminaren: Da kann ich in Ruhe was nachgucken, muss nichts aus dem Ärmel schütteln.)
Bewundernswert, wie du es trotzdem so gut geschafft hast, du hast im Nachhinein mein vollstes Mitleid. Zu deiner Geschichte am Anfang: Ich glaube, ich hätte ganz spontan direkt am Anfang gefragt, warum er denn überhaupt zu dem Seminar kommt? Und dass er sicher schon einiges kennt. Von Vera F. Birkenbihl habe ich dazu einen interessanten Aspekt auf einem Video gehört (allerdings aus der Sicht als Teilnehmer): Wenn ich in einem Seminar bin, wo ein Trainer etwas macht, was ich inhaltlich schon kenne, dann den Fokus einfach anders lenken: Schauen, wie macht der das? Im Vergleich zu mir? oder: Wie reagieren die Teilnehmer?
Vielleicht könnte man so etwas dann auch so einem Experten anbieten. Damit er sich nicht langweilt. Aber du bist bei einem ›normalen‹ Moderationsseminar ja nicht in der Pflicht, 20-jährigen Experten eine Sondershow zu liefern – würde ich jetzt mal so meinen. Also einfach fragen am Anfang und klären, was er und du tun können, damit er von dem Seminar etwas hat, ohne alles umschmeißen zu müssen.«

Barbara: »Tolle Story, lieber Gerd. Ich kenne das nur allzu gut. Früher führte ich lange und intensiv Fachtrainings und Vorträge im Pflegebereich durch, gerade am Anfang war ich noch unsicher. Und wenn ich dann in der Vorstellungsrunde (es gibt eben auch gute Gründe, sie wegzulassen, *grins) erfuhr, dass dort eine Pflegewissenschaftlerin oder Pflegepädagogin saß, wurde mir angst und bang. Im NLP-Training habe ich da viel gelernt. Projektion, eigenes Thema und noch viel mehr. Mittlerweile haben mich solche Situationen dazu gebracht, noch offener zu trainieren und zu agieren. So erleben die Menschen, wie ich mit dem jeweiligen Thema umgehe, wie ich darüber denke, was ich glaube. Und zugleich bin ich wieder ein Modell für eine positive Fehlerkultur und eine entspannte, unperfekte Trainerhaltung. Ich hätte ihn mehrfach als Rat- oder Impulsgeber eingebunden. Etwas, was ich früher nie gewagt hätte. Da dachte ich, es bricht mir ein Zacken aus der Krone. Jetzt krönt es uns doch viel mehr, den Teilnehmern immer wieder einen roten Teppich auszulegen.«

Du sollst nicht langweilen

Jürgen Schulze-Seeger

Eine akademische Abfuhr mit Angsthintergrund

Warum ich glaube, dass wir früher alle sehr viel mehr hätten lernen können. Und warum ein Teil unserer Arbeit als Trainer darin besteht, die Ängste unserer Auftraggeber überwinden zu helfen.

Es hat lange gedauert. Erst während meines Studiums Anfang der 1990er-Jahre fiel mir auf, dass das *Wie* der Lehre offenbar ebenso bedeutsam ist wie das *Was*. Und wie wichtig es offensichtlich ist, als Professorin oder Professor nicht allein eine gute Forschung abzuliefern, sondern darüber hinaus auch verständliche und unterhaltsame Vorlesungen zu gestalten. Ich meine, wir kannten bereits aus der Schule den Unterschied zwischen langweiligem und spannendem Unterricht. Zwischen mitreißenden Lehrern und solchen, die mittels irgendeines geheimen Hypnosecodes jede Stunde, jede Minute in einen Kampf gegen die Müdigkeit wandelten. Im Studium aber war es manchmal nicht der Kampf gegen Müdigkeit oder Schlaf. Es war der kalte Kampf gegen die drohende Vollnarkose!

Der kalte Kampf gegen die drohende Vollnarkose

Es gab zu meiner Zeit Vorlesungen, die so bestürzend langweilig waren, dass man versucht war, an einen irgendwie gearteten sadistischen Vorsatz zu glauben! Wir rotteten uns deshalb schon bald lieber zu kleinen Lerngruppen zusammen und lernten aus Büchern und Mitschriften anderer. Dabei experimentierten wir mit verschiedensten Lerntechniken wie Mnemo und Elementen der Suggestopädie und machten damit gute Fortschritte. Es gab unter anderem eine sensationelle Rhythmisierung, bestehend aus einer Stunde Skatspiel, gefolgt von einer Stunde Lernstoff-Druckbetankung, die einem offenbar alle Synapsen freibombte. Wir wunderten uns über die auf diese Weise erzielten Noten und suhlten uns in – keinesfalls gerechtfertigter – Selbstgefälligkeit. Kurz: Das Verhältnis zwischen Lernen und Ertrag stimmte aus unserer Sicht. Minimaler Einsatz – ausreichendes Ergebnis.

Wer es schafft, als Letzter einzuschlafen, hat gewonnen

Hin und wieder musste man sich dann jedoch mal in der Vorlesung blicken lassen. Donnerstags war es immer am schlimmsten. Meine Kommilitonen und ich waren da nämlich schon ab sechs Uhr auf den Beinen und draußen auf dem Wannsee zum Segeln. Ich machte zu der Zeit einen Segelschein und das Lernen dort machte – im Gegensatz zur Uni – einen Hammerspaß. Selbst die komplexe Theorie des Segelns. Schifffahrtsbestimmungen und so ein Kram. Jedenfalls kamen wir nach dem Segeln so gegen zehn sehr motiviert zurück zum Hörsaal der TU Berlin. Durchgepustet von Wind und Wetter. Mit klarem Kopf und vor körperlicher Verausgabung prickelnden Muskeln. Ausgerechnet in die wöchentliche Rechnungswesen-Hypnosedosis. Wir hatten ernsthaft Wetten am Laufen, wer es schaffen würde, als Letzter einzuschlafen.

Nun ist das aus heutiger Sicht ein bisschen gemein. Schließlich gab es mit der »Knoff-hoff-Show« und »Querschnitte« nur sehr viel weniger Lernsendungen im Fernsehen und damit Beispiele für so unterhaltsamen und lehrreichen Unterricht wie heute. Heute gibt es Lehrstühle für Erwachsenenpädagogik – auch an der TU-Berlin. Ich halte es den armen Professorinnen und Professoren nicht vor, dass sie uns so gequält haben. Ich glaube nämlich, dass es zum Teil für sie selbst ungeheuer quälend gewesen war. Es ist bestimmt nicht sehr motivierend, vor 200 Studenten zu dozieren, während 180 davon mühsam nach einer sitzenden Körperhaltung suchen, in der es nicht so auffällt, dass sie gerade dabei sind, in den Schlaf zu sinken. Und zehn weitere schlafend auf ihre Tischplatte sabbern. Ich fragte mich damals, ob es denn neben Doktortitel und Habilitation nicht auch irgendeine Eignungsprüfung für Lehrstuhlinhaber geben müsse. (Na gut, bei den meisten Lehrern hat das auch nicht viel genützt.)

Wider die Langeweile

In meiner damaligen grenzenlosen Selbstüberschätzung bot ich dem damaligen Dekan an, mit einigen Trainerkollegen ein Rhetorik- und Didaktikprogramm für Dozenten – zunächst nur für die studentischen Hilfskräfte mit Lehrauftrag – auf die Beine zu stellen. Da ich damals schon seit einigen Jahren Kommunikationstrainings machte, wusste ich aus Überzeugung, dass man das lernen kann und keine Ausrede der Welt dafür gelten durfte, wehrlose Studenten straffrei langweilen zu dürfen. (Ich weiß, in der Jugend neigt man etwas mehr zu radikalen Haltungen.) Ganz so drastisch habe ich es damals nicht vorgetragen. Vielmehr habe ich artig angefragt, ob dies denn generell von Interesse sei. Die Reaktion des Lehrkörpers allerdings war ganz erstaunlich! Nach anfänglichem Zögern schlug die Meinung meiner Ansprechpartner inklusive der des Dekans in blanke Ablehnung um. Ich fragte mich damals, ob es daran lag, dass ich diese Workshops unentgeltlich anbot. Ich dachte, dass wir alle dabei etwas mehr davon lernen können, wie man lernintensive und unterhaltsame Vorlesungen gestaltet. Niemand sagte etwas in der Art, aber vielleicht dachte jemand, ich wolle kostenlose Werbung für meine Seminare machen. Vielleicht lag es an meinem Alter. Meinem Milchgesicht. Keine Ahnung.

Als ich beim Lehrkörper nach mehrmaligen Anläufen nichts erreichte, entschloss ich mich, auf eigene Faust einige interessierte Dozenten einzuladen. Ich gestaltete einen Aushang und heftete ihn zwischen 200 andere Zettel ans Schwarze Brett des Hauptgebäudes. Neben so sinnigen Aushängen wie »Suche Mitschrift der Volkswirtschaft-I-Vorlesung vom vergangenen Freitag (nur saubere Handschriften)« oder »Von Pontius zu Pilates« oder Anzeigen für Kurse in »Beckenbodensingen« hing nun also »Rhetorik für Dozenten – wie Sie spannende Seminare und Vorlesungen gestalten«. Bereits am nächsten Morgen waren meine Aushänge allesamt verschwunden. Hatte ich mich bezüglich der Abrissstreifen am unteren Ende vertan und möglicherweise geschrieben, man solle bei Interesse das ganze Blatt mitnehmen?

Dunkle Magie? Ich kopierte ein paar neue Aushänge und wartete, was geschehen würde. Es dauerte zwei Tage, aber auch dieses Mal verschwanden die Aushänge.

Einer Form von Zensur konnte dieser skandalöse Vorgang nicht geschuldet sein, denn daneben hing noch immer der Zettel eines Tantrakurses für Student/innen mit durchaus zweifelhaften Absichten. Ich war ehrlich gesagt kurz davor, vor dem Schwarzen Brett zu campen, um die Täter zu überführen. Die Mühe konnte ich mir jedoch sparen.

Ich erhielt wenige Tage später eine schriftliche Aufforderung seitens der Universitätsverwaltung, professionelle Werbung am »Mitteilungsorgan« der Technischen Universität Berlin zu unterlassen. Man verbot mir, etwas zum Lernen anzubieten. Diese Aufforderung wurde – zugegebenermaßen sehr freundlich – im Büro des Dekans wiederholt. Man sagte mir, ich solle das nicht persönlich nehmen und man müsse den Avancen professioneller Seminaranbieter und Unternehmen entgegenwirken. (Was mich wunderte, denn ziemlich professionelle Finanzdienstleistungsunternehmen boten Gratisseminare für Studenten an.) Ich glaube heute eher, einige Professoren hatten schlichtweg Angst. Angst, an neuen Standards gemessen zu werden. Angst, beim Lernen mit dem eigenen Scheitern, den Talenten und Defiziten konfrontiert zu werden. Angst, die vertraute Ebene der Inhalte zu verlassen und sich der Form zuwenden zu müssen. Wahrscheinlich tue ich denjenigen unrecht, denen ich diese Arroganz zutraue, nicht mehr lernen zu müssen, weil ein Lehrstuhl seinerzeit ein ziemlich sicherer Hort war. Man hatte bewiesen, dass man erfolgreich ist. Und so gut die Bücher einiger dieser Professoren waren – ihre Vorlesungen blieben ein Ort der Leere.

Wie man heute lernt

Die Welt – auch jede einzelne Hochschule darin – hat sich seitdem erheblich gewandelt. Und wir alle sind dankbar, dass dem so ist. Wenn ich heutige Berichte von Studenten höre oder lese – darüber, wie heute an Universitäten gelernt wird –, denke ich manchmal, ich entstamme offenbar einem anderen Jahrtausend. (Was ja faktisch auch stimmt.) Einer dunklen Zeit, in der wir so viel mehr hätten lernen können. Manchmal kommt mir der Gedanke, noch einmal an einer Universität zu studieren. Mit all den Möglichkeiten, über die wir heute verfügen. Wir sehen per Internet Vorlesungen aus aller

Welt, von Experten, zu denen man früher um die halbe Welt reisen musste, um eine Frage an sie loszuwerden. Wir nutzen Gedächtnistechniken, Suggestopädie und Medien, um Inhalte auf unserer Drei-Pfund-Festplatte Gehirn zu speichern. Finden Antworten in Blogs, YouTube, TED.com und tausend Plattformen mehr. Wir erleben Vorträge, die so unterhaltsam sind wie eine Achterbahnfahrt. Ich bin froh, zwei Kinder zu haben, die in einer solchen Welt groß werden.

Für meine heutige Arbeit bereitete diese Lektion vor allem eine tiefe Überzeugung. Nämlich die, dass Unterhaltung der Minimalanspruch an ein Training ist. Man darf in Trainings vieles tun: Man darf empören. Widersprechen. Provozieren. Kuscheln. Ekeln. Verstören. Aber langweilen darf man nicht. Es ist am Ende wie im Theater. Selbst wenn mich das Stück abstößt, ekelt oder verstört, so bewegt es dennoch etwas. Ist es aber langweilig, gehe ich besser nach Hause. Daher das Fazit:

- Unterhaltung ist ein Minimalanspruch.
- Ein großer Teil unsere Arbeit als Trainerinnen und Trainer besteht darin, in Organisationen Mut für neue Lernwege zu fördern.

Die Hölle zum Nachtisch

- Was am Ende (und danach) noch schiefgehen kann
- Feedbackstuss
- Schlimmes Ende
- Die Überraschung im Nachgang
- Unsere Hitliste der schlimmsten Feedbacks

↗ 08

Was am Ende (und danach) noch schiefgehen kann

Dem Abschluss Ihrer Seminare kommt in Bezug auf schwierige Seminarsituationen eine besondere Bedeutung zu. Ganz am Ende können Sie als Trainerin oder Trainer nämlich nichts mehr daran ändern, wie es gelaufen ist. Manche schwierigen Seminare haben zudem auch noch ein schwieriges Nachspiel. Die damit gepaarte Hilflosigkeit wird von uns häufig als Ohnmacht oder Ausgeliefertsein empfunden und ist daher besonders schmerzhaft. Letztlich tragen wir natürlich selbst wieder Verantwortung dafür, dass es nicht so weit kommt. Doch manches Mal hat eben jede Intervention versagt und wir müssen uns die Niederlage eingestehen.

Nachdem die letzte Teilnehmerin, der letzte Teilnehmer gegangen sind, bleiben wir allein und weidwund angeschossen im Seminarraum zurück und versuchen, das Erlebte irgendwie zu sortieren. Zum Loslassen ist es noch zu früh. Denn wir wollen etwas aus den Fehlern lernen. Irgendeine Lektion für unsere weitere Trainerlaufbahn ergründen. Viel Grübelei erwartet uns.

Worin wir Autoren uns einig sind, ist die Empfehlung, diesen Prozess besser nicht allein zu durchlaufen. Wählen Sie die Nummer eines nahestehenden Trainerfreundes (der vielleicht auch gerade am Ende eines Trainings in seinem Seminarraum sitzt und grübelt). Schildern Sie das Erlebte. Prüfen Sie Ihr Arsenal an Präventionen, um solche Situationen künftig zu vermeiden oder mittels Ihrer Interventionen anders zu steuern. Wofür brauchen Sie einen Tipp? Von wem?

Im Buch »Schwarzer Gürtel für Trainer« (Schulze-Seeger 2013) finden Sie im Kapitel »Die Asche aushusten« eine ganze Reihe von Methoden, die Ihnen dabei helfen, das innere Gleichgewicht wiederzufinden und dem versiebten Seminar ein Maximum an wertvollen Lernerfahrungen abzutrotzen. Es geht dabei auch um eine innere Hygiene, damit Sie das Erlebte auch wieder loswerden und verarbeiten können.

Die folgenden Fälle haben gemein, dass sie allesamt zum Abschluss von Seminaren passierten. Und wiederum staunten wir darüber, wie stereotyp sie sind, da sie uns doch allesamt bekannt vorkamen.

Feedbackstuss

Gert Schilling

Und zum Schluss der Stunde – eine hübsche Feedbackrunde

»Machen Sie doch noch schnell ein paar Kreuzchen!« – Feedbackbögen gehören zum Trainerberuf. Manche davon haben ihre Tücken.

Am Ende des zweitägigen Seminars hatten die Azubis die obligatorischen Feedbackbögen ausgefüllt und auf meinen Tisch gelegt. Meinem Gefühl nach war das Seminar gut gelaufen und aus den Augenwinkeln schiele ich nach der Bewertung. Die erste Frage auf dem Bogen lautet: »Sind Ihre Erwartungen an das Seminar erfüllt worden?« Die siebenstellige Skala reicht von »voll erfüllt« über »teilweise« bist »gar nicht erfüllt«.

»Gar nicht erfüllt!«

An dieser Stelle der Skala sah ich das Kreuzchen auf dem ersten Bogen und dachte, na ja, es gibt halt immer mal einen Unzufriedenen. Der nächste Bogen: »Gar nicht erfüllt«. Dann kam es Schlag auf Schlag, alles der gleiche Tenor. Während die Teilnehmer ihre Sachen zusammenpackten, durchblätterte ich mit inzwischen schweißnassen Händen die weiteren Bögen. »Gar nicht«, »gar nicht«, »gar nicht« – was ist denn da los? Warum um Himmels willen so viele Kreuzchen bei »gar nicht erfüllt«?

Ich denke an die Fehler und Tiefen, die es die letzten zwei Tage gegeben hat – aber so schlimm war es doch gar nicht gewesen. Stimmt etwas mit meiner Wahrnehmung nicht? Zweifel an meiner gesamten Trainerexistenz poppten auf. Sollte ich vielleicht besser doch den Beruf wechseln?!

»Halt, stopp!«, hörte ich mich laut in die Runde rufen. »Ich bitte euch, bevor ihr geht, mir kurz zu sagen, warum ihr mit dem Seminar so unzufrieden wart?« »Hääh!?!« – so könnte man den Gesichtsausdruck der Teilnehmenden beschreiben. »War doch toll!«

»Warum habt ihr denn dann angekreuzt: ›Die Erwartungen wurden gar nicht erfüllt‹?«, lautete meine verdutzte Frage. Und die Erklärung kam postwendend: »Wir hatten vor dir schon zwei andere Seminare. Die waren echt langweilig, öde und zäh. Und unsere Erwartung war, das jetzt noch einmal erleben zu müssen. Dein Seminar war lehrreich, praxisbezogen und lebendig – einfach klasse. Eben nicht den Erwartungen entsprechend.«

Henning: »Vielleicht sollte man Feedbackbögen zunächst grundsätzlich immer erklären, bevor man sie ausgibt?! Aber welcher Trainer macht das schon? Zumindest könnte man den Missverständnissen vorbeugen ...«

Albrecht: »Da habe ich jetzt doch eine coole Erklärung, falls die Teilnehmer doch einmal kritisch bewerten, was ihre Erwartungen betrifft. Da kann ich einfach sagen, sie waren positiv überrascht und wollten das damit ausdrücken.«

Nachdem ich erklärt hatte, wie die Personalabteilung das Feedback normalerweise interpretiert, waren alle bereit, ihren Bogen zu ändern und einen netten Kommentar dazuzuschreiben. Ich bin mit einem blauen Auge davongekommen.

Die häufigsten Stusskategorien

Um es vorwegzusagen. Es gibt durchaus sinnvolle und durchdachte Feedbackbögen. Aber auch Stuss. Hier eine kleine Auswahl:

- »Wie beurteilen Sie das didaktische Konzept des Trainers?« Die Skala reicht von sehr gut bis schlecht. Wie können die Teilnehmer das didaktische Konzept erkennen? Geschweige denn beurteilen, wenn sie nicht gerade Didaktiker sind?
- Auf die Frage »Wie beurteilen Sie das Seminarklima?« kreuzen viele »schlecht« an. Auf Rückfrage stellt sich heraus, dass ihnen die Raumtemperatur zu warm war. Na, klasse!
- »Gab es im Seminar die Möglichkeit, auch durch Scheitern zu lernen?« Wann ist das dann ein gutes Seminar? Wenn alle Teilnehmer ankreuzen »immer« oder ist »überhaupt nicht« besser? Oder ein schwammiges »teils, teils«?

Ich hatte auch schon Feedbackbögen mit neun (!) Seiten. Da wurde alles gefragt. Die Teilnehmer konnten die einzelnen Visualisierungen, nach Medien aufgeschlüsselt, beurteilen.

Erhält man als Referent die Feedbackbögen schon vor dem Seminar, könnte man auf die ketzerische Idee kommen, schon im Vorfeld das Ausfüllen der Bögen zu beeinflussen. Ich hatte mal einen Bogen, auf dem gefragt wurde: »Ist der rote Faden des Seminars erkennbar?« Wir könnten dann ein Flipchart zeichnen mit »unser roter Faden«, natürlich mit einem roten Faden versehen, und im Seminar immer wieder »unseren roten Faden« erwähnen. Den Teilnehmer möchte ich sehen, der dann noch ankreuzt »roter Faden nicht erkennbar«.

Jürgen: »Das erinnert mich an den Umgang von Verkäuferprofis mit unternehmensinternen Testkäufern. Wenn der Profi den Braten riecht, geht er haargenau nach Anforderungsprofil vor und kriegt die volle Punktzahl. Mir hat einmal ein Verkäufer gestanden, dass man die Testkäufer immer erkennt!«

Genauso könnte man sein Seminar auf andere Punkte im Feedbackbogen abstimmen. Wichtig ist, dass die Begriffe aus dem Bogen benutzt werden. Wenn es also eine Frage zu der »Erwartungsabfrage« gibt, dann kann man auf eine Pinnwand »Ihre Erwartungen« zeichnen. Wenn im Feedbackbogen allerdings von Wünschen die Rede ist, dann gibt es eben eine »Wunschwand«. Wenn der Einsatz von Praxisfällen bewertet werden soll, dann könnte man im Seminar nicht nur von Fällen, sondern, sooft es geht, von Praxisfällen sprechen. Das geht mir so im Kopf herum, wenn ich mich mal wieder über zu umfangreiche Feedbackbögen oder uneindeutige Fragen ärgere.

Barbara: »Mittlerweile hasse ich Feedbackbögen immer mehr. Auch zu sehen, wie die Teilnehmer alle noch ganz freudig in den letzten Momenten des Seminars sind und dann in ihrer Abschiedslust jäh eingedämmt werden, weil da noch so ein Zettel vor ihnen liegt. Nein, das ist nicht meins! Aber natürlich weiß ich, dass es dazugehört ...«

Manchmal dürfen wir ja auch als Trainer einen Feedbackbogen ausfüllen. Wir sollen die Lernbereitschaft der Teilnehmenden beurteilen (immer top) und den Umgang der Teilnehmenden untereinander (natürlich auch immer top!).

Was soll ich aber auf die Aufforderung antworten: »Beurteilen Sie das Seminar im Vergleich zu Ihren anderen Seminaren.« Ankreuzmöglichkeiten von »schlechter« bis »besser«. Wenn ich »besser« ankreuze, heißt das ja, dass meine Seminare sonst schlechter sind. Was bedeutet es in diesem Falle aber dann, wenn die Teilnehmenden das Seminar als schlecht bewerten würden? Dann wären meine Seminare sonst *grottenschlecht*! Eigentlich müsste ich sagen: Meine Seminare sind alle toll, aber dieses hier, ja, das war *besonders* toll!

Amelie: »Ich teile die Erfahrung, dass die Evaluationsbögen der Auftraggeber von Qualität und Eindeutigkeit her unterschiedlich sind. Häufig werden für jede Veranstaltung die gleichen Bögen ausgeteilt, völlig unabhängig von der Art der Veranstaltung (Workshop oder Konfliktmoderation, Fachtraining, Verhaltenstraining, …). Daher passen sie häufig gar nicht. So kommt es zum Beispiel vor, dass Teilnehmer Seminarunterlagen bewerten, obwohl gar keine ausgeteilt wurden. Ein anderes Beispiel: Ein Unternehmen fragt im Bogen, ob der Trainer mit erfahrungsorientierten, praktischen Methoden gearbeitet habe. In Klammern stehen dann als Beispiele: Rollenspiel, Gesprächsübung. Wenn es nun zwar lebendige, praktische Methodik, aber keine Gesprächsübung und kein Rollenspiel gab, wird diese Frage häufig verneint. So können Fragen in die Irre führen …«

Olaf: »Mit einem meiner Kunden habe ich vereinbart, dass ich bei einem zweitägigen Seminar am Ende des ersten Seminartages den Feedbackbogen durch konkrete Inhalte des Seminars ergänze. So erscheinen alle intensiv behandelten Themen und Inhalte auf den Feedbackbögen. Immer am Ende des Seminars kommt die HR-Leiterin zum mündlichen Abschlussfeedback. Zweideutige Angaben auf den Feedbackbögen können so hinterfragt und geklärt werden. Diese Vorgehensweise ist etwas zeitaufwendiger, als nur die Feedbackbögen schnell auszuteilen und nach dem Seminar ausfüllen zu lassen. Mir haben diese Feedbacks häufig sehr geholfen, konkrete und verständliche Rückmeldungen zu bekommen. Ein angenehmer Nebeneffekt: Aus diesen Gesprächen am Ende des Seminars haben sich Folgeseminare ergeben, die ich auf der Basis der Rückmeldungen konzipieren konnte.«

Ralf: »Ja, die Feedbackbögen. Und die Frage nach den Erwartungen! Genau das hatte ich in einem Workshop als Thema, in dem es um einen neu erarbeiteten Feedbackbogen ging. Zwei Jahre lang wurde in einer Arbeitsgruppe daran gearbeitet und das final abgestimmte Ergebnis lag vor. Mehrere Fragen darin waren für mich kritisch, unter anderem die Frage: ›Meine Erwartungen wurden erfüllt – Ja – zum Teil – nicht‹. Mein Auftrag war, mit der Gruppe an einem Prozess zu arbeiten, der die Nachhaltigkeit der Seminare insgesamt sicherstellt. So sprach ich zu Beginn das Ziel des Workshops an und dass ich unter anderem auch noch einmal den Feedbackbogen reflektieren werde. Vollkommen überraschend hatte ich damit bei einem Teilnehmer alle ihm ›innewohnenden Kräfte‹ mobilisiert. Lautstark gab er folgenden Satz von sich: ›Den Feedbackbogen fassen Sie mir nicht noch einmal an. Zwei Jahre haben wir daran gearbeitet!‹ Ebenso spontan fiel meine Antwort aus. Da schon einige Zeit verstrichen war, ›ordnete‹ ich eine Pause an und zitierte ihn klar und unmissverständlich an die Pinnwand, an der ich den Fragebogen vergrößert angebracht hatte: ›Kommen Sie bitte zu mir. Hier auf Ihrem Feedbackbogen steht die Frage: Wurden Ihre Erwartungen erfüllt. Was sagt Ihnen das? Nichts! Wenn der Teilnehmer geringe Erwartungen hatte und die wurden aus seiner Sicht erfüllt, kann er Ja antworten, genauso wenn er hohe Erwartungen hatte und die wurden erfüllt!‹ Es entstand ein kurzes Schweigen, die Lautstärke reduzierte sich und es kam nur noch die Antwort: ›Okay. Sie können an dem Feedbackbogen arbeiten.‹ Und es mussten noch weitere Fragen infrage gestellt werden. Und das Erfreulichste: Wir beide schlossen während des Workshops eine Art ›Freundschaft‹.«

Schlimmes Ende

Sandra Masemann

Psychohygiene nach dem Seminar – manche Umstände erfordern ungewöhnliche Maßnahmen

Dieses Erlebnis ist eines, welches man im Verlauf seiner Trainerkarriere lieber allein im stillen Kämmerlein verarbeitet. Ganz ehrlich, sind wir nicht alle ein bisschen narzisstisch – lieben es, bewundert zu werden, und machen Kritik gern mit uns ganz allein aus? In diesem Fall war es definitiv nicht möglich.

Zur Geschichte: Vor einigen Jahren war ich beauftragt, eine zweitägige Führungskräftetagung mit einem eintägigen Beitrag zu begleiten. Eigentlich war im Vorfeld schon klar: Das, was der Auftraggeber von mir wollte, war in der kurzen Zeit nicht möglich. Es ging um ein Konglomerat aus inhaltlichem Input zum Thema Führung, Methoden zur Teamstärkung der Führungskräfte und noch mal eben die Beschäftigung mit dem Leitbild und Führungsgrundsätzen des Auftraggebers. Ich sprach von Anfang und zugleich wusste ich, dass es in der Branche relativ innovativ war, sich überhaupt Zeit für diese Themen zu nehmen. Deshalb war ich mit im Boot.

In einer großen Runde von etwa 40 Führungskräften unter Anwesenheit der Geschäftsführung widmete ich mich voller Eifer dieser Aufgabe und brachte die Teilnehmer auf wirklich gute Weise dazu, miteinander zu arbeiten, ins Denken zu kommen und tatsächlich Neues zu wagen. Es entstand eine äußerst produktive Arbeitsatmosphäre und zugleich war von Beginn an spürbar, dass es sehr konträre Kräfte in der Runde gab. Die, die in keiner Weise Interesse daran hatten, sich einzubringen, geschweige über ihre eigene Führungsrolle nachzudenken. Und dann gab es diejenigen, die die Zeit nutzten und Freude an der gemeinsamen Arbeit hatten.

»Das hier geht gar nicht«

Eine Teilnehmerin ging bereits relativ früh in die Verweigerung – im Grunde auf allen Ebenen: von den Arbeitsaufgaben bis zum Essen im Hotel. Sie machte nicht mit, aß nichts und drückte mit allem, was sie hatte, aus: »Das hier geht gar nicht!« Versuche unsererseits, sie ins Boot zu holen, scheiterten. Sie wollte nicht und ließ uns das und auch alle anderen deutlich wissen.
Dummerweise hatte sie die Gabe, andere mit auf ihre Seite zu ziehen, und sie sammelte die Kritiker und Nörgler um sich.

Das kostete den Tag über sehr viel Energie, und zwar alle Beteiligten. Um 16:30 Uhr sollte das Seminar dann offiziell enden. Ich war mit öffentlichen Verkehrsmitteln angereist und hatte wenig Spielraum. Es kam hinzu, dass die Veranstaltung am Morgen eine halbe Stunde später begonnen hatte, weil diverse Teilnehmer noch nicht angereist waren. Unser Tag war randvoll und wir schafften es, die Zeit irgendwie wieder rauszuholen, aber es war klar: Für die Schlussrunde blieb wenig Zeit.

Eröffnet wurde das Feedback, für das also nur noch maximal 15 Minuten Zeit übrig waren, von der besagten Teilnehmerin mit etwa folgenden Worten: »Ich habe mir im Vorfeld Ihre Internetseite angeschaut und ab da nichts mehr erwartet. Und genau das ist passiert. Für mich war dieser Tag vollkommen überflüssig, ich habe nichts mitgenommen.«

Mir stockte der Atem, denn es war klar, in Anbetracht der Zeit und der Tatsache, dass mein Zug fuhr, war einfach schlichtweg keine Zeit, sich mit diesem Brett näher zu beschäftigen. Es gab eine Irritation, die ich an dieser Stelle nicht lösen konnte. Die Runde ging weiter, es gab positive Stimmen, aber dennoch war jeder weitere Beitrag überschattet und es fiel anderen

»Für mich war dieser Tag vollkommen überflüssig, ich habe nichts mitgenommen!«

schwer, ihre positiven Erlebnisse zum Tag offenherzig mitzuteilen. Die Uhr tickte und ich rannte schließlich mit viel Gepäck und rollenden Koffern zum Taxi und von dort weiter zum Zug.

Gert: »Auch von mir noch mal die Überlegung, das Schlussfeedback eventuell ganz wegzulassen und am Anfang zu vereinbaren: ›Wenn Sie einen Wunsch haben oder etwas sagen wollen, was stört, tun Sie das bitte zeitnah, damit wir die Chance haben, darauf einzugehen.‹ Dann hat man die Vereinbarung zu einem sozusagen permanenten Feedback. Man kann auch Zwischenfeedbacks machen, zum Beispiel vor der Pause. Am Schluss ist der Zug abgefahren.«

Torben: »Ja, manchmal komme ich mir vor, als bettelte ich am Ende noch um ein paar Ohrfeigen. Vielleicht lässt man diese Feedbacks unter Zeitdruck am Ende des Seminars einfach weg und spricht in einem solchen Fall unter vier Augen mit diesem Menschen. Um was zu lernen.«

Der Tag war verdorben – und das aus zweierlei Gründen:

- Erstens: Es war von Anbeginn klar, dass das, was wir bearbeiten wollten und sollten, nicht befriedigend zu schaffen war.
- Zweitens: Eine in der Runde relativ mächtige Führungskraft ließ ihren Frust an mir aus.

Psychohygiene für Trainer

Nach diesem Seminar machte ich zwei – wie ich finde – ungewöhnliche und zugleich hochwirksame Dinge, die sich für viele andere Situationen zur Psychohygiene für Trainer nutzen lassen.

Regeneration 1 Als ich am Bahnhof ankam, hatte ich noch etwa drei Minuten Wartezeit. Es war ein offener Bahnsteig, von allen Seiten einsichtig, im Umland von Berlin – Provinz, wäre der treffende Ausdruck. Ich warf meinen Koffer auf den Bahnsteig, riss ihn auf und wechselte die Kleidung. Raus aus der Businesskleidung, nackt bis auf Unterwäsche und Strümpfe. Sicherlich hinterließ ich bei allen am Bahnhof Wartenden einen bleibenden Eindruck. Mir war das egal – wichtig war es, loszulassen.

Amelie: »Abgefahren!«

Jürgen: »Ich hab auch den Eindruck, dass man manchmal radikale Dinge tun sollte, um solche Muster zu brechen und das alles hinter sich zu lassen. Break the Pattern! Vielleicht die Charts verbrennen oder das Innere des im Seminar verwendeten Stiftes essen.«

Regeneration 2 Im Zug bestellte ich mir umgehend ein Hefeweizen. Mit jeder halben Stunde Entfernung vom Seminarort wurde es leichter. Ich rief eine Kollegin und Freundin an und gemeinsam mit ihr konnte ich reflektieren, was ich da eigentlich an Thema abbekommen hatte, was die internen Querelen des Auftraggebers ausdrückte.

Präventionen

Meistens stecken sich die Feedbacks gegenseitig an. Ich glaube, das wird auch Priming genannt. Das erste Feedback ist also entscheidend für alle weiteren. Ist das erste eine Katastrophe, wird sich das zweite daraus nähren. In Fällen, wo es wichtig erscheint, mit einem etwas besseren Feedback abzureisen (oder man einfach keine Kraft mehr hat), kann man das deshalb dahingehend ein bisschen steuern. Das bedeutet: Dem Extremkritiker nicht zuerst den Ball zuwerfen. Ansonsten lieber etwas anderes streichen und für das Feedback mehr Zeit lassen.

Olaf: »Noch eine Prävention: Am Anfang des Seminars bitte ich die Teilnehmer, mir zu sagen, wenn ihnen etwas nicht gefällt. Inhalte, Übungen, meine Art und Weise, das Training zu gestalten, meine Verhaltensweisen und so weiter. Ich mag das Prinzip der Selbstverantwortung. Um alle zum Reden und Feedbackgeben zu ermutigen, gebe ich provozierend-augenzwinkernd ein paar Beispiele: ›Wenn ihr mit irgendetwas hier während des Seminars nicht einverstanden seid, dann sagt es bitte möglichst schnell. Wenn ihr euch beispielsweise langweilt, dann sagt bitte nicht, das Seminar sei spannend und kurzweilig. Um dann später im Feedbackbogen das Gegenteil zu behaupten.‹«

Ralf: »Ich habe mir angewöhnt, konsequent jeweils am Abend oder bei eintägigen Workshops vor der Mittagspause ein ›Steuerungsfeedback‹ einzufordern. Dabei geht es nicht um eine Feedback- oder Blitzlichtrunde im klassischen Sinn, sondern um Folgendes: ›Sie haben mich jetzt in meiner Art und Weise erlebt und wissen, um was es inhaltlich noch gehen wird. Wenn es für Sie in Ordnung ist, dass ich so weitermache, dann nicken Sie bitte einfach nur mit dem Kopf oder signalisieren Sie mir Ihre Zustimmung. Wenn Sie einen Wunsch nach Veränderung an mich haben, dann äußern Sie ihn bitte. Ich werde schauen, ob und wie ich darauf reagieren kann.‹ So bin ich arbeitsfähig, erhalte ein klares Votum, spreche deutlich an, was ich berücksichtigen kann und was nicht. Ganz bewusst stelle ich mich mit meiner Art und Weise infrage. Wird mir in dem Steuerungsfeedback ein Feedback gegeben, höre ich es mir beim ersten Teilnehmer an und bitte dann darum, nur noch ein Okay zu signalisieren oder einen Wunsch auszudrücken. Spätestens ab diesem Augenblick ist die Regel klar und der Ablauf geht flüssig, schnell und entwickelt Kraft. Steuerungsfeedback nenne ich es deswegen, damit die Teilnehmer mich als Moderator beeinflussen können.«

Die Überraschung im Nachgang

Henning Gerstner

Die Unwahrheit über den Trainer

Hin und wieder erleben Trainerinnen und Trainer unangenehme Überraschungen im Nachgang zum Seminar. Im Abschlussfeedback am letzten Seminartag, sagen die Teilnehmer lauter nette Dinge oder üben sich in konstruktiven Verbesserungsvorschlägen. Was aber, wenn im anschließenden Feedback negative Dinge über Sie und Ihr Seminar stehen, die so nicht Ihrer Wahrnehmung entsprechen? Nachfragen? Richtigstellen? Ignorieren?

Der rauchende Nichtraucher

Vor einigen Jahren las ich in der schriftlichen Auswertung zu einem meiner Seminare, ich sei unangenehm aufgefallen, weil ich alle halbe Stunde eine Raucherpause gemacht hätte. Hhm, ich bin in meinem ganzen Leben – mit ein paar Partys als Ausnahme – Nichtraucher gewesen.

In diesem Falle ließ sich das auch schnell aufklären. Der Teilnehmer hatte in diesem Monat mehrere Seminare gemacht und mich mit einem anderen Trainer verwechselt. Was mich trotzdem nachdenklich gemacht hat, weil ich ja immerhin zwei ganze Tage mit diesem Menschen verbracht habe und eine Verwechslung danach sehr schwer vorstellbar ist. Nun ja.

Sechs, setzen!

In einem anderen Falle war ich wie vom Blitz getroffen, als ich in einem Feedbackbogen unter »Fachkompetenz des Trainers« nach Schulnoten eine Sechs angekreuzt sah!

Zum Glück fasste ich den Mut, den Teilnehmer anzurufen. Das ist der Vorteil von nicht anonymen Feedbackbögen, auf die man im Übrigen bestehen sollte. Wir sind ja nicht bei der Stasi. Im Telefonat war mein Teilnehmer dann ganz überrascht und sagte: »Entschuldigung, ich dachte, sechs sei die höchste Bewertung!« In einem anonymen Feedbackbogen lassen sich solche

Fälle nicht mehr aufklären, gehen aber dennoch in Ihre Bewertung als Trainer ein.

Knifflig ist es, wenn unser Versuch, Aufklärung zu betreiben, unsere Teilnehmer in Verlegenheit bringt. Hierzu ein schmerzliches Erlebnis von Jürgen.

Jürgen wurde vor einigen Jahren zu einem Feedbackgespräch im Anschluss an ein nicht so toll gelaufendes Telefontraining für die Vertriebsmannschaft eines Berliner Verlags bestellt. Zwei der Teilnehmerinnen sagten vor der anwesenden Personalleitung wörtlich, Jürgen sei unsensibel mit Teilnehmerbefindlichkeiten umgegangen und habe eine der Teilnehmerinnen buchstäblich verhöhnt. Wenn man Jürgen kennt, weiß man, dass das schwer vorstellbar ist.

Jürgen:
»Danke Hennig, ich selbst kann nicht darüber sprechen! Es ist aber auch erst 20 Jahre her!«

Irgendeinen Grund musste es jedoch geben, dass das so behauptet wurde oder so angekommen ist. Als der Personalleiter nachfragte, wie es dazu kam, machte Jürgen den Fehler, sich zu rechtfertigen. In dem Training habe ein schwer veränderbares »Urgestein« gesessen, das ohne einen augenzwinkernden Stups nicht von der Stelle zu bewegen gewesen wäre und so fort. Die Stimmung wurde immer eisiger. Irgendwann reichte es einer der beiden Teilnehmerinnen – es muss ein längeres Plädoyer gewesen sein – und sie sagte: Das hätten alle als unsensibel empfunden. Was definitiv nicht stimmte, weil einige Teilnehmer und Teilnehmerinnen sich nach dem Training persönlich bei Jürgen für die erfrischende und klare Art bedankt hatten. Aber was sollte er jetzt tun? Diese Teilnehmer als Zeugen vorladen? Die ganze Situation war sowieso schon grotesk. Also trollte er sich.

Jürgen:
»Danke Henning!«
(*seufz)

Jürgen hat mir das später erzählt und ich selbst konnte zum Glück in einer ähnlichen Situation besser reagieren, indem ich den Mund hielt, Fragen stellte und meine Lektionen notierte. Auf jeden Fall glaube ich daran, dass wir, auch wenn die Unwahrheit über uns gesagt wird, nicht gegen das Trainingsgeheimnis verstoßen sollten. Wenn das im Unternehmen unseres Kunden publik wird, dass wir mit der Personalabteilung aufgrund einer schlechten Seminarbeurteilung aus Rechtfertigungsgründen über das Verhalten einzelner Teilnehmer sprechen, wird die Konsequenz vor allem eine sein: Kein Mensch öffnet sich mehr in unserem Seminar. Wir verlieren unsere Glaubwürdigkeit in einer unserer wichtigsten Spielregeln und Werte. Also eher: Zähne zusammenbeißen und nachfragen.

Unsere Hitliste der schlimmsten Feedbacks

Die nachfolgenden Feedbacks sind Wortlaute im Original, wie wir sie selbst oder einzelne unserer vielen Trainerkolleginnen und -kollegen vernommen haben. Mögen sie Ihnen auf immer erspart bleiben!

- »Das Seminar ging runter wie ein trockenes Brot!«
- »Das Seminar war für die Tonne.«
- »Ich glaube, Sie sollten einmal einen einzigen Tag in unserem Job arbeiten, dann würden Sie Ihr Seminar komplett überdenken!«
- »Wenn ich über dieses Seminar nachdenke, fällt mir ehrlich gesagt keine wirklich gewaltfreie Formulierung ein!«
- »Ich schließe mich dem vernichtenden Urteil meiner Vorredner an!«
- »Sie sollten erst einmal noch ein paar Hausaufgaben machen!«
- »Ich bin total enttäuscht.«
- »Kurzum: Ein Griff ins Klo!«
- Zu den anderen Teilnehmern: »Der Trainer – wie heißt der noch mal – ging mir total auf den Senkel. Vor allem seine doofen Märchen.«
- »Sechs, setzen!«
- »Ich bin froh, dass es vorbei ist!«
- Zu den anderen Teilnehmern: »Wenn Sie mal ein richtig gutes Seminar zu diesem Thema erleben wollen, gehen Sie zu XX (Name des Trainers). Da lernt man viel mehr als hier.«
- »Ein bisschen zu lang das Training.«
- »Ein bisschen mehr Substanz täte Ihnen gut!«
- »Der Seminartag war ganz nett. Und du weißt ja, nett ist die kleine Schwester von Scheiße!«
- »Was sollte das?! Es gibt gewiss bessere Trainer als *den*!«
- »Für 150 Euro mehr hätte ich mir eine Woche Mallorca leisten können. Das hätte mehr gebracht.«

Anhang

- Epilog
- Danksagung
- Postulate
- Präventionen
- Interventionen
- Regenerationen
- Zu den Autoren
- Literatur

↗ 09

Epilog

Ich erwache lange vor dem Weckerklingeln, öffne die Augen und befinde mich im Dämmerlicht des heranbrechenden Tages. Ausgeschlafen und fit. Das Bett ist weich und durch das geöffnete Fenster dringt frische Waldluft herein. Es ist der Morgen vor dem Beginn eines dreitägigen Seminars mit spannenden Teilnehmern aus einer ebenso spannenden Branche. Gestern Abend, nach dem Vorbereiten des Seminarraums und einem köstlichen Abendessen, habe ich noch ein bisschen gelesen und bin dann früh zu Bett gegangen.

Weil das Seminarhotel so einen wunderbaren Wellnessbereich hat, beginne ich den Tag damit, schwimmen zu gehen. Im Außenbereich des großen Pools lasse ich mich für einen Moment auf dem Rücken treiben und schaue in den wolkenübersäten Himmel, der vom anbrechenden Sonnenaufgang in tausend Farben getaucht wird. Ein paar Sterne und der blasse Mond sind noch zu sehen. Mir geht durch den Kopf, dass andere Menschen an diesem Ort ihren Urlaub verbringen – ich darf hier arbeiten!

Ich gehe wenig später zurück aufs Zimmer und mache mich in Ruhe fertig. Was für ein schönes Zimmer! Schließlich gehe ich hinunter zum Seminarbereich. Es erwarten mich zwei freundliche Servicemitarbeiterinnen. Eine von beiden bringt mir unaufgefordert eine Tasse Milchkaffee und mein geliebtes Pflaumenmusbrötchen. Wir kennen uns seit nunmehr 16 Jahren, in denen ich in regelmäßigen Abständen mit meinen Gruppen in ihrem Seminarhotel trainiere. Sie ist so großartig zuvorkommend, dass sie mit zu dem Gefühl beiträgt, hierher nach Hause zu kommen. Und in der Tat: Es gab Jahre, da habe ich hier mehr Zeit verbracht als in meinem damaligen Zuhause.

Ich freue mich noch einmal darüber, dass ich gestern die ganzen Charts gezeichnet und fertig koloriert habe. So gehe ich an diesem Morgen zur Vorbereitung nur noch einmal die Namen der Teilnehmer durch, höre dabei nette Musik, checke summend meine nagelneue Videokamera und stimme mich gedanklich auf die kommenden Inhalte ein.

Die Hoteldirektorin schneit herein. Wie immer voller Energie und Frohsinn. Wir drücken uns einmal kräftig und schnattern ein bisschen über die Zeit zwischen jetzt und unserer letzten Begegnung. Sie fragt am Ende wie immer, ob ich alles habe, was ich brauche. Grinsend nicke ich: »Ich bin rundum versorgt, Danke dir!«

Wir sehen uns um. Der Raum ist für zwölf Teilnehmer riesengroß und lichtdurchflutet. Es riecht angenehm nach der Natur, die uns umgibt. Die Temperatur ist genau richtig. Freundliche und zurückhaltende Farben. Funktionierende Technik. Saubere Stuhlbezüge. Stilles Wasser und köstliche Dinge zum Begrüßungssnack. Kaffee und Tee. Was braucht es mehr?

Die erste Teilnehmerin erscheint eine halbe Stunde vor Beginn des Trainings. Sie strahlt mich an und stellt sich mir vor. Wir kommen gleich in ein angenehmes Gespräch über diesen zauberhaften Ort und das anstehende Training.

»Ich habe schon viel von Ihnen gehört.« »Danke schön. Haben Sie schon einmal ein Training dieser Art gemacht?« »Ja, schon einige.« »Erzählen Sie mal.«

Während wir plaudern, kommen die nächsten Teilnehmer an. Wie immer bin ich so neugierig, dass ich am liebsten alle Fragen auf einmal stellen würde. Gegen fünf nach zehn eröffne ich das Seminar, vor vollkommen entspannten und freundlichen Gesichtern. – Was für eine Freude.

Drei Tage und Nächte lang, trainieren wir mit Verve. Mit Freude, Ernsthaftigkeit, Ausdauer und Offenheit. Wir lachen uns die Zwerchfelle rissig und denken, bis die Festplatte raucht. Wir diskutieren, experimentieren, provozieren, dokumentieren. Achterbahn und Badeinsel. Ein einziger Rausch.

Am Ende sitze ich wieder allein inmitten eines leeren Raumes. Meine Abschlussmusik erklingt. An den Wänden hängen die Ergebnisse aus drei Tagen intensiver Arbeit. Die Rückmeldungen waren begeistert und gingen mir teilweise sehr nahe. Ich fühle mich bereichert, erschöpft und erfüllt.

Und ich kann es nicht anders sagen: Ich bin durch und durch glücklich, Trainer zu sein. Was für ein ungeheures, großes Glück, dass es diesen Beruf für jemanden wie mich gibt.

Willkommen im Trainerhimmel.

Danksagung

Unser aller Dank gilt ohne jedes Zögern unseren Teilnehmern. Besonders jenen darunter, die uns in unserem Können gefordert haben. Welche uns in aller Klarheit einen Spiegel vorgehalten haben. Unser Dummheit preisgegeben, unsere Substanz bezweifelt haben und uns in unseren Methoden kritisch hinterfragten. Sie sind diejenigen, von denen wir am allermeisten gelernt haben. Wir danken euch!

Und wir danken unseren Auftraggebern und Partnern, dass sie uns mit diesen Menschen haben arbeiten lassen. Unsere Erfahrungen wären um so viel ärmer, wenn ihr uns nicht so oft ein bisschen (oder deutlich) mehr zugetraut hättet, als wir uns selbst.

Vielen Dank an Ingeborg Sachsenmeier vom Beltz Verlag für die wie immer klasse Begleitung und das kompetente Lektorat dieses Buches, das ohne sie so nicht zustande gekommen wäre.

Postulate

Nützliche Grundsätze für mehr Souveränität

Hier haben wir Ihnen noch einmal unsere Annahmen und Denkweisen gesammelt, die Sie souveräner agieren lassen. Sie bilden für uns so eine Art geistigen Unterbau für unser Handeln.

Andere sind anders. Ich auch Diese innere Grundhaltung lässt Sie mit einem klareren Blick auf Verhaltensweisen und Bewertungen anderer Menschen blicken.

Annehmen. Alles Annehmen Auch das ist viel mehr eine mentale Haltung als eine Handlungsanweisung. Dahinter steckt die Bereitschaft, jedes Verhalten, jeden Einwand und jede skurrile Situation vor, während und nach Seminaren, so wie sie sind, bereitwillig anzuschauen und zu untersuchen. Sie eben nicht abzulehnen. Denn je mehr wir uns in den Widerstand begeben, desto schwieriger ist der Weg hinaus.

Aufgebrachte soll man nicht füttern Ist ein Teilnehmer emotional aufgebracht, halten Sie sich mit eigenen Argumenten zurück. Alles, was Sie sagen, kann gegen Sie verwendet werden. Stellen Sie stattdessen lieber Fragen und hören Sie genau zu.

Das Flipchart ist dein Freund Es steht immer neben dir.

Der Trainer lernt mindestens so viel wie der Teilnehmer Eine Tatsache, die uns dankbar machen sollte.

Du sollst nicht langweilen Unterhaltung ist ein Minimalanspruch an ein Seminar. Ihre Didaktik und Ihre Inhalte dürfen bestürzend sein, provokant oder abstoßend. Sie dürfen polarisieren, erheitern, dämpfen, enthemmen. Nur eines dürfen sie nicht: langweilen.

Es gibt keine schlechten Nachrichten Lediglich der Zeitpunkt variiert, an dem einem gewahr wird, wofür das gut war.

Hinten stechen die Bienen Seien Sie nicht so schnell mit einer Lösung für das Problem des Teilnehmers bei der Hand. Hören Sie zu. Entwickeln Sie Ihre Lösung im Kopf zu Ende. Lassen Sie den Teilnehmer seine Argumente und Widerstände zu Ende ausführen. Wer zuletzt spricht, spricht am lautesten.

In der Krise keine Entscheidung fällen Der kritische Moment muss nicht der Moment der Lösung sein.

Traue deinen Teilnehmern viel zu Integrieren Sie Ihre Teilnehmer, wann immer es möglich ist. Gerade in Widerständen entstehen durch deren Zutun und Gedanken große Wissenssprünge.

Trust the Process Vertrauen Sie auf den Prozess. Manchmal ist es wichtiger, sich der durch eine Störung entstandenen Veränderung im Ablauf Ihres Seminars hinzugeben, als partout Ihren Stiefel zu gehen. Vertrauen Sie darauf, dass das, was Sie in diesem Augenblick als Umweg empfinden, am Ende schneller zum Ziel führt als der Plan. Denn: Der Mensch plant und Gott lacht.

Kampf ist das letzte Mittel der Schwachen Nicht wer gegen Teilnehmer kämpft, ist stark, sondern derjenige, der dieses Mittel nicht braucht. Souveränität heißt, nicht (mehr) kämpfen zu müssen.

Das Verfahren bestimmt das Ergebnis Haben Sie durch Ihre Teilnehmer die Zustimmung zur Vorgehensweise, werden auch deren Ergebnisse leichter mitgetragen. Dieses Postulat ist vor allem für den Beginn Ihrer Seminare von großer Bedeutung. Indem Sie den Ablauf des Tages und die gemeinsamen Spielregeln klären, steigt die Wahrscheinlichkeit, dass Sie das für Ihre Methodik notwendige Commitment bekommen.

Trennen Sie Angriffe und Widerstände von Ihrer Person Ihre Teilnehmer wollen nicht Sie treffen oder verletzen, indem sie ihre Lernwiderstände offenbaren. Sie sind – als Mensch – nicht gemeint, denn meist kennt man Sie viel zu wenig dafür. In Ihrer Rolle als Trainer sind Sie ein Projektionsgefäß.

Übereinstimmungen sind Trumpf Eines der stärksten Mittel, um Zugang zu den Herzen und Gedanken Ihrer Teilnehmer zu erlangen, ist die erkannte Übereinstimmung. »Der Trainer ist einer von uns!« Übereinstimmung in der Biografie, Hobbys, Kommunikation, Meinungen … sorgen Sie für den nötigen Rapport, ohne dabei die Wahrheit zu verlassen.

Urteilen Sie nicht, ohne zu prüfen Stellen Sie Ihre Annahmen und Urteile über Teilnehmer oder deren Aussagen stets so lange zurück, bis Sie mehr Informationen haben.

Wer weiß, sieht mehr Sammeln Sie alles Wissen, alle Begrifflichkeiten, die es zu Ihrem Fachbereich und über das Lernen in Gruppen gibt. Und hören Sie nie auf damit.

Nehmen Sie sich selbst nicht so wichtig Ihre Teilnehmer aber umso mehr. Bleiben Sie auf Augenhöhe. Behalten Sie Ihren Humor auch in Bezug auf sich selbst. Vergessen Sie alle Dogmen, und glauben Sie niemals, alles zu wissen. Meisterschaft ist ein Weg, kein Ergebnis. Wer selbst glaubt, er sei ein Meister, ist ein Narr.

Wer schon einmal auf dem Meeresboden war, fürchtet sich nicht vor Pfützen Jede Erfahrung in einer schwierigen Seminarsituation ist dazu geeignet, Sie in Ihren Fähigkeiten wachsen zu lassen. Vertrauen Sie darauf. Lernen Sie Ihre Lektionen daraus. Am Ende Ihres Weges als Trainerin oder Trainer werden es die schwierigen und dunklen Erfahrungen sein, die Sie haben reifen lassen.

Leaving people better than you have found them Verlassen Sie die Menschen in einem besseren Zustand, als Sie diese vorgefunden haben. Vielleicht sind Ihre Teilnehmer nach einer Begegnung mit Ihnen ein bisschen wissender, fähiger, klarer, mutiger oder einfach nur frohsinniger als zuvor. Leben Sie diesen Grundsatz jeden Tag auch außerhalb Ihrer Trainings, bis er zur Gewohnheit geworden ist.

Präventionen

Was Ihnen dabei hilft, schwierige Situationen gar nicht erst aufkommen zu lassen

Hier noch einmal alle in diesem Buch geschilderten Präventionen auf einen Blick. Diese Aufzählung soll Ihnen gleichzeitig noch einmal vor Augen halten, dass wir als Trainerin oder Trainer nicht machtlos sind.

Affirmation Die positive Ankündigung dessen, was Ihre Teilnehmer nach dem Seminar (oder nach einem Modul) mehr wissen oder können als zuvor. Sie klärt den Nutzen des Gelehrten und verringert deshalb mögliche mit einer empfundenen Irrelevanz verbundene Widerstände.

Agenda Eine Agenda gibt Ihren Teilnehmern die Möglichkeit, jederzeit zu wissen, an welcher Stelle des Seminars sie sich befinden.

Allianzen Alle Teilnehmervereinbarungen unter vier Augen, die Ihnen Unterstützung bieten.

Anwärmen Der Small Talk vor Seminarbeginn ist von großer Bedeutung.

Ausstattung Je mehr Ausstattung Sie dabeihaben, desto eher können Sie im Bedarfsfalle auf alternative Übungen oder Inhalte zurückgreifen.

Automation Bereiten Sie sich so auf Ihre Seminare vor, dass Sie – zumindest den Anfang – im Schlaf beherrschen. Üben Sie Schlüsselsätze und Übergänge so lange, bis Sie diese, nachts um drei Uhr sechzehn geweckt, ohne nachdenken aufsagen können. Jeder Musiker beherrscht zuerst die Partitur und beginnt dann, darüber frei zu variieren.

Back-ups Halten Sie für jede Übung in Ihrem Seminar mindestens eine Ersatzübung bereit. Für den Fall, dass einzelne Teilnehmer eine Übung schon kennen oder die Übung aus anderen Gründen nicht durchgeführt werden kann. Dasselbe gilt für die Technik, die Sie verwenden. Für jedes Kabel ein Ersatzkabel. Für jede Batterie eine Ersatzbatterie. Für jedes Medium ein Ersatzmedium.

Bit-by-Bit-Trojaner Die schrittweise Einführung einer Übung in kleinen Häppchen. Jeder einzelne Schritt ist dabei wenig geeignet, ein Nein seitens der Teilnehmer zu kreieren. Der Teilnehmer wird somit Stück für Stück zu einer Übung verführt. Genauer gesagt: Er oder sie ist bereits mittendrin, bevor überhaupt klar ist, was gerade geschieht. Beispiele für einen Bit-by-Bit-Trojaner: »Seien Sie so nett und kommen Sie mal alle hier nach vorn …« oder »Suchen Sie sich bitte mal einen Partner«.

Bürgermeister und Büttel Einer oder mehrere Ihrer Teilnehmer wachen über die Einhaltung des Zeitplans.

Duale Argumentation Sagen Sie nicht nur, was alles toll ist an den Methoden und Inhalten, die Sie vorstellen. Weisen Sie auch auf Gefahren und Widerstände hin. Sie steigern damit Ihre Glaubwürdigkeit und somit die Wahrscheinlichkeit, dass Ihre Inhalte bei den Teilnehmern ankommen.

Einwandvorwegnahme Sind bestimmte, wiederkehrende Einwände in Bezug auf eines Ihrer Seminarthemen zu erwarten, nehmen Sie diese vorweg und stellen Sie deren Beantwortung in Aussicht. Das nimmt mitunter deren Schärfe heraus. Außerdem beweisen Sie hiermit, dass Sie sowohl das Für als auch das Wider beachtet haben (duale Argumentation), und steigern Ihre Glaubwürdigkeit.

First-outs Kennzeichnen Sie im Laufe Ihrer Seminarplanung solche Teile, die im Falle eines zeitlichen Verzuges als Erstes rausfliegen. Ihre Teilnehmer kennen Ihre Planung selten im Detail. Auf jeden Fall ist es meist ratsamer, einen Teil wegzulassen, als ihn unter Zeitdruck durchzuhecheln.

Gedankenlesen Sprechen Sie aus, was Ihren Teilnehmern möglicherweise durch den Kopf geht. Vor allem deren Widerstände. Indem Sie diese thematisieren, können sie überhaupt erst bearbeitet beziehungsweise abgebaut werden.

Gesunde Ernährung Sorgen Sie dafür, dass Ihre Teilnehmer vernünftiges Essen bekommen. Vermeiden Sie alles Zuckerhaltige und Fette.

Identität Experte, Trainer, Drillsergeant? Eine Prävention, die darauf abzielt, klar darin zu sein, als was Sie vor Ihrer Gruppe stehen.

Initial Schildern Sie, wie Sie dem Thema das erste Mal begegnet sind, und machen Sie Ihre Mission deutlich. Ihre Worte erhalten mehr Gewicht, indem Sie Ihre Beteiligung an dem Thema offenbaren.

Leadersguide Ein Leadersguide ist ein detailliertes Drehbuch für Ihr Seminar. Mehr als nur eine Agenda. Ein professioneller Leadersguide enthält wortwörtlich, was Sie als Trainer sagen wollen. Ihre Kernsätze, Einleitungen, Debriefings, Tipps zum Umgang mit Widerständen.

Mentale Durchdringung Eine Methode der strukturierten Vorbereitung, die es Ihnen anhand von sieben logischen Ebenen ermöglicht, Ihre Mission, Ihre Identität als Trainer, Ihre Überzeugungen, Ihre Werte, Ihre Fähigkeiten, Ihr Verhalten und Ihre gewünschte Umgebung so vorauszudenken und gedanklich zu klären, dass Sie selbst stärker daran mitwirken können.

Methoden-Fit Bei der Auswahl der Seminarmethoden achten Sie auf die Passung (Fit) zwischen Trainer, Teilnehmer, Seminardauer, Lernziel, Kontext, Inhalt.

Paradoxe Aufforderung Sie fordern Ihre Teilnehmer dazu auf, genau das zu tun, was Sie als Trainer befürchten: »Seien Sie bitte äußerst kritisch und nehmen Sie mich hier ruhig hart ran!« Die paradoxe Aufforderung führt in diesem Falle dazu, dass die Kritik zumindest nicht mehr aus der Absicht heraus hervorgebracht wird, Sie als Trainer auf die Probe zu stellen oder ein Machtspielchen mit Ihnen auszutragen.

Pausen Machen Sie ausreichend Pausen zur Regeneration.

Rapport Sorgen Sie dafür, dass Sie die Sprache Ihrer Teilnehmer sprechen. Fachbegriffe aus deren Branche oder Arbeitsgebiet gehören ebenso dazu wie Körpersprache oder Kleidung.

Restespeicher Eine Prävention, die es Ihnen erleichtert, Randthemen und zusätzliche Fragen zunächst zurückzustellen, um sie später zu behandeln.

Rituale Rituale vor Beginn des Seminars geben Ihnen Halt.

Rollenwahl Advocatus Diaboli oder Hirte? Ähnlich wie bei der Wahl Ihrer (überwiegenden) Identität wählen Sie im Seminar eine bestimmte Rolle, die dabei hilft, schwierige Seminarsituationen zu vermeiden.

Sanktionen Wenn klar ist, dass ein Zuspätkommen nach der Pause Konsequenzen mit sich bringt, wird die Wahrscheinlichkeit zur Einhaltung von Spielregeln erhöht. Allerdings nur, wenn die Spielregeln durch alle Teilnehmer auf Augenhöhe vereinbart werden.

Schulze-seegersches Fallbeil Wenn Ihre Annahmen zu einer schwierigen Seminarsituation auf Nichtwissen beruht, trennen Sie solche Annahmen, die Sie konstruktiv handeln lassen, radikal von solchen, die Sie in Ihrem Handeln einschränken. Und wählen Sie anschließend Erstere.

Selbsteinbringung Indem Sie sich als Trainer öffnen und einige Dinge aus Ihrer eigenen Lebenswelt und Erfahrung einbringen, werden Sie als Mensch sichtbar. Sie erhöhen Ihre Glaubwürdigkeit, wenn Sie auch von selbst Erlebtem sprechen, statt nur von Fachlichem. Sie selbst als Person verbinden sich mit dem Thema, statt nur darüber zu dozieren.

Selbstironie Schildern Sie ruhig auch mal lachend Ihre Missgeschicke auf dem Gebiet der behandelten Themen. Sie demonstrieren damit, dass Sie sich selbst nicht so wichtig nehmen, und ermöglichen den Teilnehmern damit einen unverkrampfteren Zugang zu Ihren Themen.

Spielregeln Vereinbaren Sie zu Beginn und nötigenfalls im Verlauf Ihres Seminars konkrete Spielregeln mit den Teilnehmern.

Studybuddy Die Installation von Lernpartnerschaften erhöht die Gruppenkohäsion. Gleichzeitig übernehmen jeweils zwei Teilnehmer Verantwortung über Zustand und Lernfortschritt ihres »Buddy«.

Teilnehmerauswahl Wenn Sie Einfluss auf Auswahl und Zusammensetzung Ihrer Teilnehmer haben, ist dies eine mächtige Prävention schwieriger Seminarsituationen. Suchen Sie lernwillige, konstruktive, freundliche Menschen aus. Stellen Sie die Gruppe so zusammen, dass jeder Einzelne darin von den Fähigkeiten und der Erfahrung der anderen profitieren kann. Sorgen Sie aber auch dafür, dass genügend Gemeinsamkeiten bestehen, um eine ausreichend große Gruppenkohäsion zu erzielen.

Übereinstimmung betonen Lassen Sie zu Beginn und im Verlauf Ihres Seminars einige Dinge durchblicken, die Sie mit Ihren Teilnehmern gemeinsam haben. Biedern Sie sich nicht an und erfinden Sie auch nichts hinzu. Es geht allein darum, dass Sie als Mensch für Ihre Teilnehmer berechenbarer, transparenter und – aufgrund des Kongruenzeffekts – sympathischer erscheinen. Sie machen das nicht zum Selbstzweck oder um beliebter zu sein. Sie machen das, damit Ihre Teilnehmer in Ihrer Gegenwart mehr lernen als in dem Fall, in dem Sie als Trainer fremd erscheinen.

Wasser trinken Sorgen Sie dafür – zum Beispiel über einen Wettbewerb –, dass Ihre Teilnehmer im Verlauf des Seminars genug Wasser zu sich nehmen.

Wer den Esel nicht schlagen kann ... schlägt den Packsattel. Wenn der Bauer seinen Esel antreiben will, schlägt er mit der Rute auf den Sattel (um den Esel nicht zuschanden zu schlagen). Der Esel versteht die Botschaft auch ohne schmerzendes Hinterteil und setzt sich in Bewegung. Der Vergleich mit einem Esel ist zwar hanebüchen, gemeint ist jedoch die Methode, auf Missstände bei Dritten hinzuweisen und eigentlich die Teilnehmer zu meinen. Beispiel: »Kennen Sie diese Menschen, die in Meetings ununterbrochen auf ihr Smartphone starren?« Die Teilnehmer erkennen das Unerwünschte und handeln danach, ohne direkt ermahnt worden zu sein.

Wer hat schon mal ...? Eine besondere Abfrage der Vorerfahrung der Teilnehmer. Sie dient zu Beginn Ihres Seminars vor allem zum schnelleren Erkennen der eingenommenen Haltung der Teilnehmer zu Ihrem Seminarthema.

Zeitpuffer Planen Sie von Anfang an Zeitpuffer ein, falls ein Teil einmal aufgrund von Teilnehmerfragen oder Widerständen länger dauert als geplant.

Interventionen

Was Sie tun können, wenn trotz aller Präventionen Störungen im Seminar auftreten

Nicht alles ist vermeidbar. Nicht jede Planung passt zur Wirklichkeit. Störungen passieren. Die folgende Liste der in dieser Fallsammlung genannten Methoden zur Intervention in schwierigen Seminarsituationen zeigt, dass wir ihnen nicht macht- und mittellos gegenüberstehen.

Allianzen Allianzen dienen nicht nur der Prävention, sondern können auch als Intervention eingesetzt werden. »Nina, ich brauche deine Hilfe. Wärst du so nett und achtest in der nächsten Stunde darauf, dass wir in unserer Diskussion mehr beim Thema bleiben. Ich glaube, du bist ziemlich gut darin, das Gespräch durch deine Fragen zu steuern. Hast du Lust, ein bisschen zu moderieren?«

Appell Eine Aufforderung in Form einer Bitte: »Sind Sie so nett und legen bis zur Mittagspause alles beiseite, was nichts mit diesem Seminar zu tun hat. Ich brauche für satte zwei Stunden Ihre volle Aufmerksamkeit!«

Backtracking Zurück auf die Spur. Sie stellen eine Frage, die den Teilnehmer wieder zum Thema zurückbringt. Beispiel: »Was bedeutet das für das bisher Gesagte?«, oder: »Was bedeutet das für die weitere Vorgehensweise?«

Blitzlicht Wenn in der Gruppe die Stimmung nicht stimmt oder Sie den Eindruck haben, dass einzelne Widerstände nicht von allein angesprochen werden, machen Sie ein Blitzlicht. Ein Minifeedback darüber, wie sich jeder Einzelne in Bezug auf Inhalte, Vorgehensweise, Stimmung und so weiter fühlt (zum Beispiel Chart, Punktabfrage, Clustern).

Bumerang »Und ... gerade ... deshalb ...« Das Argument des Teilnehmers wird mit einem eigenen Argument des Trainers verknüpft. Beispiel: Teilnehmer:

»Dafür haben wir in der Praxis keine Zeit!« Trainer: »Gerade deshalb lasst uns nun schauen, an welchen Stellen wir diesen Prozess noch beschleunigen können.« Durch den Umstand, dass Ihr Argument mit dem Argument des Teilnehmers verknüpft wird, sinkt die Wahrscheinlichkeit, Ihrem Vorschlag zu widersprechen.

Drastifizieren Die Aussage des Teilnehmers wird übersteigert wiederholt. Entweder um »Butter bei die Fische« zu geben oder um wahrer Empörung Raum zu geben.

Ergründende Fragen Bevor Sie mit Lösungen kommen, ergründen Sie lieber erst zunächst Ursachen und Hintergründe. Vor allem in der Einwandbehandlung sind die ergründenden Fragen von entscheidender Bedeutung. Beispiele: »Was genau?«, »Inwiefern?«, »Welche Ursachen hat das?«, »Was stört?«.

Feedback Oftmals das letzte Mittel. »Thomas, ich sehe, dass dir in der letzten halben Stunde immer wieder die Augen zufallen. Du wirkst ziemlich müde. Kann ich irgendetwas für dich tun?«

Golden Silence Zu Deutsch: goldene Stille. Eine Intervention, die darin besteht, für einen kurzen Moment nachdenklich zu schweigen. Manchmal revidieren, mildern oder erweitern Teilnehmer ihre zuvor geäußerten Einwände in diese Stille hinein. Manchmal werden Sie plötzlich von anderen Teilnehmern unterstützt. Sie erringen also durch Golden Silence nicht nur Zeit zum Nachdenken, sondern mitunter auch die verblüffende Erfahrung, dass sich Teilnehmereinwände von selbst lösen.

Hypothesen »Einmal angenommen, es gäbe einen Weg, diese Schwierigkeiten bei der Umsetzung zu verringern. Wie sähe ein solcher Weg aus?« Die Hypothese als Intervention funktioniert sowohl in Frageform als auch als Metapher oder Story: »Stellen Sie sich vor, Sie sitzen in einem Meeting und fragen sich schon nach wenigen Minuten, warum man Sie hierzu eingeladen hat. Die Diskussion ist ausufernd und eine klare Agenda ist nicht zu erkennen. Stellen Sie sich vor, Sie könnten nun durch Gesprächstechniken wie Fragen und Zusammenfassungen das Ruder übernehmen. Wie würden Sie in diesem Falle vorgehen?«

Ich-Botschaft Zusammen mit dem Feedback eine Intervention, die greift, wenn sonst nichts mehr geht. Es ist eine Aussage darüber, wie es Ihnen als Trainer (und Mensch) in diesem Augenblick ergeht. Beispiel: »Sei nicht böse, Martin, aber deine ständigen Blicke aufs iPhone fangen an, mich zu stören.«

Isolieren »Gibt es außer diesen Bedenken noch weitere Punkte, die eine Umsetzung in die Praxis schwer machen oder verhindern?« Ein Einwand (nicht der Teilnehmer!) wird isoliert. Dadurch steigt die Wahrscheinlichkeit, dass Sie als Trainer nach einer erfolgreichen Behandlung des Einwands nicht noch einen und noch einen und noch einen Einwand um die Ohren bekommen. Etwa anzuwenden beim Kümmellängsspalter oder dem Wadenbeißer (Schulze-Seeger 2013, S. 285 ff. und 289).

Kalkei Legt der Bauer seinen Hühnern ein Kalkei ins Nest, beginnen diese, Eier zu legen. (Fragen Sie mich bitte nicht, warum!) Wenn Sie in Ihrem Seminar Diskussionen oder Lösungsvorschläge anregen wollen, ist es manchmal sinnvoll, selbst mit einer Idee zu beginnen. Gerade in Seminargruppen mit eher introvertierten Teilnehmern oder den in diesem Buch geschilderten Stillen.

Klinken Hier klinkt man sich einfach in das Sprechen eines Teilnehmers ein. Durch »Ja«, »Okay«, »Gut« und Minispiegelungen in Form von Ausrufen. Ziel ist es, eine kurze Lücke im Sprechen des Teilnehmers zu erzeugen, um unmittelbar darauf durch Umlenken, Raffen oder Backtracking den Redefluss zu beenden. Eine Intervention für Vielredner oder ausufernde Diskussionen.

Kontrahieren Um eine Teilnehmeraussage genauer zu beleuchten, fragen Sie als Trainer manchmal nach dem Gegenteil. Gerade in der Einwandbehandlung eine bedeutsame Intervention. Beispielsweise sagt ein Teilnehmer: »Wir kriegen hierfür intern einfach keine Unterstützung!« Trainer: »Welche Ausnahmen gab es in der Vergangenheit?«

Kontroll- und Bestätigungsfrage Diese Art von Fragen vermeidet vor allem Missverständnisse, bevor Sie als Trainer mit Ihrer Lösung aufwarten.

Körperarbeit Jede Form der Intervention mittels Ihres Körpers. So beispielsweise der »Körperblocker«, mittels dessen Sie die Beteiligung eines Teilnehmers eindämmen, oder die Distanzverkürzung, um Seitengespräche einzudämmen. Auch solche Kleinigkeiten wie das Heben der eigenen Hand, wenn es darum geht, Meldungen zu erzeugen und damit das Melden der Teilnehmer zu erleichtern. All das ist Körperarbeit.

Lösungsorientierte Fragen Lösungsorientierte Fragen – wie der Name schon sagt – sind solche, die Ihre Teilnehmer gedanklich einer Lösung näher bringen. Es empfiehlt sich für Sie, zuvor einige ergründende Fragen gestellt zu haben, denn manchmal sind Menschen mit einer zu schnellen Lösungssuche überfordert. Beispiele: »Welche Alternativen sind denkbar?«, »Mal angenommen es gäbe einen Weg das zu lösen, wie sähe der aus?«, »Was würde helfen?«, »Was müsste geschehen, damit ...?«.

Methodenwechsel »Nehmt nun einen Stift und einen Zettel zur Hand!« Manchmal wird ein Wechsel der Seminarmethode dafür eingesetzt, festgefahrene Diskussionen oder erstarrte Teilnehmereinwände zu überwinden.

Mitsprechen Manchmal beschleunigen Sie langwierige Teilnehmerbeiträge, indem Sie ab einer bestimmten Stelle gleichzeitig mitsprechen und auf diese Weise in eine Raffung übergehen.

Musterbrechen Break the Pattern. Jedes Durchbrechen eines festgefahrenen oder hinderlichen Kommunikationsmusters durch eine zumeist überraschende und im ersten Moment nicht einzuordnende Handlung oder Aussage des Trainers. Also eher eine absurde Reaktion statt einer zu erwartenden. Beispiel: Zusammenbrechen vor der Gruppe. Einen Teilnehmerangriff wörtlich aufs Flipchart schreiben, statt zu kontern. Oder einfach nur: »Ich habe Sie auch lieb!«

Ortswechsel Ist eine Situation zäh, festgefahren oder erfordert aus anderen Gründen einen Perspektivwechsel, wechseln Sie den Ort. Manchmal reicht es schon, wenn Sie als Trainer eine andere Position im Raum einnehmen. Sitzplatzwechsel, Raumwechsel und Exkursionen gehören dazu.

Pacing, Rapport und Leading Eine Intervention aus dem Methodenset des neurolinguistischen Programmierens NLP. Durch die Anpassung Ihrer Körpersprache an diejenige einzelner Teilnehmer gelangen Sie in einen Zustand der harmonischen Übereinstimmung (Rapport). Wenn der Rapport für einen ausreichenden Moment angehalten hat, verändern Sie Ihre Körperhaltung und stiften den Teilnehmer dazu an, dies unbewusst ebenfalls zu tun. Die Vorteile dieser Intervention liegen vor allem darin, dass Sie für den Moment der körperlichen Übereinstimmung genauer überprüfen können, in welchem Zustand Ihr Teilnehmer gerade ist. Sie brauchen nämlich im Rapport nur nachzuspüren, wie es Ihnen selbst in dieser Haltung ergeht, um Rückschlüsse (keine Wahrheiten) in Bezug auf die innere Einstellung des Teilnehmers abzuleiten.

Paradoxe Intervention Ähnlich wie die paradoxe Aufforderung als Prävention wird die paradoxe Intervention dafür eingesetzt, ein gewünschtes Verhalten zu erzeugen, indem man das Gegenteil davon per Wunsch ausspricht. Beispiel: »Versuchen Sie bitte gar nicht erst, in der folgenden Gesprächssituation authentisch zu agieren. Wir sind keine Schauspieler und dies ist nur eine Simulation. Mir geht es eher darum, die Struktur Ihrer Gesprächsführung zu erkennen.« Die Teilnehmerbefürchtung »Oh Gott, jetzt kommt wieder so ein künstliches Rollenspiel!« wird dadurch gemildert und seltsamerweise sind die anschließenden Gesprächssimulationen dann erstaunlich authentisch.

Pausen als Intervention Manchmal, wenn gerade etwas schiefläuft, ist es sinnvoll, erst einmal eine Pause einzulegen. Pausen bieten Ihnen als Trainer Gelegenheit, nachzudenken und geeignete Interventionen auszuwählen (oder in Pausengesprächen durchzuführen). Gleichzeitig lösen sie festgefahrene Diskussionen und können die Geschehnisse nach einer Pause mit mehr Schwung und Konzentration wieder aufnehmen. (Reculer pour mieux sauter – zurückweichen, um besser springen zu können.)

Pausengespräch Jedes Gespräch, das in der Pause zwischen Ihnen und einzelnen Teilnehmern geführt wird, um eine Störung zu beheben. Im Pausengespräch kommt es zu Appellen, Allianzen, Feedbacks, Ich-Botschaften, ergründenden oder lösungsorientierten Fragen und vielem mehr. Ein wichtiges Instrument zur Steuerung aufgetretener Störungen.

Pink Elephant Sie sprechen etwas aus, was wie ein rosafarbener Elefant mitten im Raum steht, ohne dass irgendjemand sonst darauf aufmerksam macht. Von flackernden Neonröhren bis zu schlechten Nachrichten aus der Firmenzentrale. Die Pink-Elephant-Intervention lenkt die Aufmerksamkeit kurz weg vom Seminar auf einen ablenkenden Umstand (Sekundärprozess), um sie danach wieder ungeteilt auf das Seminar zu fokussieren (Primärprozess). Pink Elephant wird deshalb auch manchmal – ein wenig gestelzter – »Sekundärprozesse integrieren« genannt.

Pointenklau Eine besondere Form der Raffung, in der das Ende der Erzählung vorweggenommen wird (speziell für Vielredner).

Raffen Eine Intervention, die vor allem in Diskussionen und bei Teilnehmern zum Zuge kommt, die zu viele Worte für zu wenig Inhalt verwenden. Sie kürzen die Redebeiträge der Vielredner ab, indem Sie die offensichtliche Fortführung einfach aussprechen.

Record – Return – Release Die Intervention zur Behandlung schwieriger Teilnehmereinwände. Nach dem Einwand stellen Sie innerlich auf »Aufnahme« (Record). Hören Sie zu. Return bedeutet: Zurück in den Einwand! Ergründen Sie durch Fragen. Steuern Sie irgendwann in Richtung Lösungen, aber halten Sie Ihre eigene Lösung so lange zurück, bis der Teilnehmer bereit ist, Ihnen zuzuhören. Release bedeutet Loslassen. Jetzt erst präsentieren Sie Ihre Lösung in Form einer Empfehlung.

Rückstellung Ein Thema, das an späterer Stelle besser oder gründlicher behandelt werden kann, wird durch den Trainer, zum Beispiel mittels Restespeicher, zurückgestellt.

Separator Manchmal gelingt es besser, an ein Thema noch einmal von einer anderen Seite heranzugehen, wenn man den Fokus der Teilnehmer kurz auf etwas ganz anderes gelenkt hat. Ein Separator kann ein einzelner Satz, eine einzelne Frage sein. Ein Separator kann aber auch eine schnelle Übung oder ein Aufwärmspiel sein. Eine Trainerkollegin hat diese Intervention einmal »Das Augenreiben im Training« genannt. Danach kann man in der Regel besser weiterlesen.

Spiegeln Das Spiegeln ist eine der machtvollsten Interventionen vor allem in der Behandlung von Teilnehmereinwänden. Als Trainer wiederholen Sie entweder das Gesagte (Paraphrasieren) oder das mit dem Gesagten verbundene Gefühl des Teilnehmers (Verbalisieren). Sie stellen für den Teilnehmer auf diese Weise zum einen das Gefühl her, verstanden zu werden (das erhöht die Wahrscheinlichkeit, dass Ihre anschließend angebotene Lösung angenommen wird, da sie ja auf Verständnis beruht). Zum anderen können Sie durch gekonntes Herausspiegeln von Teilen des Gesagten Ihren Teilnehmer von selbst zur Erkenntnis führen (»Mäeutik« oder »Sokratische Gesprächsführung«).

Stop! Breathe! Think! Act! Die Empfehlung eines sehr erfahrenen Tauchlehrers. Bevor Sie reagieren, einmal kurz durchatmen (Bauchatmung). Nachdenken. Und dann erst reagieren.

Suche die Tür Vollständig: Suche die Tür. Öffne sie. Und gehe hindurch. Was klingt wie das Gebrabbel eines wirren Weisen, ist in Wahrheit ein ganzes Interventionsset, das in seinem Wesen die Aussagen des Teilnehmers dafür verwendet, ihn zu überzeugen. Eine besondere Wesensart dieser Methode ist es, dass sie den Teilnehmer eine für Sie nützliche Teilaussage bestätigen lässt, meist mittels Spiegelung, und diese Teilaussage dann per Hypothese verwendet.

Umlenken Ein Teilnehmereinwand wird an die Gruppe oder einzelne Teilnehmer zurückgegeben. Beispiel: »Wie ist das bei euch? Wer hat ähnliche Erfahrungen gemacht?«, oder gezielter: »Wie siehst du das, Mary?«

Zustimmung Manchmal nehmen Sie Ihren Teilnehmern Wind aus den Segeln, indem Sie zunächst einmal dem Teil einer Aussage zustimmen, der es Ihnen ermöglicht, eben dies zu tun.

Regenerationen

Methoden, die helfen, nach Katastrophenseminaren schnell wieder fit zu werden

Manche Sätze und Szenen aus schwierigen Seminaren hallen uns noch eine lange Zeit im Kopf nach. Verletzungen pochen. Ein Teil Ihrer Arbeit als Trainer besteht auch darin, diese hinter sich zu lassen und nicht als Schatten in das nächste Seminar zu tragen. Die folgenden Methoden können Ihnen bei dieser Aufgabe helfen.

Abschied und Zurücklassen Stürzen Sie nicht überhastet aus dem Seminarraum. Nehmen Sie sich die Zeit, das schwierige Seminar abzuschließen. Verabschieden Sie sich gedanklich und in Ruhe von jedem Teilnehmer. Verlassen Sie den Seminarraum so, wie Sie ihn vorgefunden haben. Hören Sie Musik. Sortieren Sie Ihre Sachen.

Austausch mit Trainerkollegen Legen Sie sich im Telefonverzeichnis eine Liste von Trainerkollegen an, bei denen Sie im Falle eines versiebten Seminars anrufen und Ihre Eindrücke und Empfindungen schildern können. Das spendet Trost und hilft bei der Aufarbeitung des Erlebten. Sollten Sie überwiegend allein arbeiten, gehen Sie ab und zu auf Trainertreffen und Kongresse, damit sich nicht das Gefühl einschleicht, Sie seien mutterseelenallein mit Ihren Erfahrungen.

Auszeiten Gehen Sie aber nicht auf jeden Trainerkongress. Lesen Sie nicht ununterbrochen in Blogs, Büchern und Zeitschriften über das Trainieren. Verschonen Sie Ihre Umwelt mit Ihren Seminarthemen, wenn Sie gerade nicht dafür bezahlt werden. Jedes Zirkuspferd braucht Auszeiten! Bei aller Hingabe zu diesem wundervollen Beruf. Machen Sie auch mal etwas anderes. Werden Sie nicht zum Freak!

Belohnung Belohnen Sie sich nach der überstandenen Tat mit einem guten Essen unter Freunden. Überraschen Sie Ihre Familie oder Ihren Partner mit einer ungewöhnlichen Tat. Ein Glas guter Rotwein vor einem wärmenden Kaminfeuer hilft zugegebenermaßen manchmal auch.

Bewegung Bewegung ist wahrscheinlich das einfachste Mittel, um sich nach einem Katastrophenseminar schnell wieder zu regenerieren. Gehen Sie raus und bewegen Sie sich. Wenn Sie es mit Laufen, Radfahren, Schwimmen oder Mannschaftssportarten nicht so haben, gehen Sie wenigstens ein bisschen länger spazieren. Ihr Körper ist der größte Reaktor, um Frust und schlechte Gefühle zu verbrennen.

Co-Trainings Nutzen Sie die Gelegenheit, von Zeit zu Zeit mit anderen Trainerkollegen zusammen zu trainieren. Manchmal erinnern wir uns erst dann an die Mechanismen souveräner Verhaltensweisen, wenn wir sie bei anderen sehen. Oder im Gegenteil: Wir erkennen Verhaltensweisen, die dazu beitragen, schwierige Situationen zu generieren, weil wir im Co-Training viel mehr Gelegenheit zum Beobachten haben. Hinzu kommt das Gefühl, da draußen nicht allein unterwegs zu sein. Co-Trainings mit guten Leuten machen einfach mehr Spaß!

Coaching Gönnen Sie sich zum Aufräumen in Ihrem Oberstübchen von Zeit zu Zeit einen professionellen Coach. Sie müssen das nicht alles selbst verarbeiten. Bauen Sie auf professionelle Unterstützung. Jeder Topsportler macht das. Und jeder Profitrainer.

Erholungs- und Entspannungsseminare Planen Sie hin und wieder Seminare, die einfach nur Spaß machen. An klasse Orten, mit freundlichen und interessierten Teilnehmern. Wenn es sein muss auch auf Kosten des wirtschaftlichen Erfolgs.

Heilsame Metaphern Suchen Sie sich eine Metapher, die Ihnen Mut, Gelassenheit oder Stärke einflöst. Seien Sie ein Mammutjäger nach einer schwierigen Jagd. Ein Kapitän nach schwerem Sturm. Ein Gärtner auf felsigem Grund.

Kausalattribuierung Weisen Sie den Misserfolg nicht fremden Mächten zu, sondern beziehen Sie ihn auf sich selbst. Sonst kommt zu dem Gefühl, ein schlechtes Seminar hingelegt zu haben, noch das zusätzliche Gefühl hinzu, den Dingen ohnmächtig gegenüberzustehen.

Musterbrechung Eine radikale Tat, die das (endgültige) Ende des erlebten Seminars markiert.

Relation Denken Sie daran, in welchem Verhältnis das gerade Erlebte zu den wichtigen Dingen in diesem Leben steht. Niemand ist gestorben. Kehren Sie nach dem Seminar in Ihr Leben zurück und seien Sie dankbar für die Lektionen des schwierigen Seminars. Sie werden daran reifen.

Rituale Legen Sie sich für die Zeit unmittelbar nach dem Seminar feste Abläufe und Rituale zu.

Schlafen Sorgen Sie dafür, dass Sie nach einem Katastrophenseminar ausreichend Schlaf finden. Also planen Sie von vornherein mit einem Tag Pause. Ihr Körper muss sich regenerieren. Im Schlaf ordnen sich die Dinge neu und manchmal ganz anders. Nach einem erholsamen Schlaf hat sich einiges erledigt, manche Lösung zeigt sich sofort. Trauen Sie Ihrem Unbewussten zu, diese Aufräumarbeiten für Sie zu übernehmen.

Schreiben Trainieren und mit Gruppen arbeiten ist mitunter wie permanentes Einatmen. Storys, Unternehmensgeschehen, Teilnehmerbiografien. Schreiben ist wie Ausatmen. Notieren Sie das Erlebte. Namen. Worte. Und legen Sie es dann weg.

Schulze-seegersches Fallbeil Trennen Sie schmerzliche von konstruktiven Annahmen über das Erlebte. Sofern beide auf Nichtwissen beruhen, wählen Sie die konstruktiven darunter.

Submodalitätenwechsel Zerstören Sie Stimmen, Bilder und Filme im Kopf, indem Sie deren Teilmodi ändern. Pitchen Sie die Tonhöhe nach oben, lassen Sie die Bilder wie in einem uralten Stummfilm schneller laufen. Nehmen Sie gedanklich die Farbe raus oder verändern Sie das Licht.

Supervision Lassen Sie sich durch einen hierfür ausgebildeten (oder begabten) Profi supervidieren. Aus jeder schwierigen Seminarsituation lässt sich etwas lernen.

Steuerungsfeedback Fragen Sie nach einer Rückmeldung zur Zufriedenheit Ihrer Teilnehmer mit dem Verlauf des Trainings und der Art Ihrer Moderation. »Sie haben mich jetzt in meiner Art und Weise erlebt und wissen, um was es inhaltlich noch gehen wird. Wenn es für Sie okay ist, dass ich so weitermache, dann nicken Sie bitte einfach nur mit dem Kopf oder signalisieren Sie mir Ihre Zustimmung. Wenn Sie einen Wunsch der Veränderung an mich haben, dann äußern Sie ihn bitte. Ich werde schauen, ob und wie ich darauf reagieren kann.«

Zu den Autoren

Ralf Besser bezeichnet sich eher als Prozessbegleiter in Unternehmen. Seine Kernfrage lautet: Wie bewegt man Menschen für sich selbst und für das Unternehmen? Selbstwirksamkeit, Nachhaltigkeit und Werteorientierung stehen in seinem Fokus. Er ist Autor mehrerer Bücher wie beispielsweise »Transfer: Damit Seminare Früchte tragen«, »Interventionen, die etwas bewegen«, »Betriebsversammlungen, die etwas bewegen«. Er ist Gründer der »ralf besser stiftung für lebenswerte«, Geschäftsführer der »besser wie gut GmbH« und des »werte[institut] GmbH & Co KG«. Er betreibt ein eigenes Tagungshaus in Bremen und ist Produzent eigener Verlagsprodukte wie Selbstlern- und Reflexionsspiele.
Homepage: www.besser-wie-gut.de

Olaf Cordes ist Mitbegründer von Bridgehouse. Seit über 16 Jahren arbeitet er als Trainer und Coach. Mit viel Humor und Begeisterung bewegt er Menschen zu mehr Präsenz, Ausstrahlung und Überzeugung. Seine Teilnehmer und Klienten profitieren dabei von seiner langjährigen Erfahrung als Sänger und Dirigent. Er schätzt das klare Wort und ermutigt in seiner Arbeit zu mehr Echtheit und Originalität. Sein Buch »Sind Sie noch ganz echt?« erscheint 2014.
Homepage: www.bridgehouse.de

Amelie Funcke Funcke war lange im Theaterbereich engagiert. Sie realisierte Bühnenprojekte, entwickelte theaterpädagogische Fortbildungen, hatte vier Jahre einen Lehrauftrag für Theater und trat selbst als Clown auf. Mit lebendigen und kreativ gestalteten Konzepten begleitet die Methodenexpertin seit vielen Jahren Unternehmensprozesse als Moderatorin, Beraterin und Trainerin. Darüber hinaus hat die Autorin für Trainings- und Moderationsmethodik in den letzten Jahren einige erfolgreiche Bücher veröffentlicht: das »Rezeptbuch für lebendiges Training« (2002 mit Axel Rachow), den Know-how-Guide »Training mit Theater« (2004 mit Maria Havermann-Feye), die Methodensammlung »Vorstellbar« (2006) und die Toolsammlung »Moderations-Tools« (2010 mit Eva Havenith).
Homepage: www.rundumseminare.de

Henning Gerstner ist begeisterter Unternehmer, Trainer und Ausdauersportler. Schon sehr früh entdeckte er die Macht des Wortes. Bereits im Alter von 21 Jahren moderierte er bundesweit Messen und Events. Schon während des beruflichen Starts bei einer großen Wirtschaftsprüfungsgesellschaft entschloss er sich, seine Leidenschaft zur Kommunikation zum Beruf zu machen. Nach Stationen in den renommiertesten nationalen und internationalen Werbeagenturen als Führungskraft gründete er seine eigene Kommunikationsberatung und widmet sich heute in seinen Seminaren vornehmlich den Themen Präsentation, Leadership und Motivation, um Menschen zu begeistern, zu Höchstleistungen herauszufordern und mit praxiserprobten Tools und Skills auszustatten.
Homepage: www.bridgehouse.de

Sabine Heß, gelernte Bankfachwirtin, ist seit über 20 Jahren Trainerin, Lernen mit Leichtigkeit und Spaß ist ihre Passion. Ihre Zielgruppen Trainer, Ausbilder und Moderatoren, begleitet sie inhouse und in offenen Trainings und Coachings. Die Autorin mehrerer Fachbücher und -artikel freut sich über Auszeichnungen vom BDVT und vom ASTD. Gemeinsam mit Olaf Cordes und Jürgen Schulze-Seeger leitet sie die Trainerausbildung der Bridgehouse Academy.
Homepage: www.bridgehouse.de

Gerd Kalmbach ist seit über zwölf Jahren als selbstständiger Trainer tätig. Seine Schwerpunkte sind lebendige und anregende Train-the-Trainer-Seminare für firmeninterne Trainer, Ausbilder und Menschen, die ihre Expertise an andere weitergeben wollen. Er ist Autor mehrerer Fachartikel und hat 2008 mit »Jour fixe um 11« sein Konzept zum aktivierenden Lehren veröffentlicht. Gerd Kalmbach ist für seine Kunden auch international tätig und trainiert dabei in Englisch.
Homepage: www.wachstumsschmiede.de

Zamyat M. Klein, Diplom-Pädagogin, ist seit über 30 Jahren Trainerin, Coach und Autorin für die Themen Train-the-Trainer, kreative Seminarmethoden und Kreativitätstechniken. Sie ist aktive Bloggerin und Twitterin und führt Onlineseminare durch. Gründerin der OAZE – Online-Akademie (www.oaze-online-akademie.de). Spezialangebote sind Seminare in der Türkei und Kreativ-Walk in Ahrweiler.
Homepage: www.zamyat-seminare.de

Albrecht Kresse ist Geschäftsführer der edutrainment company. Nach zahlreichen Jahren als erfolgreicher Trainer und Coach arbeitet er seit Gründung der edutrainment company an der Umsetzung seiner Vision eines vollkommen neuartigen Kompetenzpartners für HR und PE. Mit seinem Team entwickelt er innovative Lösungen für internationale Konzerne und deutsche Weltmarktführer aus dem Mittelstand. Albrecht Kresse ist zweifacher Preisträger des Internationalen Deutschen Trainingspreises und Expert Member des »Club 55« der Marketing- und Verkaufsexperten.
Homepage: www.edutrainment-company.de

Sandra Masemann ist seit sieben Jahren selbstständige Trainerin, Beraterin und Coach. Ihre Passion: Menschen in ihren Potenzialen zu fördern und für das Lernen zu begeistern. Sie ist Spezialistin für Train-the-Trainer-Seminare, Kommunikation und Teamentwicklung, Unternehmenstheater sowie merkwürdige Veranstaltungsinszenierungen und Moderation. Als Improvisationsschauspielerin liebt sie Improvisation und Storytelling – auch in Trainings. Sie hat zahlreiche Bücher im Train-the-Trainer-Bereich veröffentlicht. Homepage: www.sandra-masemann.de

Barbara Messer ist Spezialistin für Train-the-Trainer-Seminare, moderne Suggestopädie, Changeprozesse, Führungskultur, Pflege- und Gesundheitsbranche, Tagungs- und Kongressgestaltung, Resilienz, Vorträge, Marathonlaufen, Persönlichkeitsentwicklung in der Natur. Sie liebt echte Herausforderungen und macht Menschen Mut, sich diesen zu stellen. Als Altenpflegerin begleitete sie Menschen in ihren größten Lebenskrisen und war einige Jahre im Management tätig. Seit 1999 ist sie Trainerin, Speakerin und Autorin. Sie ist zudem begeisterte Theaterfrau (Straßentheater, Clownsfrau, Maskenspiel, langjährige Ensemblearbeit). Seit 2004 ist sie ehrenamtlich in der DGSL engagiert, unter anderem sechs Jahre Vorstandsarbeit, neun Jahre Kongressplanung, derzeit als Ausbildungstrainerin in der Weiterentwicklung der Suggestopädie eingebunden. Sie führt Frauen mit dem Rad über Alpenpässe. Homepage: www.barbara-messer.de

Axel Rachow hat sich in den vergangenen Jahren als Moderator, Trainer und Autor einen Namen gemacht. Der studierte Sozialpädagoge und Erwachsenenbildner verknüpft in seiner Arbeit vielfältige Erfahrungen aus Moderation, Training und Beratung mit den Grundprinzipien des lebendigen, interaktiven Lernens. Seine neun Werke (allen voran die Bestseller der spielbar-Reihe) sind praxisnahe Handreichungen mit vielfältigen Übungen für die lebendige Gestaltung von Lernsituationen, Präsentationen und (Groß-)Veranstaltungen. Homepage: www.dart-consulting.de

Torben Schacht ist Bridgehouse-Senior-Trainer und Coach für gewinnende Kommunikation sowie strategischer Planer für effektives Marketing. Treibstoff seiner Leidenschaft für Menschen und Marken ist seine Überzeugung, dass das Entdecken und Entwickeln eigener Stärken die gleichzeitig spannendste und lohnendste Aufgabe im Leben sind. Wertschätzung, spielerische Leichtigkeit und unbedingte Praxisnähe sind elementare Zutaten seiner seit über 15 Jahren erfolgreichen Tätigkeit für renommierte, zum Teil internationale Wirtschaftsorganisationen.
Homepage: www.bridgehouse.de

Gert Schilling, Dipl.-Ing. Dipl.-Päd., ist Trainer für lebendige Moderations- und Präsentationsseminare. Zu seinen Spezialthemen schrieb er zahlreiche Leitfäden. Im Schilling Verlag finden Sie praxisnahe Literatur zur beruflichen Weiterbildung. Gert Schilling ist Veranstalter des jährlich stattfindenden Trainer | Kongress | Berlin.
Homepage: www.gert-schilling.de

Jürgen Schulze-Seeger ist Gründer und Gesellschafter von Bridgehouse. Gemeinsames Lernen in Gruppen ist sein Ding, seit er als Teenager damit begann, Inhalte auf neue und spielerische Art zu vermitteln. Er ist Autor des Ratgebers »Schwarzer Gürtel für Trainer« (Beltz 2013) und leitet zusammen mit Sabine Heß und Olaf Cordes die Trainerausbildung der Bridgehouse Academy.
Homepage: www.bridgehouse.de

Kontakt: Das Forum zu schwierigen Seminarsituationen finden Sie unter: www.trainerhoelle.de. Dort können Sie weitere Fälle nachlesen, selbst Beschreibungen schwieriger Seminarsituationen einstellen und im Austausch mit erfahrenen Trainerkollegen über Lösungen sprechen. Wir freuen uns, Sie dort begrüßen zu können.

Literatur

Besser, R.: *Transfer: Damit Seminare Früchte tragen.* Beltz, Weinheim und Basel, 3. Auflage 2004

Besser, R.: *Betriebsversammlungen, die etwas bewegen ...* Beltz, Weinheim und Basel 2007

Besser, R.: *Interventionen, die etwas bewegen.* Beltz, Weinheim und Basel 2010

Cain, S.: *Still.* Die Bedeutung von Introvertierten in einer lauten Welt. Riemann, München 2011

Czichos, R.: *Entertrainment für Knowbodies.* Train-the-Trainer einmal anders. 2. Auflage. Reinhardt, München 2004

Funcke, A./Rachow, A.: *Rezeptbuch für lebendiges Training – Seminare inszenieren, Spiele einsetzen, Teilnehmer begeistern.* managerSeminare, Bonn, 5. Auflage 2010

Funcke, A./Havermann-Feye, M.: *Training mit Theater.* Von der Einzelszene bis zum Unternehmenstheater: Wie Sie Theaterelemente erfolgreich ins Training bringen. managerSeminare, Bonn 2004

Funcke, A.: *Vorstellbar – Methoden von Schauspielern und Regisseuren für den ganz normalen Trainer.* managerSeminare, Bonn, 2. Auflage 2010

Funcke, A./Havenith, E.: *Moderations-Tools.* managerSeminare, Bonn, 2. Auflage 2011

Fuchs, J.: *Das Märchenbuch für Manager.* Frankfurter Allgemeine Zeitung, Frankfurt am Main, 3. Auflage 2002

Heß, S./Neumann, E.: *Mit Rollen spielen.* Rollenspielsammlung für Trainerinnen und Trainer. managerSeminare, Bonn 2005

Heß, S./Neumann, E.: *Mit Rollen spielen II.* 45 neue Rollenspiele für Trainerinnen und Trainer. managerSeminare, Bonn 2010

Kalmbach, G.: *Jour fix um 11, Aktivierendes Lehren im Unternehmen.* Ein Fachroman. Rodenberger, Leonberg 2008

Klein, Z. M.: *Zauberwelt der Suggestopädie.* Ein innovativer Ansatz für Ihr Business-Training. managerSeminare, Bonn 2010

Klein, Z. M.: *Das tanzende Kamel.* Kreative und bewegte Spiele für Trainings und Seminare. managerSeminare, Bonn 2008

Klein, Z. M.: *Das tanzende Kamel.* 33 Spiele zum Anschauen und Nachmachen. DVD. managerSeminare, Bonn 2008

Klein, Z. M.: *Kreative Geister wecken.* Kreative Ideenfindung und Problemlösungstechniken – ein Seminarkonzept für Trainer. managerSeminare, Bonn 2006

Klein, Z. M.: *Kreative Seminarmethoden – 100 kreative Methoden für erfolgreiche Seminare.* Gabal, Offenbach 2003

Klein, Z. M.: *Kreative Seminarmethoden: Seminareinstieg 1, Ankommen, Kennenlernen.* CD-ROM. Jünger-Medien und Gabal, Offenbach 2009

Klein, Z. M.: *Kreative Seminarmethoden: Seminareinstieg 1, Seminarerwartungen, Erfahrungsaustausch.* CD-ROM. Jünger-Medien und Gabal, Offenbach 2009

Klein, Z. M.: *Kreative Seminarmethoden: Themeneinführung.* CD-ROM. Jünger-Medien und Gabal, Offenbach 2010

Klein, Z. M.: *Kreative Seminarmethoden: Themenerarbeitung.* CD-ROM. Jünger-Medien und Gabal, Offenbach 2010

Klein, Z. M.: *Kreative Seminarmethoden: Wiederholung und Anwendung.* CD-ROM. Jünger-Medien und Gabal, Offenbach 2011

Klein, Z. M.: *Kreative Seminarmethoden für das Seminarende: Transfer, Auswertung, Abschluss.* CD-ROM. Jünger-Medien Gabal, Offenbach 2011

Klein, Z. M.: *35 Spiele für die Gruppenaufteilung.* CD-ROM. Jünger-Medien und Gabal, Offenbach 2009

Klein, Z. M.: *Vom Entscheidungsfrust zur Entscheidungslust.* Kreative Methoden für leichtes Entscheiden. E-Book, Februar 2009

Klein, Z. M.: *Leichter lernen mit Spaß.* Bewährte Techniken – erprobte Tipps. Nikol, Hamburg 2012

Löhken, S.: *Leise Menschen – starke Wirkung.* Wie Sie Präsenz zeigen und Gehör finden. Gabal, Offenbach 2012

Kresse, A./Klein, H.-M.: *Psychologie – Vorsprung im Job.* Cornelsen, Berlin 2005

Kresse, A./Ullmann, E.: *Humor im Business – Gewinnen mit Witz und Esprit.* Cornelsen, Berlin 2008

Quiller-Couch, Arthur: *On the Art of Writing.* Dover Publications, Mineola 2006 (Erstveröffentlichung 1916)

Rachow, A.: *Ludus & Co.* Eine Vielzahl anregender Spiele und Übungen für alle Phasen von Bildungsveranstaltungen. Neuland Verlag für lebendiges Lernen, Künzell 1998

Rachow, A.: *LudoCards.* Didaktische Spiele für die Bildungsarbeit. Neuland Verlag für lebendiges Lernen, Künzell 1999

Rachow, A. (Hrsg.): *Spielbar.* Erfolgreiche Trainer empfehlen bewährte Spiele für Führungskräftetrainings: Neue und altbekannte Spiele mit vielen Variationen. managerSeminare, Bonn 2000

Rachow, A. (Hrsg.): *Spielbar II.* Erfolgreiche Trainer empfehlen bewährte Spiele für Führungskräftetrainings: Neue und altbekannte Spiel mit vielen Variationen. managerSeminare, Bonn 2000

Rachow, A.: *Sichtbar.* Tipps & Tricks zur Gestaltung und Präsentation in Seminaren, Moderationen und Workshops. managerSeminare, Bonn 2006

Rachow, A.: *Reise in die Lehrwelt.* Methodik der Erwachsenenbildung: Spiele, Übungen und Interaktionsformen. GTZ, Ulan Bator 2009 (nur in der Mongolei erschienen)

Rachow, A. (Hrsg): *Spielbar III.* Erfolgreiche Trainer empfehlen bewährte Spiele für Führungskräftetrainings: Neue und altbekannte Spiel mit vielen Variationen. managerSeminare, Bonn 2009

Rachow, A./Sauer, J.: *Spielbar swiss edition.* Schweizer Trainer empfehlen ihre Lieblingsspiele. managerSeminare, Bonn 2012

Schilling, G.: *Zeitmanagement.* Der Praxisleitfaden für Ihr persönliches Zeitmanagement. Schilling|Verlag, Berlin 2002

Schilling, G.: *Projektmanagement.* Der Praxisleitfaden für die erfolgreiche Durchführung von kleinen und mittleren Projekten. Schilling|Verlag, Berlin 2003

Schilling, G.: *Verkaufstraining.* Der Praxisleitfaden für das beratende Verkaufsgespräch. Schilling|Verlag, Berlin 2003

Schilling, G.: *Seminarspiele.* Kennenlernspiele, Auflockerungsspiele, Feedbackspiele und Interaktionsspiele. Schilling|Verlag, Berlin 2006

Schilling, G.: *Präsentieren mit Laptop und Beamer.* Der Praxisleitfaden für Ihre wirkungsvolle Präsentation mit Laptop, PC und Beamer. Schilling|Verlag, Berlin 2009

Schilling, G.: *Moderation von Gruppen.* Der Praxisleitfaden für die Moderation von Gruppen, die gemeinsam arbeiten, lernen, Ideen sammeln, Lösungen finden und entscheiden wollen. Schilling|Verlag, Berlin 2012

Schilling, G./Schildt, T.: *Angewandte Rhetorik und Präsentationstechnik.* Der Praxisleitfaden für Vortrag und Präsentation. Schilling|Verlag, Berlin 2012

Schulze-Seeger, J.: *Schwarzer Gürtel für Trainer.* Vom Meistern schwieriger Seminarsituationen. Beltz, Weinheim und Basel, 2. Auflage 2013

Schulze-Seeger, J./Bara, T./D'Urbano, A. u. a. (Hrsg.): *Eine Frage (nach) der Geste.* Fotohof edition, Leipzig 2008

Schulze-Seeger, J./Wirth, V./Bührle, S.: *Erfolgsfaktor Nachtragsmanagement im Bauwesen.* So setzen Sie Ihre berechtigten Forderungen durch. expert, Renningen 2000

Ziegler, E.: *Das australische Schwebholz.* Und 199 andere Spiele für Trainer und Seminarleiter. Gabal, Offenbach 2012

BELTZ WEITERBILDUNG

Jürgen Schulze-Seeger
Schwarzer Gürtel für Trainer
Vom Meistern schwieriger Seminarsituationen
2013. 396 Seiten. Gebunden.
978-3-407-36536-1

Das Buch ist ein großartiger Ratgeber, Problemlöser und Begleiter durch die Tiefen der Lehr- und Seminarpraxis. Es zeigt, was man bei welcher Sorte von Katastrophen im Seminar tun kann, wie man die dunklen Tage der Trainerlaufbahn vermeidet und selbst widrigste Umstände dynamisch für die Lernleistung der Teilnehmer nutzen kann.

»Wer mit Konflikten im Seminar zu kämpfen hat oder sie vermeiden möchte, findet hier den richtigen Methodenkoffer.« *Training aktuell*

Ralf Besser
Interventionen, die etwas bewegen
Prozesse emotionalisieren, mit Konfrontation aktivieren, über Grenzen gehen, wirksame Rituale gestalten
2010. 252 Seiten. Gebunden.
ISBN 978-3-407-36489-0

Prozesse geraten ins Stocken, nichts geht mehr vorwärts – planmäßiges Vorgehen hilft nicht, neue Wege sind gefragt. Genau dies ist der Augenblick, um auf eher ungewöhnliche Weise einzugreifen: mit Interventionen, die besonders in kritischen Situationen weiterhelfen. Ralf Besser hat diese Interventionen in seiner langjährigen Praxis entwickelt und für dieses Buch zusammengestellt. Er beschreibt Ablauf und Einsatzmöglichkeiten, bringt Beispiele und weist auf Schwierigkeiten hin.

www.beltz.de

BELTZ WEITERBILDUNG

Ralf Besser
Betriebsversammlungen, die etwas bewegen …
22 innovative Praxisbeispiele.
269 Seiten. Gebunden.
ISBN 978-3-407-36450-0

Viele Betriebsversammlungen leiden unter der mangelnden Aktivität der Belegschaft. Das geht auch anders! – Wünschen Sie sich eine hohe Beteiligung? Interesse an den Themen? Einen lebendigen Meinungsaustausch? Ralf Besser zeigt, wie es geht.

»Das Buch hat neue Ansätze für Betriebsversammlungen, die den gewohnten Ablauf bewusst unterbrechen – und es funktioniert!
Ralf Besser hat die Methoden klar verständlich beschrieben.« *www.amazon.de*

Ralf Besser
Transfer: Damit Seminare Früchte tragen
Strategien, Übungen und Methoden, die den Lernerfolg sichern.
221 Seiten. Pappband.
ISBN 3-407-36418-0

Damit guten Vorsätzen Taten folgen: Sichern Sie den Lernerfolg Ihrer Seminarteilnehmer! Der Transfer-Experte Ralf Besser macht Sie mit wirksamen Strategien und vielfältig einsetzbaren Methoden der Transfersicherung vertraut. Lassen Sie Ihre Teilnehmer langfristig von Ihren Veranstaltungen profitieren, indem Sie sicherstellen, dass die spätere Umsetzung in den Berufsalltag auch wirklich funktioniert.

www.beltz.de

BELTZ WEITERBILDUNG

Sandra Masemann, Barbara Messer
Inhalte merk-würdig vermitteln
45 Methoden, die den Merkfaktor erhöhen
2012. 240 Seiten. Gebunden.
ISBN 978-3-407-36519-4

Die Autorinnen präsentieren in diesem Buch ihren Methodenschatz zur Wissensvermittlung. Trainerinnen und Trainer erfahren eine Fülle an Methoden und Möglichkeiten, wie sie Inhalte so vermitteln können, dass die Teilnehmenden das Gelernte auch wirklich in ihren Köpfen behalten.

Auf der Grundlage der Suggestopädie stellen sie für die einzelnen Trainingsphasen geeignete Methoden vor.

Roland Bühs
Zeichnen, Visualisieren, Strukturieren
Grafischer Werkzeugkasten für Pinnwand, Flipchart & Co. Mit mehr als 300 Beispielzeichnungen
2013. 139 Seiten. Gebunden.
978-3-407-36530-9

Zeichnen ist ein wichtiger Bestandteil bei Seminaren und Moderationen. Aber auch in Coachings und Beratungen helfen Abbildungen zu einem klaren Verständnis. Dieses Buch ist der ideale Werkzeugkasten für Trainer, Moderatoren, Berater, Coaches, Lehrer und Führungskräfte.

www.beltz.de

BELTZ WEITERBILDUNG

Sandra Masemann / Barbara Messer
Improvisation und Storytelling in Training und Unterricht
2009. 248 Seiten. Gebunden.
ISBN 978-3-407-36472-2

Improvisation und Storytelling sind wirksame Methoden, um mit Gruppen fachlich zu arbeiten. Wirksam deshalb, weil das Wesen der Improvisation, »der Schritt ins Ungewisse«, bereichert und erstaunliche Ergebnisse zutage fördert. Storytelling in Training und Unterricht hilft, Sachverhalte auf den Punkt zu bringen und Erkenntnisse anzustoßen, die einen unglaublichen Lerneffekt haben.

»Ein schön gestaltetes, anregendes und fundiertes Buch für Trainer, Dozenten und Lehrer.« *Training aktuell*

Detlev Blenk
Inhalte auf den Punkt gebracht
2013. 246 Seiten. Gebunden.
ISBN 978-3-407-36533-0

Mit einer kleinen Geschichte gelingt es oft viel leichter, eine Botschaft zu transportieren als mit 1.000 klugen Worten. Sachverhalte können so gut auf den Punkt gebracht werden. Wem es zudem gelingt, die Geschichte richtig zu platzieren und spannend zu präsentieren, dem öffnet es nicht selten Türen, die sonst dicht verschlossen sind. Ein bunter »Schlüsselbund«, der Sachverhalte auf den Punkt bringt und Türen öffnet - und der in keinem Trainingskoffer fehlen sollte.

www.beltz.de

BELTZ WEITERBILDUNG

Sonia Weidenmann, Bernd Weidenmann
75 Bildkarten für Coaching und Beratung
2013. 75 Bildkarten, Booklet 32 Seiten,
in hochwertiger Klappkassette.
ISBN 978-3-407-36535-4

Als Coach oder Berater erlebt man immer wieder, dass Klienten sich schwertun, über ein bestimmtes Thema offen zu sprechen. Hier kann eine selbst gewählte oder vom Berater vorgelegte Bildkarte das Sprechen erheblich erleichtern.
Die Methode: Zu einem Anlass, einer Situation oder einem Thema wählt man eine passende Bildkarte aus und teilt mit, warum man gerade dieses Bild ausgesucht hat.

Sonia Weidenmann, Bernd Weidenmann
75 Bildkarten für Trainings, Workshops und Teams
2013. 75 Bildkarten, Booklet 32 Seiten,
in hochwertiger Klappkassette.
ISBN 978-3-407-36524-8

Diese Sammlung von Bildkarten ist für Trainer, Leiter von Workshops und Teams sowie für alle, die mit Gruppen von Erwachsenen und Jugendlichen arbeiten.
Die Vorteile: Über ein Bild lässt sich leichter sprechen als ohne Bild, besonders wenn es um Themen geht, bei denen das Sprechen – aus welchen Gründen auch immer – nicht leicht fällt.
Das Material: Jede Box enthält 75 stabile Bildkarten mit anregenden Fotos. Dazu gibt es ein ausführliches Booklet mit didaktischem und psychologischem Hintergrundwissen. So lernen Sie, wie man erfolgreich mit dieser Methode arbeitet.

www.beltz.de